U0937000

珍藏本·增订本
纪念版

汉译世界学术名著丛书

劝说集

〔英〕约翰·梅纳德·凯恩斯 著
蔡受百 译

商务印书馆
SINCE 1897
The Commercial Press

John Maynard Keynes

ESSAYS IN PERSUASION

Macmillan and Co.

London, 1933

本书根据麦克米兰公司 1933 年版译出

汉译世界学术名著丛书
（120 年纪念版・珍藏本）
增订本出版说明

2017 年 10 月，为纪念商务印书馆创立 120 周年，本馆推出“汉译世界学术名著丛书”（120 年纪念版・珍藏本），计七百种。近五六年来，仰赖学界同人倾力支持，订正旧译，增补新译，拓展新著，积累日多。为满足读者需要，本馆在七百种的基础上，继续推出“汉译世界学术名著丛书”（120 年纪念版・珍藏本・增订本）三百种。至此，“汉译世界学术名著丛书”累计出版已达千种。

今后，本馆将继续推进丛书的翻译出版工作，在积累单本名著的基础上陆续分辑刊行，汇印出版。为促进中外文明互鉴、推动我国学术发展，使“汉译世界学术名著丛书”这项对我国学术文化有基本建设意义的重大工程发挥更大作用，诚望海内外学术界、翻译界继续给予支持，帮助我们把这套丛书出得更好。

商务印书馆编辑部

2024 年 2 月

汉译世界学术名著丛书
（120 年纪念版·珍藏本）
出 版 说 明

2017 年 2 月 11 日，商务印书馆迎来 120 岁的生日。120 年前，商务印书馆前贤怀揣文化救国的理想，抱持“昌明教育，开启民智”的使命，立足本土，放眼寰宇，以出版为津梁，沟通中西，为中国、为世界提供最富智慧的思想文化成果。无论世事白云苍狗，潮流左右激荡，甚至战火硝烟弥漫，始终践行学术报国之志，无改初心。

迻译世界各国学术名著，即其一端。早在 20 世纪初年便出版《原富》《天演论》等影响至今的代表性著作，1950 年代后更致力于外国哲学和社会科学经典的译介，及至 1980 年代，辑为“汉译世界学术名著丛书”，汇涓为流，蔚为大观。丛书自 1981 年开始出版，历时三十余年，迄今已推出七百种，是我国现代出版史上规模最大、最为重要的学术翻译工程。

丛书所选之书，立场观点不囿于一派，学科领域不限于一门，皆为文明开启以来，各时代、各国家、各民族的思想与文化精粹，代表着人类已经到达过的精神境界。丛书系统译介世界学术经典，引领时代思想，为本土原创学术的发展提供丰富的文化滋养，为推动中国现代学术和现代化进程做出了突出的贡献。

为纪念商务印书馆成立120周年，我们整体推出“汉译世界学术名著丛书”120年纪念版的珍藏本，寄望既利于文化积累，又便于研读查考，同时向长期支持丛书出版的译者、编者和读者致以敬意。

两甲子后的今天，商务印书馆又站在了一个新的历史时间节点上。我们不仅要铭记先辈的身影和足迹，更须让我们的步伐充满新的时代精神。这是商务人代代相传的事业，更是与国家和民族的命运始终紧密相连的事业。我们责无旁贷，必须做好我们这代人的传承与创造，让我们的努力和成果不仅凝聚成民族文化的记忆，还能成为后来人可以接续的事业。唯此，才能不负前贤，无愧来者。

商务印书馆编辑部

2017年10月

目　录

第三部分　回到金本位

第四部分　政　　治

第五部分　前途展望

原　　序

这里收集的是言不见听的一个预言者十二年来的呼吁；十二年来，他唠唠叨叨说了许多，但对事态的进程，丝毫也没有能发生影响。这个集子也许可以题名“预言与劝说集”，因为不幸的是，比较有成就的还是预言，而不是劝说。但是写这些文章的时候，精神大都是在于劝说，是想由此对舆论有所影响。文章发表以后，其中有很多部分，当初都是被看作出言轻率，措辞偏激的。但是我想，读者今天把它们从头再看一遍，将感到，这是由于它们跟当时占压倒势力的感情和意见往往背道而驰的缘故，而不是由于它们本身的性质。当时认为这些文章的内容，有的未免过于偏激了，但我的感觉正相反——虽然，作为一个证人，我是总不免有偏见的——我把它们重阅一过，根据事后的演变来判断，觉得说得过分的地方比较少，还是说得不够的地方比较多。所以会这样，是在写作时环境下的自然结果。这些文章中有好多篇，当写的时候就痛楚地意识到，势必有许多自告奋勇者会群起攻击，而支持我的人却很少，因此须费尽心力，对于当时无法证实的那些，尽量避而不谈。现在回想起来我记得很清楚，当时我一直在警惕着，就我的信心与论据所能允许的限度内，在语调上必须力求温和。

这些文章，根据内容，自然地分成了五个部分，上面所说的，主

要适应于前三个而不是后两个部分。前三个部分所体现的是，近十年来我们这里发生的论战中的三大主题——和平条约与战债、通货收缩政策和恢复金本位制。[①]

我毫无保留地投入了这一论战。实际上这三个主题在某些方面是互相关联的，后两者彼此之间的关系尤其密切。这些文章都是在匆促中写成的，作者在不顾一切的迫切心情下，想对他的读者及时进行说服。但是后两个部分，由于在时间关系上比较疏远；因此听到的噪音比较少。在这里，作者眼光所注的是较远的将来，对问题作了反复深思，这些问题都是要经过长期演变，才能确定是非的。他可以比较冷静地、从容地来考虑这些问题。这里比较明显地暴露出来了实际上是他自始至终所坚持的一个中心论点，一种深刻的信心，认为我们所混称的经济问题，也就是欲望与贫困的问题，是各个阶级与各个国家之间的经济斗争，它所体现的不外是一种可惊的混乱，是暂时存在的、多余的混乱。因为西方世界，在物资方面、技术方面，已经具备了条件；如果能够创造出利用这些条件的体制，就可以把现在消耗着我们精力与物力的经济问题，抑制到次要地位。

因此写这些文章的作者，在他的呼吁声中，仍然怀有希望和信心，认为为期已经不远，当那个时期到来的时候，经济问题将退处

① 1923年，在我们恢复金本位以前，我写了一篇文章“关于将来如何调节货币的正面建议”，现转载在这里，作为本书第三部分的第三篇。现在我仍然坚信这篇文章里提出的主张。如果我们实行了金本位制，这些建议当然会被暂时搁置下来。但是如果有人要晓得，作者对于今天我们所面临的通货问题的解决，大体上抱怎样的看法，则可从这篇文章里获悉。

于它原来所处的卑微地位，我们的心力将用来，或重新用来，对付我们真正的问题——生活问题，人类关系问题，属于创造、行为与宗教上的问题。碰巧的是，我们还可以从经济分析中得出一个微妙的推论，说明为什么信心在这里会发生有效作用。如果我们始终不懈地在乐观的假设下前进，假设就不难转化为事实；否则如果在悲观的假设下采取行动，那我们就将永远陷入困乏的沼泽中，无法自拔。

这些文章是从作者已经发表的作品中采集得来的。这些作品有的原载在整本的书里，有的是独立的小册子，有的发表在报纸或期刊上；采集时兼收并蓄，不加区别。汇编时对于原文的任何部分，凡是对文章的主要论点看来是多余的或不必要的，或者由于时过境迁，现在已经失去兴趣的，即毫不吝啬地加以删削（删削处本书内概未注明）；但对于保留的部分，则内容一点也没有改动。事后添上的说明性质的脚注，概用方括号括上。当进行删节时，作者曾竭力注意，避免因此影响到语气的轻重，避免因此看上去与原文会有任何差别。但是为了满足好奇的、喜欢追根究柢的那些人的需要——如果当真有那样的人的话——在本书末页附了一张表，注明各篇文章的出处，在那里可以找到完整的原文。

我拣了这一个日子让它出版，认为是合宜的，因为我们现在正处于事机转变的时刻。人们把我们在这一个时刻所遭遇的叫作国家危机。这是不正确的；因为在英国最严重的危机已经过去，正处于暂时的小休状态。现在是 1931 年秋季，我们瞻前顾后，看到两面都是悬崖飞瀑，我们正小憩在其间的一个静静的池边。主要的一点是，现在我们又夺得了选择的自由。在英国今天简直已没有人相信《凡尔赛和约》，或战前的金本位制，或通货收缩政策。在这些方面的战斗已经获得胜利；这主要是出于事势变化的无可抵抗的压力，至于固有偏见的逐渐克服，只是一个次要因素。但是我们下一步应当怎样进行，对于我们重新夺得的选择自由应当怎样利用，大多数人所有的，还只是一个模糊概念。对将来要能作出聪明的选择，就得牢牢地抱住过去。因此我愿意向读者提醒一下，我们是怎样过来的，目前的现象怎样，过去犯了些什么样的错误。

J. M. 凯恩斯

1931 年 11 月 8 日

第一部分

凡尔赛和约

第一篇　巴黎(1919 年)

人类是善于与环境相习惯、相契合的，这种能力是人类性格的一个显著特征。拿最近半个世纪以来西欧的经济结构来说，在性质上是那样地错综复杂，摇晃不定，情形是显得那样地难以信赖，不同寻常，但很少人能真正觉察到这一点，一般对于这类现象都安之如素。我们近来获得的某些优势和利益，实际上是极端特殊化，极端不可靠的；但我们却把它看成是恒久性的，是理所当然的，即以此为依据，来安排我们的计划。于是我们就在这种虚假和脆弱的基础上，讲求社会改革、讨论政治方针，进而发展我们的敌忾心情和某些野心策略；我们就这样满怀信心地摸索前进，实际上对于这个欧洲大家庭里的内部冲突，是在推波助澜，而不是在使它缓和。一方面德国人则在狂妄幻想和不顾前后的自私心理的驱策下，推翻了这个我们据以生活和进行建设的基础。上述的经济结构，相当细致、微妙，只有欧洲人民能够使用，能够在这个结构下生存；但这种结构，经过战争，已经有了动摇，已经受到损害。开始这一破坏行动的是德国人；法国和英国一些代言人，通过和约，本来是可以有希望把这个摇摇欲坠的结构重新建立起来的；而事实上他们的活动却很有可能使破坏达到彻底、全面的地步；因为这样的和约如果付诸实施，对结构的损害将越来越大。

在英国，就生活的外貌来说，还没有能教导我们，使我们感到或至少认识到一个时代已经过去。战争使我们的生活有了一次波折；在战事结束以后，我们忙着重寻旧梦，要把一度中断的生活方式重新继续下去，这时有很多人看到，现在与过去对比下唯一的差别是，较前富裕了许多。在战前我们是成百万地花费着，现在我们却不妨成千万、成万万地花费，看来并不会因此发生危害。在经济生活方面，显然没有充分发掘我们的潜力。当和平恢复以后，我们在生活享受方面所想望的，不仅是重新回到 1914 年水平，而是变本加厉，想按照原有规模大大扩充。各个阶级都有着类似的打算；有钱的人想的是，多花费些，少储蓄些，穷苦的人想的是，少做些工作，多用些钱财。

但是，看来只有在英国（和美国）能够这样麻木不仁。在欧洲大陆感到的是，整个世界在痛苦呻吟中，没有一个人不听到这种悲惨的呼声。在那里发生的，不单是生活浪费或“劳资纠纷”问题，而是关系到生死存亡、饥饿挣扎，关系到在奄奄一息中文化可怕的剧烈变化的问题。

如果我们在停战以后的半年期间，大部分时间是在巴黎度过的，然后偶然来看一看伦敦，就会感到无限惊讶。英国对欧洲仍然置身事外。在欧洲那种深刻的恐怖和战栗，并没有传播到英国；对英国说来，欧洲是另一个世界，跟它并不是骨肉相联的。但就欧洲自身说来，却是一个整体。法国、德国、意大利、奥地利和荷兰，俄国、罗马尼亚和波兰，它们彼此之间都是息息相关的，在结构方面，文化方面，根本是统一的。它们共安乐，也可能共患难，在这次战争中则共同赌博着自己的命运；而我们在战争中虽然作出了巨大牺牲和贡献(同美国相类,虽然在程度上要差些),但在经济上则处于旁观地位。巴黎和约富有灾害性的意义,就在这一点上。现在德国和奥匈帝国已经一蹶不振;法国和意大利尽可以凭着一时的战胜余威,为所欲为;但是它们和不幸的战败国家之间,在精神上,经济上,存在着难解难分的密切关系,它们如果在停战后滥用威权,对战败者企图尽力破坏,置之死地,结果将自取其祸。无论如何,作为一个英国人,在参加了巴黎会议以后,并且在这几个月以来,作为协约国最高经济会议的一个成员时,对他说来是一次新的经验,结果就必然会使他在心情上,在观念上,成为一个欧洲人。那个所在是欧洲体系的神经中枢,他,作为一个英国人,所固有的一些成见,必然会大部分化除,必然会跟别的、更加可怕的幽灵纠缠在一起。在巴黎的经历是一场噩梦,个个人在那里都会吓得神志失宁的。满眼看到的,满耳听到的,是在琐屑、凡陋的场面下一种大祸临头的感觉,是人们面临着重大任务时,那种无能和渺小的表现,是当作出决策时、与严重意味交织在一起的那种不真实感,是种种的轻率、愚昧、狂妄以及从外面来的那些惊惶失措、迷惑、混乱的呼声——一切古代哀情戏曲的气氛在那里都占全了。我们置身于讨论政务的法国沙龙,看到威尔逊和克雷孟梭那种不同流俗的仪表,那种坚定的态度和不变的个性,就不免要作这样的痴想,这些究竟是不是骨肉构成的颜面,还是某些传奇表演里或傀儡戏里在悲剧或喜剧表情下的面具。

在巴黎的一切动作,都同时具有这种异乎寻常的、既觉得重要又觉得不重要的情态。作出的决定,对人类社会前途似乎会发生重大后果;然而又隐然有着这样的感觉,觉得这一切都没有实在的力量，都是白费的，没有什么重要意义的，没有效果的，不切实际的。这时会使人们感到极深刻印象的是，托尔斯泰在《战争与和平》里或哈代在《主权者》[①]里所描写的那种景象——事势的进展自会达到命运注定的结果，却与会议中政治家们的擘划经营，没有关系，进展趋势并不会由此受到影响。下面一段是道出了这一景象的真情的：

岁月之神

看吧，那愚昧的芸芸众生，
他们丧失了一切远见和自制，
被本性的轻率鲁莽驱入了魔窟之门。
剩下来没有别的，
在强有力者只是复仇心炽，
在软弱无能者只是空怀着一腔怒火如焚。

慈悲之神

为什么人类的意志，
会导成这样昏瞀的行动和心情？

岁月之神

我跟你说过这是在不知不觉中演进的，

① 以拿破仑战争为主题的戏曲。——译注

就像被鬼迷了的一样，
是和非他们已经不能辨明。

第二篇　德国的赔偿能力(1919年)

德国经过这场战争以后,它的殖民地,它的海外关系,海外产业、商船,几乎完全丧失;它的领土和人口割去了十分之一,煤矿失去了三分之一,铁矿失去了四分之三;壮健青年死伤的达二百万;国内人民一连四年陷于饥馑状态;背上了巨大的战债;通货发生了贬值,现有价值只有原来的七分之一;它的盟国,它的领土,都处于分崩离析状态;在国内发生了革命,在边界上出现了布尔什维克主义;经过四年竭尽全力的战争而最后归于失败,由此在力量上,在信心上,受到了无可计量的打击——所有这一些,充分说明,就德国对外按年支付赔款的能力来说,以今天与战前对照,并不是全无变化的。

看来这些都是彰明较著的事实,是人人一见了然的。然而对德国要求巨额赔款时作出的种种估计,多数所依据的是这样一种假设,认为它在将来能够经营的贸易,比过去任何时所进行的,在规模上将要扩大得多。

为了要得到一个赔款总计数字,由条约规定的实际支付,在形式上是现金(或者不如说是外汇),还是部分属于实物(煤、染料、木材,等等),这一点并没有多大出入。不管怎样,只有借助于某些具体商品的输出,只有在这个形态下,德国才能履行赔偿义务,至于将出口价额转入赔款账户的方式方法，比较地说，只是一个手续问题。

关于赔款总额问题，首先必须在一定程度上从这一问题的本质来考虑，同时尽量参考可以利用的一些统计，否则将陷入全凭臆想的迷途。肯定的是，要使德国能在若干年间逐年支付赔款，唯一可实行的办法是降低它的输入，提高它的输出，从而扩大它的贸易顺差，使之能实行对外清偿。归根到底，德国所能支出的是商品，也只有商品；这些商品或者是直接向协约国提供，或者是卖给中立国家，然后以由此得来的中立国债权移交给协约国。要估计这一程序可以进行到什么程度，估计时最可靠的依据是德国战前的贸易统计，对这类统计应加以分析。只有在这样分析的基础上，再加上有关它总财富生产力的某种综合资料，才有可能作出合乎情理的推断，从而确定德国输出超过输入可能实现的最大限度。

1913 年时，德国的输入计五亿三千八百万镑，输出计五亿零五百万镑，在运输中的商品以及现金银除外。这就是说，输入超过输出约计三千三百万镑。但是从 1913 年以前五年间入超的每年平均数字来看，比这个要大得多，计七千四百万镑。由此可见，德国战前所有对外的新投资——而且还不止这一些——都是从它当时拥有国外证券的利息以及经营航运、国外银行业务，等等的利润项下得来的。现在它的商船，它的国外产业，已经不再归它保有，它在国外的银行事业以及其他种种国外收益来源，已经大部分毁灭；结果德国原来是有余力可以实行对外支付的，现在却到了难以自给自足的地步。因此它的首要任务是，对消费和生产加以重新调整，借此来弥补这种亏损。只有对输入商品能作出更进一步的节约使用，对输出能有更进一步的促进，然后才会有余力可以用在赔款方面。

让我们大略看一看德国的主要出口品。(1)钢铁产品：由于它在资源上的损失，这项输出要有所增进似乎不可能，而大量减少却在意中。(2)机器：某些增进是有可能的。(3)煤和焦炭：战前德国在这方面的输出价额是二千二百万镑；协约国方面同意暂时以二千万吨为尽可能大的输出量，在随后某时期则将增至四千万吨，这在事实上能不能办到是有问题的；即使就二千万吨来说，以战前价格计量时，在价值上实际也并无所增；一方面如果按照这个数额输出有困难而加以勒索时，则需要用煤来进行生产的各种制成品的输出量将减低，减低的价额将大大超过勉强支持的煤出口价额。(4)毛织品：这项输出如果没有羊毛原料是无法增进的，而关于羊毛供给，还有在别的方面的需要，因此毛织品输出势将减退。(5)棉织品：情况与毛织品相类。(6)谷物：以前没有输出，此后也绝无可供输出的。(7)革制品：情况与毛织品相类。

到此为止，对于德国战前各项输出已经列举了将近半数，此外更没有别的商品能够达到它原来输出总额的百分之三的。它另外还能用些什么样的商品来偿付战债呢？染料吗？这项商品在1913年的总产值是一千万镑。玩具吗？苛性钾吗？1913年这两项的输出价额是三百万镑。即使商品项目可以逐一指定，这些商品又将在什么市场出售呢？而且不可忘怀，在我们心目中的商品，每年输出价值还并不是以千万计的，而是以若干亿计的。

至于在输入方面，还比较地可以有些着手之处。生活标准降低以后，对于输入品的消费可能有显著的缩减。但是上面已经指出,有许多大宗输入是与输出相关联的,输入减退,势必影响到输出数量。

现在让我们在尽可能乐观而不致陷于愚蠢的情况下作一推测;假定德国虽然受到了极大打击,它的资源、设备、市场和生产力都缩减了,但是经过了一个时期,它终于能增加输出,减低输入,从而提高了它的贸易顺差,提高的程度,以战前价格计量时,每年达到一亿镑。要实现这样一个调整程序,首先必须肃清贸易的入超状态,而这一入超额在战前的五年期间每年达七千四百万镑;但是我们将假定,考虑到这一点以后,认为它可以由入超转为出超,出超额每年将达五千万镑。假定战后价格比战前提高一倍,则此项出超额将达一亿镑。从政治、社会、人事以及纯经济各方面的因素考虑以后,德国能否在三十年间每年按照这个数额支出,对于这一点我是怀疑的;但是不妨作出这样的推断或希望,这并不能算是愚昧无知的想法。

根据这一数字,假定按利息率百分之五、资本报酬率百分之一核算,它所体现的资本总额的现有价值,应大致为十七亿镑。

由此得出的最后结论是,德国的赔偿能力,包括一切支付方式——能够直接移转的财富、割让的产业以及每年的赔偿——大致为二十亿镑,这应当是一个大体上可靠的最高额度。就一切现实情况来说,我认为它的赔偿总额,未必能达到这个额度。

就我所能看到的,只有一点,可能使按照上面论点得出的数字有所增进;这就是这样一个情况,假定能将德国工人实际遣送到受到战事破坏的区域,在那里从事于建设工作。听说类似于这样的有限度计划,已经在实际考虑中。像这样增出的贡献,究竟能达到何种程度，决定于德国政府所能努力遣出的工人人数，也决定于，比利时和法国居民，在一个相当长的期间，对于这类工人前来参加工作时可以同意容纳的人数。无论怎样，在实际建设工作中，即使就历时许多年的一个较长时期来说，对于所雇用的由国外输入的劳工，说是它的现有净值会超过（比如说）二亿五千万镑，似乎存在着很大困难；即使是这样，就同时在别的方式下进行的每年赔偿并计，也未必可以证明这是实际的一个净增额。

因此，如果把德国的赔偿能力估计为八十亿镑，或者，即使是五十亿镑，似乎都不在合理的可能范围以内。有些人认为，德国在赔款方面的每年支出可以高到好几亿镑，那他们就应当说明，作出这种支付时，在他们心目中的，究竟是哪些商品，这些商品可以在哪些市场出售。除非他们能作出在某种程度上的具体说明，为他们的论点提出确切证据，否则这种想法是不能使人信服的。

这里我要附带提到的将来情势的可能演变，只有三点，但就当前的实际目的来说，并没有一点可以影响到我的论据的基本意义。

第一点：假定的情况是这样。协约国方面对于德国的工商业，在五年或十年期间，将从事于“培养”，在这个期间将给以巨额贷款，在运输、食品和原料方面将给以大量援助，替它建立市场，在物质与精神方面尽力协助，使它成为欧洲的，虽然不是全世界的，最大工业国家。在这样加意护持的情况下，经过这一时期以后，也许可以获得比上述数字要大得多的赔款额；因为德国是具有极大的生产潜力的。

第二点：我的估计数字是以货币单位为依据的，假定的是，我们货币单位价值的购买力不会有重大变革。不过将来的演变是难以逆料的,黄金的价值万一跌去一半,甚至降落到只有现值的十分之一,那么按金值规定的赔偿额实际负担,即将有相应缩减。假使一个金镑的价值只等于现在的一先令,德国以金镑计的赔偿能力,比我现在所列示的,就当然要大得多。

第三点:关于人力的天然出产量与原材料的出产量方面,我假定的是在支付赔款期间也不会有重大变化。但科学进步是无可限量的,也许会发现某些方式方法和设计,使整个生活水准获得难以想像的提高,同一数量的产物,所消耗的人力,只有现在所消耗的一个极小部分;这样的情况并不是不可能的。果真是这样的话,不仅是偿还战债能力,任何方面的"能力",都将发生剧烈变化。但一切演变都是有可能的这一点,并不能作为一种掩护,借此可以信口雌黄。

的确,德国在 1910 年时的能力如何,在 1870 年时是没有一个人可以逆料的。我们无法为一个世代以后的一切,预作安排。人类经济环境的逐渐变化,以及人们对未来作预测时在智力上的有限,要为后一代预作具体安排,势必在这一点或那一点上发生错误。我们,作为有理性的生物,只能就所能看到的迹象来制定政策,对于五年或十年内的演变,也许可以自认为是有些办法可以从事预测的,因此就力图使政策与这一短时期相适应;至于人类生存、关于自然条理的重大变化以及人类对自然的关系这些方面意外的极端演变,尽可以不去理会,这样的态度是无可非议的。对于德国的赔偿能力,就延展到若干年的一个长时期来说,我们实在没有足够认识;但不能以此为理由,就可以说它有支付赔款达一百亿镑的能力(我听到有些人就认为,是可以以此为理由作出这样的臆测的)。

政治家的言论往往流于虚妄,但很容易获得世人的信仰。这是什么缘故?如果需要解释的话,我认为部分是出于以下一些理由。

首先是,由于战时的巨大支出,以及价格上涨,通货贬值,使价值单位完全陷于不稳定状态,使我们在关涉到财务的方面,在数目上,量值上,完全失去了正常理解和判断能力。我们过去所认为的那个可能的限度,现在已大大地超过了,根据过去的情况预测将来的那些人往往是错误的;这就使一般人对事物的看法失去了一切把握,对任何离奇怪诞的言论都会倾耳而听,如果是出于有些权威的人的论调,就更加会信以为真,就德国赔偿力来说,数字越大,就越听得进去。

有些荒谬说法,在明白事理的人们看来还格外显得言之成理,当他们对问题作比较深入的观察时,就会被这种谬论所迷惑。有些人估计德国的赔偿能力时,所依据的是德国一年生产力的总剩余额,而不是它的出口剩额,这就会造成这类的谬论。例如,黑耳弗里克估计德国在1913年的财富增量是四亿到四亿二千五百万镑(现有土地和产业的币值增额不计)。德国战前的军备支出,每年是五千万到一亿镑,这项支出,它现在可以省去。由此推断,它对协约国为什么不能每年支付五亿镑呢?这样就使这种粗浅、生硬的论点,显得非常有力,非常娓娓动听。

但是这里有两点错误。第一,经过了战争与和约的损伤以后,德国每年的储蓄量,比前将大大缩减,此后如果再从中逐年有所吸取,就不能再达到以前的水平。阿尔萨斯-洛林、波兰和上西里西亚这些地区丧失以后,关于剩余生产力的缩减,每年当不会少于五千万镑。此外,德国在航运、国外投资、国外银行业务以及其他关系方面,每年所获利润约计一亿镑,这项收入现在已化为乌有。它在军备方面的支出固然可以省去,但目前在恤金方面的负担,估计每年就达二亿五千万镑,[①]前者的所得,远远不能与后者的所失相抵,而且后者所体现的是在生产力方面的真正损失。德国的内债达二千四百亿马克;即使把这一项看作是国内分配问题,不涉及生产力问题,而把它搁开;那么也还有不能不顾到的是,它在战时发生的外债,它在原料存量方面的枯竭,牲畜的全部耗尽,由于肥料与人力的缺乏在土地生产力方面所蒙受的损失,由于将近五年来在各方面的失于修理与更新而造成的在财富上的减退等种种情况。现在的德国已不再像战前那样地富裕(且不管前面所考虑到的一些成因,即以这里所举出的一些因素来说),因此它将来储蓄额的缩减,至少当不会低于十分之一,即每年四千万镑。

我们曾在上面别的依据下指出,德国赔偿力的最大限度,每年当不出一亿镑,而就这里所列示的一些因素说来,已经足以使它的每年剩额降低到一亿镑以下。或者有人会说,这里还有一点没有考虑到的是,在德国生活和享受方面水准的降低,对于战败的敌人加以这样的压力是在情理之中的。但是,即使我们能够这样考虑问题,在计算方式方面,上面的夸大论调仍然有一个根本错误。要使可供国内投资利用的每年剩额,转变为可供对外输出用的剩额,

① 这项支出原来是五十亿马克,由于马克的贬值,就这一数字按平价折算英镑,对于恤金实际支出的货币负担,未免有了夸大,但是由于战争中受到的伤亡,使国民生产力发生了真正损失,就这一点来说,这里所列示的数字,大概还不能算是夸大。

对于完成的工作，在类别上就得发生剧烈变化，才能实现这一目的。德国的劳动力，对它国内事业说来，也许是可以利用的，效率很高的，但在对外贸易方面也许找不到出路。这里我们又回到了讨论出口贸易时发生的同样问题——德国工人将在哪一类出口贸易方面，找到比前大大有所扩展的出路？要使工人改弦易辙，弃去旧行业，转向新行业，问题并不简单，只有在损失效率、大量增加资本支出的情况下，才能实现。德国工人在国内能够为资本改进生产的每年剩额是一回事，德国对外赔偿能够作出的每年贡献又是一回事；无论在理论上或实际上，前者并不是可以用来计量后者的一个尺度。

关于德国赔偿问题的公平处理，到此为止，看来就好像完全是决定于我们自己方面的信约，或者是一些经济事实；但我们不能这样来对待这一问题。我们要使德国在整整一个世代内处于奴役地位，要使数以百万计的人类生活降低水准，要剥夺整个国家、民族的幸福——这些事都是非常不愉快，非常惹厌的。这些事即使在事实上可以办到，可以借此来养肥我们自己，可以使欧洲的整个文化生活不致由此播下腐朽的种子，也仍然是非常不愉快，非常惹厌的。有些人凭了公道的名义，在谆谆劝戒。但是就人类历史的重大事变来说，就各个国家难以测度的运命来说，公道并不是这样简单的一回事。若果是这样的话，当做父母的，或者是居于统治者地位的犯了错误时，任何国家，在宗教名义下，在天赋的道德观念下，就没有权利加祸于它敌人的子孙。

第三篇　关于欧洲复兴方面的建议
（1919年）

一、关于和约修正问题

假使要使和约获得修正，有没有什么按部就班的方法可供我们采用呢？威尔逊总统和斯马茨将军都认为，通过国际联盟盟约的保证，可以消除许多由和约带来的弊病；这就是说，要使欧洲获得比较过得去的生活，获得逐渐的发展，就必须依靠国际联盟。斯马茨将军在和约上签字的时候曾这样说："有些关于领土的决定，将需要有所修正。有些国家，以前是我们的敌人，现在解除了武装，处于和平环境，脾气应当改好了，因此现在规定的一些保证事项，希望不久与实际情况将不相适应，而有加以修正的必要。有些惩戒办法，在比较平静的心情下也许会成为具文，会渐渐地被人们遗忘。有些规定了的赔偿办法，强制执行时，对欧洲工业的复兴势必引起严重损害，如果能酌量减轻，使之比较地趋于温和、适中，则对各方面都有好处。……如何使欧洲逃出这次大战带来的一场灾害，是摆在我们面前的一个课题；我相信国际联盟对这一点将有所贡献。"1919年7月，威尔逊总统向参议院提出和约时，曾有这样的表示："……关于德国所负担的应当在下一代完成的赔偿责任，在长期监督下，也许会完全垮台；和约内规定的一些行政上的布置，经过了再度考虑并作了修改，但也许仍然不能顾到长远利益，也不见得完全公平合理，经过长时期的强制执行以后，也许会发生障碍，无法实行。"

这两位国际联盟的主要发起人，都告诉我们，要使事态获得有利发展，可以把希望寄托在国联身上；我们不妨看一看，在这方面究竟有多大希望？我们看到，与这里所说有关的一节，载在盟约第十九条，内容是这样：

> 如果国际联盟议事会认为和约有了与实际不相适应的情况，认为与国际形势对照下，再继续下去将危及世界和平时，可以随时向国际联盟会员进行劝告，请它们重新考虑。

但是糟透了！第五条是这样说的，"除非本盟约别有明白规定，或经本和约条款订明，否则议事会或理事会会议的决议，须经到会国联会员全体一致同意，方能成立。"就对和约任何条款及时进行重新考虑这一点来说，这样的规定，其意义是不是把国际联盟变成了一个仅仅是浪费时间的机构？假使参与和约的所有各方，一致认为须作出在某一点上的修改，那就不需要有一个联盟或盟约来执行这个议案了。即使联盟的议事会意见一致，它也只能"劝告"那些有关会员进行重新考虑。

但是对这类规定表示赞同的人们认为，国际联盟将在世界舆论的影响下发挥作用。多数方面的意见虽然在法律上不生效力，但在实际上将发生有决定性的压力作用。但愿现实情况当真是这样吧。然而国际联盟这样一个机构,在训练有素的欧洲外交家们手里,也许会变成一个障碍重重和富于拖拉作风的典型工具。关于和约的修正,主要并不是交托给经常要举行会议的理事会的,管这件事的是议事会。这个机构集合的机会比较少。凡是对盟国间举行大规模会议有经验的人们,必然晓得,这类集会的参与者来自各方,语言庞杂,在辩论过程中进行迟滞,行动笨拙,一些最切要的决议和最合时机的策略,到了紧要关头,往往会流于形式,一无结果,一切新猷会遭到否决,归根到底,所赞同的只是维持现状。对国联盟约说来,有两个致命打击,一个是盟约第五条,它规定,任何决议,必须获得全体一致;还有一个是受到了很多批评的第十条,根据这一条,"国际联盟各会员对于一切会员的领土完整和现有的政治独立保证尊重,并反对一切外来的侵略。"在这两条相辅相成的作用下,就不免打消了把国际联盟看作是一个进步工具的想法,在一开头就为它准备好了无可避免的偏见,偏向于现状的维持。正是这些条款,符合了某些最初反对者的意向;这些人现在想把国际联盟转变成为另一神圣同盟,使他们的敌人永远陷于经济瘫痪状态,一方面为了他们自己的利益,保持力量的均势,这种均势,他们自以为是在和约下确立了的。

关于和约修正问题,是有它特有的实际困难的,如果为了偏重"理想主义"而把这一点掩蔽起来,固然是愚不可及;但我们不论是谁,并没有理由对国际联盟因此就可以加以诋毁;凭着人类的智慧,依然可以将这一机构转化成为保持和平的有力工具,即以盟约

第十一条到十七条[①]来说，已经有了巨大的、善意的成就。因此关于和约修正事宜，我认为我们首先应当努力的是，通过国联而不是通过其他方式来求其实现；希望靠着一般舆论的力量，如果有必要的话，再加上金融压力与金融诱力的使用，能够防止少数顽抗分子行使他们的否决权。在一些主要协约国内，预料将出现一系列新政权，对于这些执政者我们必须寄予信心，相信他们会把目光放远些，器度放大些，比前任者会较胜一筹。

我不准备在这里涉及细节，对和约修正问题逐条加以讨论。我只准备就以下三个方面——赔款、煤和铁、关税——来谈一谈；这些方面的重大变革，对欧洲经济生活说来，都是必要的。

赔款——如果对赔款所要求的数额，少于协约国在对外债务严格解释下有权索取的数额，对于支付赔款时的各个项目，那就不必逐一详细叙述，对于各个项目的拟制、核算，也不必认真听取其间的论证。因此我迳行提出如下的解决办法：

(1)关于赔偿方面以及占领军费用方面由德国支付的数额，可规定以二十亿镑为度。

(2)关于根据和约缴出的商船和海底电线、根据休战条约缴出的军用材料、在割让领土上的国有财产、以这类领土为依据的有关国家债务的要求权，以及德国对以前各同盟国的债权这些方面的总计价值，可以估定为五亿镑，不必逐项进行估值。

(3)其余在待付中的十五亿镑，不应再计利息，应当由德国从

① 这几条防止了国联各会员之间以及会员与非会员之间战争的爆发，是国联盟约的确实成就。这些条款，使有组织的强大国家彼此发生武装冲突的可能性，比1914年时，显然要低得多。单凭这一点，国际联盟就可以博得一切人的赞赏。

1923年起,分三十年摊付,每年付五千万镑。

(4)赔偿委员会应即解散,假使还有些未了事务要它来完成,可以把它列为国际联盟的一个附属机构,并且在这个机构里也应该列有德国和中立国的代表。

(5)关于按年的摊付如何实行,应当由德国自行相机决定,如果届时它没有能履行义务,一切申诉应当向国际联盟提出。这就是说,对于德国私有财产,不应再有没收行为——除非在协约国和美国已经被清算,或已经交付在国际保管委员和敌产管理委员手里的这类财产的收益,还须用来偿付德国私有债权的时候。特别是第二百六十条(规定关于公用事业内德国所有权没收事项),应当取消。

(6)关于赔款支付,对奥地利不应当有所要索。

煤和铁——(1)在附加条件第五条下协约国对德国煤产的处理特权,应当放弃;但是德国对法国的矿产曾进行破坏,使法国受到煤的损失,德国关于这方面的赔偿责任应当继续存在。不过这里要指出的是,将来出于公民投票的最后结果,假使上西利西亚的煤矿区不再归德所有,德对法的这项赔偿责任应当解除。

(2)关于萨尔(Saar)区的措置,应仍然有效;不过一方面德国对这个区域的矿产不得享有任何权利,另一方面,在十年以后,这个区域的土地和矿产,都应由德国无偿地、无条件地收回。同时应当附带一个条件,在这个时期内,法国对德应缔结协定,由洛林供应德国本部的铁矿,至少不得低于战前数量百分之五十,作为德国对洛林供应煤产的交换条件,在此期间,德国方面的这一供应量,除按萨尔产量扣除以外,应与战前这一供应量的总额相等。

(3)关于上西利西亚的措置,应仍然有效。这就是说,应当举行一次公民投票,各主要协约国"应当照顾到投票结果所表示的居民愿望,以及该地区的地理和经济情况"。但协约国方面应当表明,除非居民方面的愿望绝对相反,否则按照协约国方面的判断,认为"经济情况"所要求的是,应将煤产区包括在德国境内。

关税——在国际联盟主持下,应当由有关各国共同建立一个自由贸易同盟,同盟内各会员,对于其他会员的任何产物,不得征收保护关税。[①] 德国、波兰,原属奥匈帝国和土耳其的现在新成立国家,以及托管地区,都应当在被强制的情况下加入同盟,为期十年,期满以后,是否继续参加,由它们自决。其余国家,一开头就应当让它们在自愿情况下参加。但我们希望,不论怎样,英国将是一个基本会员。

把赔款数额,适当地规定在德国支付能力范围以内,就可以重新唤起它对前途的希望和进取心,就可以避免发生由无法实行的和约条款而造成的不必要的压力,就可以避免长期摩擦,而赔偿委员的那些高压手段,也就不再有行使的必要。

我们将直接或间接与煤产有关的一些条款改得温和些,并容许以铁矿进行交换,这样就可以使德国的工业精神得以继续保持;

① 究竟怎样才算是"保护关税"？为方便起见,可以作出如下的界说。在保护税制下所允许的是:(1)对某类商品完全禁止输入;(2)对国内不生产的商品,征收奢侈节制关税或收入关税;(3)对国内也有所产的商品征收关税,但税率不超过对国内同类产品所征抵消消费税额百分之五;(4)出口税。还有,在参加同盟各国的多数表决下,得容许特殊例外情况的存在。如果某一国家,在参加同盟以前,实行某种关税制已经五年,在参加同盟以后,得允许它在五年期间,在按年平均的情况下,使原有税制逐渐消灭。

德国钢铁业在地区上的天然布局受到政治划界的干扰以后,将丧失生产力,经过在条款上这样的适度修改,就可以使它在生产力方面的损伤有一个限度。

大战以后,出现了无数新的政治划界,成立了许多国家主义的新政权,它们的特征是贪得无厌而多猜忌,经验不足,在经济方面还存在着许多缺陷,因此在组织方面,经济效能方面,必然会造成一些损失;这里建议的自由贸易同盟,当可以使这方面的损失获得部分挽救。只要大片疆土包括在少数几个大帝国范围以内,经济上的划分界限总还可以容忍;但是当德意志、奥匈、俄罗斯和土耳其这样一些帝国,分割成了二十个左右的独立政权时,经济上的划界就会发展到难堪地步。如果能有一个自由贸易同盟,在这个同盟范围内,包括整个中部、东部和东南部欧洲,西伯利亚,土耳其,还有(我这样希望)英国、埃及和印度,对世界的和平与繁荣,那就会作出很大贡献,它在这一点上的成就,将不亚于国际联盟本身。我们还可以希望比利时、荷兰、斯堪的纳维亚和瑞士,不久也会加入这个团体。对法国和意大利有同情的人们,希望它们也能感到有共同参加的必要。

或者会有人反对这个主张,认为这样的计划,实际上简直有些近于过去德国关于“中欧计划”[①]的梦想。假使别的国家竟那样地愚蠢,甘愿退处于同盟之外,让德国享有一切权益,那么这个说法也许是有些对的。但这样一个经济制度是个个人都有机会参与

① 德国在泛日耳曼主义下的一个野心计划,打算依靠征服或吸收的手段,组成一个包括奥匈、比利时、土耳其、巴尔干各国,以及法国北部、俄国西部等在内的一个大帝国。——译注

的，却并没有一个人可以享有特殊权利，这是与以排斥与歧视为意向所在的露骨的帝国主义计划，丝毫没有共同之处的，也绝对不含有那类计划下的目标。为战后局势作出安排时，我们的态度主要是决定于，对国际关系与世界和平前途在我们整个道义上与感情上的反应如何。如果我们抱着这样的见解，认为至少在未来的一代，即使是最低度繁荣，德国也不容享有，所有近来结合在一起的我们协约国人民，都是上帝的宠儿，而新近出现的我们的敌人，德国人、奥地利人、匈牙利人，等等，则都是天生的恶徒，认为年复一年，德国人必须长期受折磨，让他们的子孙挨饿，奄奄一息地过日子，使德国永远处于敌人包围之下；如果是这样的话，这一篇里的一切建议就都应当放弃，尤其是建议的某些部分，还可能帮助德国部分地恢复以前的物质繁荣，为它某些城市的工业人口解决生计问题，那就更不值得一顾了。但是如果西欧的民主国家，对各个国家以及各国彼此之间的关系，采取了如本文所述的观点，并且在财力上能获得美国的协助，那我们大家就都会得到上天的保佑。如果我们蓄意要使中欧陷于穷困，我敢说，复仇的意志是不会淡下去的。事态的恶化那就不会拖延得过久，在对德战争的恐怖还没有完全消失以前，在反动的种种力量与革命失望情绪下的激动这两者之间，最后冲突必然会爆发，到那个时候，不论胜利属于哪一方，我们这一代的文明和进步将受到摧残。这样的后果是使人沮丧的。我们要晓得，一个国家的繁荣与幸福，对别的国家会发生连带的促进作用，人类是一个整体，彼此休戚相关，这并不是说说而已的空话，国与国之间，彼此是仍然有可能当作同胞来看待的。难道我们不应该对前途作出较善意的预期，以此作为行动的依据吗？

我在上面提出的种种修正，对于使欧洲工业人口得以继续谋取生活这一点，也许能发生显著效果。但是就这些修正本身来说，还是不够的。特别是关系到法国的情况，它在名义上将有所失(所失也只是名义的，因为就它目前的要求来说，决不会获得真正的满足)，要避免这种困境，还必须从别的方面有所努力。因此我继续建议两点：一个是美国以及协约国自身之间关于偿债要求的调整；还有一个是，关于信贷要有足够供应，使欧洲可以重新获得相当的流动资本存量。

二、协约国间债务的清算

到此为止，关于赔偿条款的修正，我所考虑到的，只是对德关系的方面。但是为了主持公道，关于协约国自身之间债务的分配，也必须有所调整，将数额大大核减。在敌人侵占下受到损害的地区，关于赔款的领受，当然应享有优先权；这是我们的政治家在战争时期，在公开演说中，每次必然要提到的，此外其他方面所表示的意见，对这一点也是不忽视的。这一点，我们说，是我们所要争取的最后目标之一；然而关于付给出征军人家属的别居津贴的恢复，却从来没有成为一个要争取的目标。因此我建议，我们自己应当用行动来表明，我们是有诚意的，是可以信托的，为了能够有助于比利时、塞尔维亚和法国，我们英国应当放弃关于现金偿付的一切要求权。这样，德国付出的赔款全部，就可以首先用来补偿受到敌人实际侵占的那些国家和地区的物质损害；我相信，在这样情况下，可以利用的数额既达十五亿镑，这就足够与进行修复时所需的全部费用相抵。还有一层，由于1918年大选后英国代表所奉行的政策方针，在毁弃原约这一点上英国代表负有主要责任，英国只有坚决主张完全放弃它自己对现金赔偿的要求权，然后在提出修正和约的要求时，话才说得响，才不会受到疵议。

赔偿问题经这样澄清以后，就有可能在比较顺利、成功希望比较大的情况下，另外提出两个财务上的建议，这两个建议都与美国有关，都是要靠了美国的恢弘器度才能够实现的。

第一个是各协约国之间(即各协约国政府之间)由于这次战争而发生的债务，应当全部取消。关于这一点，有些地区已经在实行，我认为，为了世界未来的繁荣，这是绝对必要的。这里主要有关的是两个强大国家，英国和美国；如果能采行这一建议，那就应当认为是一种有远见的政治措施。这项债务，以货币计时，大致如下表(下表数字单位是镑)：[①]

借出者 / 借入者	美　国	英　国	法　国	共　计
英国	842,000,000	——	——	842,000,000
法国	550,000,000	508,000,000	——	1,058,000,000
意大利	325,000,000	467,000,000	35,000,000	827,000,000
俄国	38,000,000	568,000,000	160,000,000	766,000,000
比利时	80,000,000	98,000,000	90,000,000	268,000,000
塞尔维亚与南斯拉夫	20,000,000	20,000,000	20,000,000	60,000,000
其他协约国	35,000,000	79,000,000	50,000,000	164,000,000
共　计	1,890,000,000	1,740,000,000	355,000,000	3,985,000,000

据此，假定同一国的借出与借入数字不相抵消的话，那么协约

① 这里所列示的数字，部分是出于估计的，在细节上或许不能完全准确。

国相互间的债务总计约近四十亿镑。其间美国是单纯借出者。英国的借出数约倍于借入数。法国的借入数约三倍于它的借出数。其余各协约国都是单纯借入者。

如果上列各协约国间的债权债务一笔勾销,则就名义上来说(即假定一切债款都是确切可靠的),美国放弃的债权约达二十亿镑,英国放弃的约九亿镑,法国所得的约七亿镑,意大利所得的约八亿镑。但是就数字来说,这里不免夸大了英国的所失,低估了法国的所得;因为这两国的债款有一大部分是借给俄国的,我们的想像力无论怎样丰富,也不能相信这笔债款有收回的相当把握。关于英国的债权,可以按原额十足价值的百分之五十评定,这是一个很武断但很方便的假定,英国财政大臣曾屡次采用这个数字,谈到国家收支平衡,以这一数字为依据时,它的适当性并不亚于任何别的依据。在这样的估价依据下将债权债务全部取消时,则英国所处的情况是,既无所失,也无所得。但纸面上的计算是一回事,不论计算下的净结果怎样,有关战时债权债务的纠纷如果能一旦加以廓清,就可以解除在这一问题上心理上的不安,而这一点是有重大意义的。总之关于这一建议,在英国方面的问题不大,关键还是在于美国的宽让态度。

关于英、美与其他各协约国之间在整个战争过程中的财务关系,如果有深切了解,就可以断言,对债权人方面这种豁免战债的慷慨行动,欧洲未尝没有提出要求的正当立场——假使欧洲能作出有价值的贡献,不再在政治经济或别的方面酝酿争端,而集注全力于整个欧洲大陆的经济建设。以美国这次在经济上的牺牲来说,跟它拥有的财富对照,与欧洲各国比较,不知要轻微多少。这也是理所当然的。这次冲突是欧洲范围内的事体,要使美国跟欧洲一样地倾注全力,是没有充分理由的,在它本国国民之前是无法交待的。但是在协约国方面却获得了实惠;且莫说美国军队的降临,对战局起了决定性作用,即就经济方面来说,自从美国参战以后,它在财务上的协助,毫不吝惜,漫无限制,没有这样的助力,协约国是不能取胜的。

关于美国财务协助的情况固然是这样,但同时我们又有一种不言而喻的假定,相信美国方面也有这样假定,那就是当初作出这项协助时,并不是把它作为一种投资来看待的。假使当真要欧洲归还为数达二十亿镑的这项财务协助,并且按百分之五计收复利,那这个问题就完全处于另一事态。如果要在这样的观点下来处理美国贷款问题,美国在它相对的经济上的牺牲,就可以说是微细之至了。

关于战债问题,如果不能按照这里所建议的办法来解决,则战事结束以后,在协约国彼此之间,将形成一个沉重的网状的债务关系。这项债务总额,甚至会超过由敌人方面取得的数额;于是各协约国在大战以后的结果是,在疲于奔命的情况下相互支付赔款,而不是向敌人收取赔款。

由于这个原因,所以协约国彼此之间的债务问题,跟欧洲各协约国在赔款问题上热烈的群众情绪,就紧紧地结合在一起。这种情绪的出发点,并不是在任何合理核算下,德国在事实上能够付出赔款的多少,而是在于有根有据的一种了解——除非德国能大量支付赔款,否则这些国家的财政情况,将处于不堪设想的境地。试以意大利作为一个极端的例子。假使能够在合情合理的情况下指望意大利偿还为数达八亿镑的债务,德国就一定能够、也应当付出比这个数目要大得多的赔款。换个说法,假使认为(事实上的确是这样),奥地利所能偿付的几乎等于零,则由此必然要产生的结论是,意大利背着压得透不过气来的沉重包袱,而奥地利则安然无事。还可以从另一角度来看一看,当意大利眼看着捷克付出的数目极小或一无负担时,怎样能够指望它付出这样大的债款而一无怨言。在局势的另一端下还有英国。这里的财务情况与意大利是不能并论的,因此要我们付出八亿镑,与对意大利提出同样要求时,在性质上有所不同。但在感情上的反应却没有什么分别。假使我们从德国不能获得十足赔款,对这一点要我们安然承受,而对美债务却要十足偿还,试思这时的英国人将如何地疾首痛心。这个时候我们所处的地位是,对德国、法国、意大利和俄罗斯处于破产情况的财产保有着债权,而美国对我们却占有优先债权。拿法国来说,情况的不合理至少也不亚于我们。它所能取偿于德国的,只是它国内受到的损害的十足代价。它是一个战胜国,然而对它的朋友们和其他协约国家必须偿付的债款数字,比1870年战败时它付给德国的赔款,还要超过四倍以上。这样说来,俾斯麦的铁腕,跟一个协约国的落手比较起来,还算是轻的。向敌人索偿时,可以逆料的、无可避免的真相不过如此;要使欧洲各协约国人民面对着这种无情的现实时,心情不致过于激动,不致愤激失常,则协约国债务关系的解决,是一个必不可少的准备手段。

要说欧洲各协约国绝对无力负担这些债务本息的偿付责任,或者言之过甚;但对它们说来这是一个极其沉重的负担,这一点却是无可否认的。因此可以推想而知的是,它们对于这项债务的偿

付，将千方百计地来规避；这种行动，在未来的若干年间，将成为各国间发生摩擦与恶感的一个经常存在的起因。一个债务国家对债权国家是不会发生好感的；如果法国、意大利和俄罗斯，由于对英对美必须年年有所贡献，因此使它们前途发展受到障碍，这时要希望它们能与后者和衷共济是非常困难的。这将鼓励它们改弦易辙，另向别处去寻盟访友；它们对英美的和平关系如果一旦破裂，对它们至少可以附带发生一个莫大的有利条件，即对外债的负担可以脱然无累。否则，这笔巨大战债如果能获得宽免，则在国际关系上说来是一点福星，彼此之间的真诚友谊就不难由此奠定基础。

巨额战债的存在，对任何处的财政稳定说来，是一种威胁。关于战债与战债的拒付，在欧洲没有一个国家不是迫在眉睫的重要政治问题。就内债的情形来说，情形的两个方面都有着有利害关系的党派，所争执的不过是关系到国内财富分配的一个问题。外债的情形不同，债权国家不久就会感到，它的利益与债务国家某种方式下的政权或经济组织的保持，是在诸多牵制的情况下纠缠在一起的。国与国之间发生联盟关系时是会引起些纠纷的，但在欠债关系上将引起真正的纠纷；前者的纠纷与这类纠纷比较起来就不算什么了。

由战时财政遗留下来的是，在我们国内和国外存在的大量债务纠纷；这里提出的一些论证，究竟能够影响读者对本篇建议的态度到如何程度，主要就决定于读者对这类纠纷的看法，在他看来，这类纠纷在世界进步前途将占到何种地位。战事结束以后，不论谁对谁，都欠下了巨额债款。德国对协约国，协约国对英国，英国对美国,都有着堆得像山那样高的战债负担。就各个国家来说,政府对战时债券持有人,而这些和别的一些纳税人又对政府,各自欠下了巨额债款。整个局面显得非常不自然,处处会引起迷惘和烦恼的心情。除非能解除这些捆着我们四肢的债务桎梏,否则我们将寸步难移。对这些债权债务,应当来一次大举肃清,在肃清进程中应当做到有条不紊,宽厚和平,对任何人不致发生严重的不公道状态;除非能做到这一步,否则星星之火,必然燎原,到那个时候将横生枝节,造成玉石俱焚的后果。关于内债,有人认为为了消灭债务,可以来一次资本课税,对欧洲每一个交战国家的财政健全说来,这是一个绝对必要的先决条件;我同意这个主张。但在各个政府之间大规模债务的继续存在是另一问题,有着它特有的危害性。

在十九世纪中叶以前,没有一个国家对外国会欠下为数相当大的债款,除非是出于实际侵占下的武力勒索,或者是封建制度许可下的君主们的命令。诚然,出于欧洲资本主义在新世界寻求出路的需要,近五十年来,甚至现在,还在比较适中的规模下,使某些国家如阿根廷,对某些国家如英国,发生了逐年归偿的债务关系。但是使这种情况得以存在的制度,并不是没有稳固基础的。这种制度所以得以延续,是由于对支出方面的国家说来,它的负担并不是强制的,这种负担有实际资产作后盾,是与一般财产制度结合在一起的,借入者方面还企图继续告贷,已经借出的与希望继续借入的数目对照之下,也并不过分庞大。银行家对于这种制度已经习惯,认为这是社会常态下的一个必要部分。至于由这次战争形成的各个政府之间的债务关系,在规模上要大得多,在性质上肯定是出于强制的，既没有实际财产作为这类债务的后盾，与一般财产制度的结合程度也比较地欠密切；但是银行家们，以他们已经习惯的上述制度为依据，在依此类推的情况下有一种心理倾向，认为这种国际债务关系也很自然，很合理，是与人类性格相融洽的。

我对于这种世俗见解深为怀疑。即使国内范围内的资本主义制度，博得了当地很大的同情，在日常生产程序中发挥着实际作用，目前的社会组织主要有赖于这一制度的稳固，但这也并不是十分安全的。这一层姑且不谈。我们要使欧洲各国人民，在未来的一代里这样来安排生活，要他们将日常生产中很大一个部分用来应付对外支出，至于作出这类支出的原因，不论是欧洲与美国之间的，或是德国与欧洲其他部分之间的，都不是出于正义观念或责任感的驱使——我们要实现这样一个企图，欧洲人民果能甘受无辞吗？

一方面是，说到底，欧洲必须依靠它自己不断的艰苦力作，而不能把一切依靠在美国的慷慨解囊这一点上；另一方面，要它把长时期辛勤劳动的成果让给别人享受，要它这样来磨折自己，它也不会甘心的。总之，这些债款如果势在必付，这个行动的继续，充其量也不会超出几年以上，我不相信这类支付会长期延续下去。这类支付，既不近人情，也不符合时代精神。

如果说本篇所提出的观点还有一些说服力量的话，这是因为宽大的胸襟与应变的策略是交织在一起、和谐地存在着的，由此可以促进国与国之间直接的友谊关系，而且跟乐于助人的那些国家的长远利益，并无抵触。

三、国际贷款

再谈一谈第二个财务上的建议。欧洲的需求是刻不容缓的。假使在此后两代的整个过程中,欧洲对英美债务的沉重负担可以获得解免(并且在修建费用方面还可以从德国获得若干助益),则将来过度紧张与困难的情况,或者可以不致发生。但欧洲在眼前所处的情况是,输入超过输出、逆势的外汇率和通货紊乱,这些都是当前急待解除的病态,而上述一些利益,则远水不能救近火。要使欧洲在没有外力援助之下重整旗鼓,是极其困难的。因此关于在法、德、英以及美国许多地区所倡议的某种形式或方式下的国际贷款,我表示积极拥护。在这一计划下,关于偿还贷款的最后责任不管怎样分配,贷款来源的主要部分总逃不了是出于美国。

这类计划的内容种种不一,反对这类计划的主要论调,据我看来大致是以下这一些。美国对欧洲事务,有了最近一次的经验以后,已不愿再进一步地卷入漩涡,况且它自身,无论如何,在目前已没有余力可以作大规模的资本输出。至于欧洲获得了这项资力上的援助以后,是否能供作正当用途,会不会白白地把借款浪费掉,以致隔了两三年以后,情况的恶劣依然如故,对它毫无实际利益;关于这一点我们并无保证。这时从坏处设想,我们可以作出种种推论:克洛茨先生得了这笔款子,征税办法就不妨推迟些日子实行;意大利和南斯拉夫有了这项收入,就可以互相开火;波兰则可以借此实行法国想用来对付它的那种军事计划,来对付它自己的邻邦;罗马尼亚各统治阶级则不妨坐地分赃。总之,在美国方面是推迟了它自己的资本发展，提高了它自己的生活费用，而造成的后果是，使欧洲在行动上、政策上以及人力的使用上，仿照过去几个月的老调，再进行这么一两年。至于对德国说来，情况就会变成是这样，欧洲协约国费了许多心力，把德国最后的一点运用资本全数剥夺以后，却与美国财政代表在巴黎的坚决主张和立场相反，反而要美国拿出钱来，让这个受到惩罚的分子得以充分恢复，使它能够在一两年以后卷土重来，再度施展它的掠夺手段；这难道是天理人情所能容许的吗？

处于现在情况，面对着这些反对意见时，实在无可置复。假使我在美国财政部占有势力的话，我对现在欧洲任何一个政府，就不愿出借一个小钱。有些政策是美国所深恶痛绝的，即使总统对人民的力量或意志，没有能加以维护或坚持，共和党与民主党对这类政策的态度大概也是一致的；要美国拿出钱来托付给欧洲，以便推行这类政策，当然不会有这么回事。欧洲各国人民原来不免存有荒谬的偏见，因而引起了滔天战祸，这种偏见一直贯穿在整个战争过程中。但是如果在今年冬季，他们有了悔改——这当然是我们所衷心盼祷的——在他们的心头，仇恨情绪与国家主义观念一扫而空，代之而起的是另一种思想，所希望的是作为一个大家庭的整个欧洲的幸福与团结一致；那时美国人民，被人类固有的同情和恻隐之心所激动，就应当将由私人利益出发的一切芥蒂撇开，他们的原来意图，本来是在于将欧洲从有组织的武装力量的虐政下拯救出来，使它能够自力更生，那时他们就应当继续努力，来完成这一伟大任务。即使欧洲在这种态度上的转变不是全面性的，即使在欧洲各个国家，只有一部分党派奉行这种和解政策，美国对这些和平的政党仍然可以给以支持,向它们指出前进的方向,告诉它们,关于生活的除旧更新,在怎样的计划和条件下,将获得援助。

据说美国现在的心情是,对于欧洲问题希望能避开得越远越好,在它看来,由于欧洲情况的混乱、复杂,由于那里执政者横暴和浪费的表现,特别是由于欧洲整个问题的纠葛重重,难以究诘,因此最切当的办法是一切付之不闻不问——这种心情是很容易理解的。欧洲一些执政者作风的愚蠢和顽固,应当受到指责,这是极其自然的,关于这一点,相信再没有比作者感觉得更深切的了。“欧洲是一个屠杀场,充满着堕落、腐败的气氛,它前途的希望已经化为灰烬,让我们远远避开”,“让它去自生自灭吧,让它走它的独木小桥,我们只管走我们的阳关大道”——这些就是旁观者对欧洲的想法。

但是美国可以回忆一下,欧洲对它说来,曾经发生过什么样的作用,现在仍然发生着什么作用。我们对欧洲不管有着怎样的看法,它是艺术与科学的发祥地,现在是这样,将来仍然是这样,对全人类的进步与文化说来,它也许是起着决定性作用的。想到这一点,美国难道不应当把这种冷淡无情和孤立主义者的态度丢开,对欧洲问题发生些兴趣吗?

我不打算谈那些具体问题。要晓得关于国际贷款一切计划,在大体上的纲要总是大致相类的。能够在这方面出一臂之力的,如一些中立国家,如英国,以及能够出大注的美国,对欧洲大陆所有的交战国,不管是同盟者还是以前的敌人,必须一视同仁地提供具有对外购买力的贷款。贷出总额,也许不必如某些方面所估计的那样巨大。假定初步贷出为数达二亿镑的资金,也许就已经可以发挥很大作用。协约国间的战债即使果然能一笔勾销，也不是以后所能援以为例的；这次建议的国际贷款性质不同，借出者与借入者必须有明确认识，这笔钱必须全部归还，是不能拖欠分文的。在这样的宗旨下，贷款担保就应当尽可能求其确切可靠，关于偿还办法，尽可能求其周密完善。首先要说明的是，关于这项贷款的还本和付息，都应获得绝对优先处理，不论是赔款要求，一切协约国之间的战债，一切国内战债，以及任何其他方式下的国家债务，都不得侵占它的优先处理权。借入国家，凡是享有获取赔款权利的，应保证将这项收入全部移用于新贷款的偿还。一切借入国家的关税收入，应以现金为本位，保证将这项收入供作偿还新贷款用途。

关于贷款的使用，应当在原则上而不是在细节上，接受借出国家的监督。

这笔借款是供购买食品和原料品用的，此外，如果有必要的话，还可以按同等数额，即二亿镑，设立一项保证准备金（其中属于现金形态的，也许只须占到一部分），凡属国际联盟会员，都应量力参与，以此作为进行币制改革的一般基础，这也许是一个切合实际的办法。

有了这样的安排，欧洲就可以在流动资源必要的最低数额的准备下，重新振作起来，有信心地从事于更新经济组织，使它固有的巨大财富得以发挥作用，使它的工人阶级沾到实惠。对这类计划作进一步详细叙述，目前是不必要的。要使这里的一些建议进入实际的政策考虑阶段，一个必要前提是，在舆论方面的重大变化，我们必须以最大耐心，静候事态的演变。

展望前途，说是不论在哪里会发生突然的或剧烈的演变，这样的迹象似乎很少。也许会发生某种暴动或革命,但在目前情形下,当不会发生带有根本重要意义的变动。对政治上的残暴或不公道现象说来,革命是一个武器。但是当经济上的困乏并不是由于分配方面的不公道而是属于一般现象时,对受到折磨的人们说来,革命又会带来些什么希望?要防止中欧发生革命,实际上在于这一点,要使不顾前后、舍死忘生的那些人明白,革命并不会带来使现状能获得改善的任何希望。因此,在未来很长的一段时期内,可以预料的情况是半饥饿状态,是生活与享受水准逐渐的稳步的降低,而人们则在这个过程中默然忍受。欧洲正处于破产与衰落状态中,如果我们听其自然,将对每个人发生影响,影响情况也许不是显著的或直接的,但归根到底,没有一个人会脱然无累。

这里也有着侥幸的一面。关于我们的行动方针,我们还来得及重新考虑,现在正可以换一副眼光来观察世界。在最近的将来,事态将作如何演变,就决定于事态本身;欧洲当前的命运,已不再掌握在任何个人的手里。下一年的演变如何,执政者们的仔细盘算,已不再能引起决定性作用,起着决定性作用的是,处于政治历史表层以下的、川流不息的潜在趋向,趋向的结果如何,并没有人能够逆料。我们对于这种潜在的潮流要有所影响时,只有一个方法——把那些有教育作用、有扩大理想作用的力量动员起来,借此来改变舆论。这里必然要使用的手段是,坚持真理,破除幻想,消灭仇恨情绪,并进行教育,扩大人们的胸襟、度量。

第四篇　舆论的转变(1921 年)

近来执政者的不二法门是随声附和，民众怎样要求，他也跟着怎样主张，他所行的也正符合于他们所说的那一些。他相信，跟着愚蠢言论而来的愚蠢行动，不久必然会自行显露，等到事态有了这样的转变时他就有了机会，到那时再偷梁换柱，悄悄地回到比较明智的政策。这就是蒙特梭利[①]式的儿童教育法——儿童就是民众。他的所言所行，如果违反了这个儿童的意向，那他就得让位给别的老师。因此对于刺耳的论调，有弊无利的行动，不妨欢喜赞叹，甚至还可以躬自实行；然而在暗底下则刻刻保持警惕，等待着聪明、仁慈的社会救星，一旦时机到来，就突然转向，恢复固有理知；刚才是跟着唱的，现在是在一旁静听了。

我们可以把这种可怕的政治手腕，叫作巧黠的自卫行动。劳埃德·乔治先生是和约的负责人之一，这个和约内容既不恰当，有些部分也不可能实行，而且对欧洲生活有危害性。他为自己辩护时可以这样说，这个和约内容并不恰当，一部分的确不可能实行，而且对欧洲生活有危害性，这些他都明白；但民众的热情和民众的愚昧无知在事势进程中有它一定的作用，作为一个民主政治的领

① 蒙特梭利是意大利女教育家。——译注

导人,不能不顾到这一点;就当时那一瞬间的情况来说,凡尔赛和约是最切合时机的解决,是同民众要求和一些主要活动分子的性格两相符合的;至于对欧洲生活那个方面来说,两年来他已用尽了他的智慧与力量,想尽力避免或减轻由此造成的危害性。

这样的说辞,看来未尝没有部分的正确性,我们不能一概抹杀。而且劳埃德·乔治先生也并不是当真没有成就的。就和平会议的内幕经过来说,法国和美国的参与者对他多少有些好评,认为一般说来,他是努力奋斗,不使和约过分走向极端的,除了拼着个人的地位、以去就力争以外,他已做到了他所能做的一切。就两年来公开的经过情况来说,他所表现的是,就他权力所及,从多方面保卫欧洲,消弭了许多可能由和约造成的不幸后果,在这一点上,他的应付才能,别人是很少能及得上的;他虽然没有能保证欧洲繁荣,却保卫了欧洲的和平;他用言论表达真理的地方虽然很少,他的行动却往往是出于真理的驱使的。因此,作为一个忠实公务员,他所循的途径虽然迂回曲折,但仍然可以说,是不愧为人类服务的。

他认为这是在民主制度下可以使用的最巧妙的法门,沿着正确路线前进时,中间不妨带些诡谲的翻云覆雨手段;他这种想法也许是对的。所向往的目标是真理和诚挚,而作为一个手段时,则不妨是以某种审美或个人标准为依据的私衷,在政治方面来说,不必与至高的美德相符合。

这是一种迷惑人的手段。当政治家们在这个时期以前累积起来的声誉逐渐消失时,这种魅力是否仍能发挥作用呢?我们不敢断定。即使民众,也是通过经验才知道的。

不管怎样，私人总与内阁阁员们不同，并不负有跟他们同样的责任，无须为了公众的福利而抛弃忠实不欺的德性。作为一个个人，不妨畅所欲言，不妨信笔直书，这是获得公认的个人自由。这种个人自由也许甚至是政治家们为了我们的最终的利益、使之非常出色地一起发挥作用的那一堆事物中的一个重要的构成部分。

我曾以对凡尔赛和约的直解，作为《和约的经济后果》一文的依据，就是说，我曾经就实际执行这一和约时将发生的后果这一点进行观察；基于上述一些原因，我认为这样做并没有错。我认为和约中有很多部分是做不到的；有许多评论家认为，正是由于这个原因，和约也就不会有什么害处，但是我对这种见解不能苟同。内部意见，对于我对和约的许多主要结论，一开头就表示同意。但并不由此说明，外界舆论对这类结论也会接受的这一点，就没有重要意义。

因为就目前情况来说，有了两种舆论或意见。这并不是像从前那样地说是意见有真伪之别，而是说有了外界和内部两种不同的意见。公众的意见是由政治家和新闻纸来表达的；而政治家、新闻记者和文官们的意见，在台面上、台面下或幕后的，只是在有限度的圈子里流传着。

生活在这个有限度的圈子内的人物共有着这种内部意见；他们对于外界意见过于重视，同时也过于漠视。我们说过于重视；因为他们对待舆论，不论在口头上，或是作出许诺时，总是准备在一切方面随时让步，认为对外界舆论公开反抗是绝对无济于事的。我们又说过于漠视；因为他们总认为这类口惠和诺言并不会确有其事，时机一到，是注定要发生变化的，因此对于其间的实在意义和具体后果要认真分析,未免近于做作,徒然取厌,是不会切合实际的。评论家所说的一些,他们几乎都懂得,因此在他们看来,这样的评论者是浪费了他的时间,浪费了他的感情,他徒然过甚地兴奋了一场,他所感到冲动的那些事物,在他自己肚里也明白,是不可能发生的。他们觉得自己消息灵通,见闻广博,交头接耳地谈着外人所不能深悉的内幕情况,交换着彼此的灵感,因此内部意见,即使在向外界意见低头的那一刹那,也使他们自己觉得有一种优越感。但是,尽管这样,对世界公开说出的一些,由此所发生的后果,比上述的那些刺刺私语所引起的影响,总是要深刻、远大得多。

但是这里还有着进一步的错综复杂。在英国(别处或者也是这样)有着两种外界舆论或意见,一种是显示在报纸上的,还有一种是平凡的人民大众在私底下所信以为真的。当然,这两种外界意见彼此之间的距离,比对内部意见来说要接近得多。在某些方面简直是二而一的。然而在表面状态的内层,在事物的里面,两者是有真正区别的;一个是在报纸上的那种教条主义的、固定的面目,一个是个人之间的那种活跃的、变幻莫测的信念。拿一个普通的英国人来说,即使在1919年,对德国赔款一节,说是当真曾怀有确切不移的信心,对这一点我就不敢深信;他凭着固有的聪明感觉,关于赔款消息,总是打着折扣听的。但是当那个时候,在他看来似乎是,让这类方式的赔偿条款继续下去,当不会造成多大的实际损害;还有,就他那时的情绪来说,当他认为德国具有无限的赔偿能力时,这种想法,比之另外的想法,在感情上还算是较好的一面,虽然这种想法比那较坏的一面与事实离开得更远。因此英国外界意见在近来的转变,只是部分属于智能方面的,我们不如说这

是由于情势的变化;这时他已经看到,原有的赔偿办法再坚持下去,将造成实际损害,一方面他在感情上也已不再像以前那样地坚决。这样他就有了转变,面对着一些根据事实的论证,他就渐渐愿意倾听,这些他以前未尝不明白,但以前他对这些是连正眼也不看的。

国外观察者对于这类未经形之笔墨的感念,容易略过,但在这方面的变迁,在报纸上迟早总会有所反映。内部意见逐渐向外渗出、传流的圈子越来越大,因此影响到外界的观感;使这类观感,面对着事实论证、面对着常识或个人私利时,及时地具有了相当的敏感性。同样是舆论,可以分成三种等级,作为一个现代政治家的职能是,对于这三者都要有明确认识。为了能了解内部意见,他必须有足够的智力;为了能发觉内层的外界意见,他必须有丰富的同情心;为了能表达外层的外界意见,他必须有极厚的面皮。

这里的一些分析,不管它是依据事实还是出于想像的,无疑的一点是,近两年来,民众在感情上已经有了重大变化。现在凌驾一切的是一种愿望——恬静的生活,比较的无拘无束,与邻居们的和睦相处。战争中的嚣张气氛已经过去,个个人所希望的只是实事求是。由于这个原因,回想到《凡尔赛和约》的赔偿条款,简直是败事有余的。像这样的条款实行以后的悲惨后果,现在却已极少有发生的可能。

第五篇　战债与美国

一、战债取消问题(1921 年)

说是协约国在此后一代或两代期间,对德国政府将使用充分压力,一方面德国政府对它的人民也能使用充分权力,从而不断地、大规模地从强迫劳动中榨取生产成果;这种说法,究竟有哪个会相信?没有人会内心真正相信的;可以说,绝对没有这样一个傻子。我们对这样一件事要想坚持到底,简直一点可能性也没有。否则,这件事若果有可能做到的话,断然无疑的是,我们不值得在两三年间,打乱我们的出口贸易,打乱我们的工业平衡;更不值得因此而危及欧洲的和平。

关于美国对各协约国政府战债的索取,关于在这一问题上的进行修正,这里所说的一些,在原则上也同样可以适用。在此项战债偿还过程中,美国的工业将受到损害,受害的原因,主要还不是在于努力进行偿还时来自协约国方面的廉价商品的竞争,而是在于协约国方面的缺少力量,不再能按通常规模向美国购入出口品。那个时候协约国为了还债,将尽力罗掘资金,所使用的手段,主要当不是在于多卖,而是在于向国外少买些商品。那时美国农场主所受到的损害将大于工厂主；要防止进口增加，可以借助于关税，可是要促进在减退中的出口，却没有那样简而易行的方法。但是使我们感到诧异的是，华尔街和工业比较繁盛的东部各州，已经在准备考虑战债修正问题，而中西部和南部各州，据说（我是但就所闻而言的）却在出死力反对。两年来德国还不需要向协约国支付现款，在这个期间，英国工业家对于当支付实际开始时对他们将发生什么样的后果这一点，还完全没有明白。美国方面的情形也是这样，协约国必须付以现款的时期还没有开始，一旦协约国认真努力逐期全数照付时，美国农场主将受到怎样的损害，他们也同英国工业家一样，现在还一无所知。

美国的情形同英国一样，关键问题还并不在于对某些方面将发生怎样的不利影响（这样的影响程度，会随着时间的进展而逐渐减轻的），而是在于对战债要索的未必有持久可能，战债的偿付即使实现了一个短时期，也不能断定因此就会长期继续下去。我所以这样说，不但是由于对欧洲各协约国的偿付能力有很大疑问，而且是由于在美国方面将面临的严重困难问题；不管怎样，试问它在这个局面下，对旧世界的商业关系将如何获得平衡。

美国经济学家，近来从统计角度上仔细分析了美国战后与战前情况对照下的变化。根据他们的估计，所有各协约国政府应付美国战债利息完全除外不计，关于国外投资利息，它应收数已超过了应付数；关于商业航运，它向国外所赚得的，也已超过了在同样服务下它应向国外支出的数额。它的商品输出超过输入每年约达三十亿元。它的对外支出，大都是关于游客和侨民的汇款，主要是付给欧洲的，估计数额每年当不超过十亿元。结果要使收支相平，它就必须在种种形式下向外贷出资金，其数每年当不能低于二十亿元；此外欧洲各国政府应偿付的战债本息，如果按年照付，那就得在二十亿元外再加上六亿元。

总之，近年来美国每年向世界各地，主要是欧洲，所借出的，其数必然在二十亿元左右。对欧洲说来是有幸的一个现象是，其中有相当大的一个部分，却消耗在跌价纸币的投机收买。从1919年到1921年间，美国在这方面投机的损耗，使欧洲得到了实惠；但这个现象是一时的，决不能当作经常的收入来源。就一时的情况来说，贷款政策是足以应付欧洲眼前局势的；但它过去的欠款利息已经在增进中，这样下去，久而久之，情势将越来越严重。

作为一个商业国家，总要把大量资金使用在海外贸易方面。但是我们现在晓得，所谓国外投资这个事业，还是一种发现未久的新方式，性质并不巩固，只能在特殊情况下适用。当一个新兴国家，无法单单依靠自有资源走上发展的道路时，就可以在这个方式下，仰仗先进国家一时的助力获得进步；在这样情势下，双方也许能交受其利，借入国家获得了发展，收益丰富，借出国家本息如数收回，就有了保障。但这种方式是不能“反其道而行之”的。如果欧洲也仿效美国十九世纪时在欧洲发行债券的办法，在美国发行欧洲债券，那就会“画虎不成反类犬”；因为总起来说，其间并没有天然的增长，并没有债务本息所由偿还的可靠的偿债基金。这时，假使做得到的话，在借方只有借助于新贷款来支付利息，债台将越筑越高，到后来就不必再存幻想，说是在债务的后面还有着任何实际基础。美国投资者对欧洲债券一向没有多大兴趣，不愿意收买，这种态度是有它常识上的依据的。

1919年度，我（在《和约的经济后果》里）曾提出，可以由欧洲向美国借一笔建设贷款，不过有一个条件，欧洲应当把它自己的家务整顿一下。美国在过去两年间——尽管欧洲的看法相反，怨言不绝——实际上放出了为数极大的债款，比我们所建议的要大得多，虽然在形式上并不主要是那种正规的美金债券。美国放出这种债款时，并没有什么特殊条件，结果有一大部分资金都付之流水。虽然他们的资金有一部分是浪费了，可是在休战以后最危急的一段时期，却帮助欧洲渡过了一个难关。但在目前欧洲收支不能平衡的状态下，像这样的举动如果继续下去，也并不能解决问题。

世界上有某些比较落后的新地区，如英属自治领和南美洲，它们所需要的资本，过去是由英国、法国和德国（比较小规模地）供给的，这一任务此后可由美国来代替执行，这样对欧洲收支的不平衡，当可以收到部分调整效果。俄国不论是欧洲或亚洲部分，也可以认为是未经开发的处女地，再过一个时期，或者可以为国外资本提供适当出路。过去英国和法国的投资者是惯于把资金贷给这些地区的，此后美国投资者也大可仿行，这比直接贷给欧洲古老国家似乎要好些。但是靠了这一些出路，要把美国收支相抵所余的间隙完全弥补起来，还是不够的。它的进出口差额最后必须重新调整，这个日子或者已经不远。美国必然会多购入少售出。这是它唯一可采取的办法，否则就得向欧洲年年作无偿的赠送。美国物价上涨的速度必然会超过欧洲（如果美国联邦准备银行董事会于黄金流入后听其自然，就会发生这样的情况）；要不然，由于欧洲外汇的继续低落，欧洲除必需品外，将无余力购买其他东西，而这也必然会使美国多买进少卖出。出口减退以后，美国出口商总不能将已有的生产布置，一下子就抛弃，起初也许可以用降低价格的手段来适应情势；但这个办法决不能持久，像这样经营低于成本的贸易，比如说经过一年以后，他势必要缩小业务范围，或完全放弃这种业务。

假使美国打算一方面使出口至少能维持现状，一方面借助于关税来限制进口，希望在这个基础上达到平衡状态，这是一种幻想。这正如同协约国一方面对德国提出巨额赔款要求、一方面又用尽心机使它不能支付赔款那样；美国政府一方面想出种种办法来资助出口、一方面又通过关税来尽可能地使这项资金的偿还发生困难。有些愚蠢行动，在个人方面发生时我们是不会原谅的；而一些大国，却往往会作这种愚行。

现在世界各地所有的黄金，都向美国流注，在那里金子堆得就像山那样高，这时让这个流注趋势暂时停顿一下，也许对它有利无弊。但是甚至会发生这样的情况，那时美国一方面拒绝黄金，一方面仍然要求偿付。这就成了一个新型的米达斯，[①]他一方面所能得到的只是那无济于事的金属，一方面却想多尝些美酒佳肴。

不管怎样，美国在政策上如果有了这类转变，发生的影响是严重的，将使一些重要的有关方面受到损害。假使除此以外，对协约国战债的清偿，美国仍然一步不放松，情况将演变到使人难堪的境地。假使它坚持到底，索性放弃它的出口事业，把在这方面使用的

① 希腊神话中小亚细亚古国佛里加的国王，相传任何东西一碰到他的手就会变成黄金。——译注

资本改作别用;一方面假使原来处于它友邦地位的欧洲国家,决定在任何代价下用自己的力量来应付债务;那么我们不否认,最后结果,也许会使美国获得利益。但这样的想法是完全虚妄的。世界上不会有这种事体。美国对这样的政策决不会贯彻执行,这一点是毫无疑问的;当它体验到了在这样政策下发生的初步后果时,它将立即放弃原议,改弦更张。即使它当真那样地顽固不化,协约国那时也决不会照付欠款。情形就同德国赔款一式一样。协约国现在对德国提出的赔偿要求,无法贯彻执行;同样的情况,美国收回协约国战债,也无法全始全终。两方面的政策,归根到底,都不是什么可以认真执行的政策。凡是见闻比较广的,在私人谈话中,几乎都不否认这一点。但我们这个时代是有些不可思议的,报纸上的言论有它打定好了的主意,它所要配合的,不是消息最灵通而是消息最不灵通那些方面的意见,因为传播范围比较广的是后者;因此在一个比较长时期间,在纸上写的与嘴里说的这两者之间,可能会存在一种矛盾,这种矛盾情况,有时简直是荒谬离奇,使人失笑的。

假使情况果真是这样,那么美国要实行在没有能获得利益以前就必然会放弃的那种政策,是不会有好结果的,徒然在两年之间打乱了它的出口事业,还使它与欧洲的关系趋于恶化。

有些读者喜欢从事于理论上的分析,为了这些读者的方便,我把这里提出的论点归纳一下。国际贸易的平衡,它所依据的是,各国农业和工业复杂的均势关系,是各国在劳动力与资本使用上的专业化。如果其中有一个国家,必须将大量商品无偿地转让给另一个国家,那是这种平衡关系所不允许的,均势将由此被打破。资本和劳力，原来已经在某种使用方式下固定，并组织起来，不能随便流于他用，因此均势的干扰，对于这样固定下来的资本与劳力的效用是有破坏作用的。现代世界上的财富，主要所依靠的就是组织，在这样情况下，组织将受到损害。经过相当时间，新组织和新平衡是可以建立起来的。但是，如果干扰发生的起因是暂时性的，由于破坏组织而造成的损失，也许会超过因无代价取得商品而得到的利益。还有一层，损失将集中于某些产业部门所使用的资本和劳力，这会激起一种叫嚣、鼓噪，因此而发生的损失将远远超过整个社会所受到的损失。

我同一些美国人士讨论到这类问题时，他们多数表示，个人是赞成取消欧洲战债的，但是还有一句话，他们同胞中大多数的看法并不是这样，因此这样的建议，现在还不能成为可实行的政策。他们认为现在要讨论到这一点，还为时过早；目前是，在美国方面不得不装模作样，说是要讨回欠款，在欧洲方面也不得不有相应的做作，说是准备还债。实际上这同 1921 年年中时，德国赔偿问题在英国的情形极其相类。这些美国朋友们告诉我的关于美国舆论的看法，无疑是对的，舆论有它神秘的本质，这也许同卢梭所说的“共同意志”是一类事物。然而，对我说来是一样的，不管他们告诉我的是些什么，我反正是不会十分认真的。舆论认为面子不能不顾，表面总要装得冠冕堂皇些，况且特别是美国，那里的舆论，有时候就像彼此约好的一样，会来一个突然转变的。

假使舆论这个东西是不可转变的，那么讨论公共事务就简直是浪费时间。作为一个新闻记者或政治家时，他的主要任务也许是在于确切掌握舆论的一时特征；但作为一个作家时，他所应关怀

的却似乎是在于舆论应当是怎么样的这一点。这些原是老生常谈，我所以在这里提到，是由于我看到有许多美国人提出了他们的劝告，认为舆论是碰也碰不得的，如果提出了舆论目前所不赞同的建议，那就简直是离经叛道的行为。就我的推测，在美国有了这种举动，人们就会把它看成是这样地轻率、孟浪，就立刻会疑心到其间别有不正当动机，对于犯了错误的这个人的个人品质和履历，就会要求作进一步了解。

现在让我们再略微深入一步，了解一下构成美国人对欧洲债务问题的态度的那些观念和情绪。他们对待欧洲是想宽大为怀的。这一点部分是出于善意，部分也是由于一种感觉，现在有许多人感到，如果不是这样，势将危及他们自己的经济平衡。但是一方面他们又不愿意从这一点出发，作出事实表现。他们不愿意受到别人的指点，说他们到底对付不了欧洲的一般老奸巨猾，这次又输在欧洲人手里了。再说，时机也不凑巧，租税压得很重；在美国有许多地区，觉得眼前并不怎样富足，这笔可能到手的资财，还不能轻轻放弃。还有一点，关于这类发生在共同作战各国之间的债务，他们的看法与我们不同；国与国之间的债务有类于个人与个人之间的普通商业往来，他们对这种比拟，看得比我们更加真切。他们这样说，这就像一个银行放了一笔没有担保的贷款，放出的时候它晓得那位顾客正在极度困难中，如果没有这项接济，势将陷于破产，一败涂地，但事后向他索偿时，他却大呼小叫，满腹牢骚，只是打赖皮。像这样的行为如果加以纵容，则正当商业的基本原则将受到破坏。

照我的猜想，作为一个普通美国人，他所希望看到的或者是这

样，那些欧洲国家，脸上一副可怜相，手里拿着钱，会走到他面前向他这样说："亲爱的美国人，我们有了自由，有了生命，全都亏了您。现在我们满怀着感激的心情，带来了我们力量所能办得到的这一点钱，请您收回；这不是通过租税，从寡妇孤儿那里强征得来的，这些都是胜利带来的上好果实，是裁减了军备，消除了专制、内讧和军国主义以后节省得来的，这些都只是获得了您无私的援助以后才有实现可能的。"于是作为一个普通美国人，将这样回答他们："你们的诚笃、信实，使我为你们感到骄傲。这是早在我意料之中的。但是我所以参加战争，并不是为了图利，我拿出钱来也不是作为投资的。刚才你们所说的一些，已使我获得了报酬。这些债务都不必再提了。把我退还的钱仍旧带回家去，用来帮助那些穷苦、不幸的人吧。"但是这小小一幕活剧结束时还有一个精采场面，是这一幕的一个主要部分，那就是，他的回答是完全出于对方意外的，使对方简直惊诧得目瞪口呆。

说到这里，我们不禁要痛骂这个万恶的世界！有些在感情上能够得到的满足，是我们大家都喜欢的；但是在国际事务中我们却无法得到这种满足。因为只有个人才可能是善良的，一切国家总是不诚实的，残酷的，总是在那里设谋定计。那些总理们，首相们，会叮嘱他们的私人秘书，用适当的措词拟稿，在他们发出的电报里会说，美国这一及时行动，为世界历史写下了最重要的一页，美国人是人类中最高贵的，等等，但美国人不必认真，不能由此就希望对方会真正怀有确切、诚挚的感激心情。

二、贝尔福备忘录(1925年)

贝尔福备忘录坚决认为我们来自德国方面的收入，加上来自协约国方面的收入，必然相等于我们对美国的支出。当这个备忘录发表的时候，实际情况究竟怎样还不能确定。我们还没有晓得，法国必须支出的是多少，更不晓得它所付出的与德国付给它的数目对照下，前者占到后者的成分是多少。现在我们对于这类数字已经可以作出一个大体上的估计。

我们需要付给美国的，每年约三千五百万镑，以后要增加到四千万镑。根据道威斯计划，如果计划能充分实行，那么当实行时，除去必须先行扣除的各项费用外，每年由德国支出的赔款为数约一亿镑；其中由法国获得的部分约五千四百万镑，意大利一千万镑(最初几年要少些)，归我们获得的是二千四百万镑。(还有些较小协约国家应得的数字，这里一概从略，否则将增加计算上的复杂，而对计算结果并没有多大影响。)据此，则贝尔福备忘录所要求的是，法国和意大利每年付给英国的数目，不得低于一千六百万镑。以这两个国家的欠款并计，它们欠我们的跟欠美国的大致相等(在意大利总负债额内，我们所占的成分较大，在法国总负债额内所占成分则较小)，因此美国能从它们收回的债款，当不低于我们的所得，否则看来美国是不会甘休的。如果意大利将所得的赔款全部用来还债，则在这样假定下，法国能够偿付的数目是二千二百万镑。这就是说，债务结算与道威斯计划下的净结果是，各国从德国获得的赔款将这样来分配：

英国	零
意大利	零
法国	32,000,000镑
美国①	58,000,000镑

这种未必会有的事体，说起来总比做起来容易些。说是像这样的情况果真会成为事实，又有谁能相信？

但这还不是我们不满贝尔福备忘录的主要理由。上面所说的是，假使道威斯计划能够完满实现时会发生的情况。假使道威斯计划只能获得部分的成就，那么根据贝尔福备忘录的原则，法国一方面向德国收入赔款，一方面向我们和美国付出战债，在这一出一入之间发生的差额，就得由它自己来弥补。举个例，假使道威斯计划所规定的赔偿最高额能够实现一半——这在许多有经验的观察者看来，已经可以算是了不起的成就——这时法国不但将一无所得，比这个甚至还要坏些，而它付给美国的，将不止是由德国所得偿付数的全部。假使道威斯计划进行得相当使人满意，这时法国在实际上就居于第三债权人地位；假使计划进行的情况并不怎样好，法国就成了德国赔款的一个保证人。这样的不合理情况说是可以成为事实，世上真有那样的傻子会相信吗？

显然，法国决不会同意这样的解决办法。但是，不管怎样地出于情理之外，让我们姑且假定，法国竟然能够同意。在这样情况下，英国和美国，从理论上说，对于道威斯计划，不管它执行或进行的情况怎样，已经不再有什么利害关系。法国成为唯一有关的一

① 包括它本身直接所得的部分。

方；它的关系不仅在于它是一个债权人，而且在于它是一个保证人，对于任何缺额，它须负责补足。

对贝尔福备忘录的反对意见，是无法获得调和的，反对的是与这一备忘录共同存在的主要精神。它的主要精神是，德国付出的越少，则法国付出的将越多；就是说，法国越是无力支付，就越是要多付些。不论从外交上或财政上来看，都不能不说这是一种颠倒措施。在这个措施下并不能使我们获得分文；但是作为法国与德国之间的一个缓冲者时，我们在这一点上的外交权威，将陷于完全破产地位。我们的外交部徒然出卖了自己的威信，结果却一无所得；我们羊肉没有吃到，却空惹了一身羊骚。

贝尔福备忘录，因此在原则上是要不得的。要获得切实可行的解决办法，所依据的应当是与这个备忘录恰恰相反的一个原则，即，德国付出得越少时，法国所付出的也应当是越少。法国所支出的跟德国所支出的，必须在同一方向下而不是在相反方向下变动。我近来提出的建议，所依据的就是这个原则，说明法国的支出额，应当是它从德国所得数额内的一个部分。根据最近报道，法国自己的主张，借克雷孟梭的口提出的，所依据的也正是这个原则。我的看法是，法国支出可以占到由德收入的三分之一。据传克雷孟梭所提出的数字，在对美条件相等的假定下，约为我所提出的半数。但这并不是说他所提出的就不再有商量余地，此后为了能在这个原则下获得一个解决，把这个比率酌量提高，未尝没有可能。

像这样的解决，使我们与美国对道威斯计划的利害关系将有所增进，而不是有所减少。我们之间对道威斯计划，应当比法国对该计划有着更大的利害关系。这样，我们对美国债款就可以作出适当贡献，贡献的数额相当于我们间接为法国借入的数额。这样，我们对于还有待于进一步处理的法德之间的问题，就可以站在强有力的道义与外交立场上发挥影响作用，使之不致过趋极端，可以和平解决。

三、再谈战债取消问题(1928 年)[①]

我们不要忘记，所谓战债是怎样发生的。战事发动以后不久，情况就很清楚，我们协约国内有某些国家——起先是俄国和比利时，随后是所有各协约国——需要财务上的援助。我们进行援助时采取的方式，可以是贷款，也可以是补助。但是作为一种方式时，贷款要比补助好些，因为这样可以唤起较大的责任感，使用时也可以节省些。不过这种财务援助，采取的尽管是贷款方式，决不能认为借出国家，当初就把它当作普通的投资性质看待。假使果真有人作这种想法，那是非常不合情理的。我们提供援助时，所给付的往往是货币，因为那时用人力或船只来援助，有较大的困难。例如意大利在战争中初次受到严重挫折以后，我们把大炮运过去接济它，它则用借款的方式来偿付。以后情况越来越严重，我们送过去的就不单单是大炮，而且还有炮手，让他们使用这些大炮来作战，在战争中牺牲性命；不过关于后一情况，我们对意大利却不索取任何费用。然而在战争中作出较大贡献的，在前一情况下是意大利，在后一情况下却是我们。特别是美国方面的情况，跟这里所

① 这篇资料是为 1928 年 5 月 3 日一次广播演说准备的。

说的极其相类，它在参战以后的相当时期间，所作出的贡献主要是财务方面的，因为它对于任何别一方式下的援助，这时还没有准备好。于是它送来了大宗材料和军火，给协约国军队使用，只要它有物资和军火送来，它就记在我们的账上，这就造成了我们现在对它欠下的战债。但后来它也把军队送来了，由这些军队自己来使用军火，这时它就不再向我们索取任何费用。显然，这里并没有多大的逻辑性；所以使我们对美国背上债的，并不是由于它能帮助我们如此之多，而是由于，至少就人力这一方面来说，它在开头时能帮助我们的太少了。

这并不是说，美国给我们的财务上的帮助，对我们说来，并不具有极为非常的价值的。当美国加入战争的时候，我们自己的资源，作为一个借出者时，实际上已经到了尽头。在那个时候，就我们所有的一点物资来说，仅仅足以自给，我们已经达到了这样一个情况，要同时再顾到并肩作战的协约国，我们已感到力不从心。因此美国方面及时的财务援助，是非常宝贵的。它一加入战争，就立刻负起责任来，对于我们自己以及我们的协约国在美国所需的一切，不管是什么，尽量出借，其间还包括在支持外汇方面所提供的某种协助。但对在美国国境以外使用的它却不准备放款。因此，为了这一类开支，英国不得不继续贷款给它的协约国——结果在美国参战以后，我们不得不借给我们的协约国的几乎等于我们自己向人家借来的数目，更精确地说，我们在美国参战后向它借入的计八亿五千万镑，而在同时期我们出借给协约国的计有七亿五千万镑。因此实际上可以这样说，美国贷款给我们其目的是在于资助协约国，而不是资助我们。这一点是美国所一贯否认的，但实际情况的确是这样。

结果当战争结束时，协约国欠我们的约计十六亿镑，而另一方面我们欠美国的达八亿五千万镑。

对于这些人欠欠人的巨大数字，我们究竟应当怎样看待；是把它跟普通商业往来一样地当作投资呢，还是应当顾到它与常情有所不同的来历，顾到它当初发生时的特殊环境。自从战事发生以来，这一点就一直是一个争论不休的问题。英国的见解是，它并不是一般的商业交易，不应当把它这样看待。另一方面，美国的见解却是这样，既然叫作借款，就应该当作借款看待，就是说，就应该把这些借款看作是货真价实、到期应付的债券，只是考虑到债务人的支付能力，可以酌予缓付罢了，而所以接受一个低的利率，实际上是出于美国的自愿。

当召开和平会议时，英国政府曾主张，协约国战债应全部勾销。劳埃德·乔治先生于 1920 年 8 月，再度向威尔逊总统提出了这个问题。最后于 1922 年 8 月，通过贝尔福爵士那个有名的备忘录，提出了英国方面经过了考虑的见解，以后我们就一直坚持着这个立场，没有再退让。英国政府在这个备忘录里声明，关于英国欠美的债款，假使美国同意取消，则英国也愿意将各协约国欠英的债款全部取消，并将它自己对德国的赔偿要求权，让给其他协约国。通过这样的安排，就名义上说，英国所放弃的比之它所获得的利益，加倍还不止。这个提案现在仍然有效。

这一政策美国没有接受，后来美国与各国也分别签订了协定。根据它与英国的协定，全部欠款的利率相当于百分之三点三，它与法国的协定，欠款利率是百分之一点六，对意大利的是百分之零点四。这就是说，关于利息的负担，英国比法国要重一倍、比意大利要重八倍。一方面英国又与法国和意大利分别签订了协定，对方的利息负担，比之它们各自与美国商妥的，甚至还要轻，法国对英负担比之对美负担要轻百分之十，意大利则轻百分之三十三。结果，别的协约国在债务负担方面大大有所减轻，独英国还是负着全部偿还责任，不过就利率本身说来，百分之三点三还算适中而已。

协定成立后的结果是，到 1933 年止，英国每年应付给美国三千三百万镑，以后的每年支付额增至近三千八百万镑，直到 1984 年，债务关系才解除。当 1923 年，鲍尔文先生与华盛顿政府协商的结果初次公布时，我对于在这一协定下形成的负担，曾加以核算，有所说明。根据这个协定，我们得向美国按年付款，为期达六十年，这项支付相等于我们海军费用的三分之二，几乎相等于我们对教育事业的公家支出，超过了我们战前负债总额。从另一个角度来看，这个数目比我们从经营煤矿和商业航运两者所得的正常利润相加起来的数目还要大。我们有了这笔款子，可以在六十年内，每个月建成一所富丽堂皇的大学校、医院或研究院等等。我们人民中有半数的居住问题没有适当解决，他们的住所湫隘、简陋，如果在同一时期作出同样的牺牲，就可以使这部分人民舒舒服服地住在新屋子里，一切贫民窟就可以扫除。

另一方面，我们从协约国和德国得到的款子，数目很大，可以使我们的对美支出获得调剂。将这方面收支相抵的情况约略估算一下，是很有意味的。

在 1928 年，我们可以从协约国方面获得的是一千二百八十万镑，应付给美国的是三千三百二十万镑；到 1933 年，两方的数字将分别增加到一千七百七十万镑和三千七百八十万镑。这就是说，除德国赔款这一节以外，我们每年关于战债的支付差额约为二千万镑。假使德国能根据道威斯计划按年照付，则我们刚好可以收支相抵。因为根据道威斯计划，每年赔款支出达到十足额度时（除去德国借款利息等项），其数将达一亿一千七百万镑，其中归我们所得的（英帝国其他部分所得的不计）是二千二百万镑。丘吉尔先生曾估计，在1928—1929会计年度，我们在战债方面的支出是三千二百八十四万五千镑，在战债与赔款方面的收入相近于三千二百万镑。

这些收入估计会全部成为事实是不太可能的。现在让我们姑且假定，如意算盘打得很好，一切收支果能照计而行，然后在这个基础上分析一下情况。这时各个协约国对美国作出的支付，在性质上实在是借花献佛，主要是出在德国头上的。根据现在的协定，各协约国对美战债偿付额达到最高度时，每年支付总计是八千三百万镑（如果就整个还款时期总计，则每年支付的平均额是六千一百万镑）。各协约国可以从德国获得的是，每年一亿一千七百万镑；美国在这个数额内所获得的，除由协约国偿还的战债外，再加上它自己在德国赔款项下的直接所得，一共是七千八百万镑，即占德国支出赔款数的百分之六十七，此外还得加上不是由赔款来抵补的、由意大利偿付的一千万镑。这些是协约国还债达到最高度时的情况。再就历年平均的偿付情况来说，美国在德国支出一亿一千七百万镑这个数额内的所得是六千六百万镑，即占总额百分之五十七。不论处于哪一情况，英国一只手收进，一只手付出，结果总是一无所得。

根据上述的情况说明，如果道威斯计划没有能完全实现，实际支付额减少了三分之一——我们这里有很多人，认为这种情况的发生是极有可能的——那么当协约国战债偿付达到十足数额时，美国将成为德国赔款的唯一受益人。在这样情况下，一切战债协定的净结果是，关于德国赔款，让美国每年坐享七千八百万镑——收入与支出相抵以后的净数——此外更没有其他任何一个国家，得以沾润分毫。

我所以提出这样的数字分析，是为了由此可以使我们清楚地看到，为什么在协约国方面看来，对德国赔款问题的进一步放松，是跟它们自己对美债务这一问题，紧紧结合在一起的。美国的官方态度，认为这两者之间并无联系，实在是一个极其勉强的虚伪托辞。将来道威斯计划付之重议时，美国，不论在什么样的形式下，必然是当事人之一。但是，我敢多一句嘴，它那时如果作出任何让步时，得到实惠的总是德国和欧洲各协约国，英国将坚持它的原则，收支相抵以后，将一无沾润。

假使德国付出的赔款，全数，或将近全数，不用于修复战时所受到的损伤，而用来偿还美国在共同奋斗中所作出的财务贡献，那就有许多人会感到，在人类感情上说来，这是一个使人难以忍受的不良后果，跟美国人在参战时或参战以后所发表的那一套言论，也根本不相配合。然而，不论民众在这个问题上有着怎样深切、激烈的情绪，任何居于权要地位的英国人，要他主动开口，将这类事件正式在台面上道出，总是有些伤脑筋的。这是不用说的，我们既然有契约上的义务，要偿还债款，我们就得依约履行，别无二话，假使还有别的说法，那是要让对方美国来开口的。在战争中，英国财政部对协约国、对美国缔结了许多财务协定，今天的情势就是由此而来的，这些协定的官方起草人这一职位，碰巧落到了作者的身上。当初拟制这些协定时，支配着这些协定内容的那些理由和动机，我是有亲身体会的，对于这方面的体会，我感到一天亲切一天。回想到那个时候彼此的心情和环境，我仍然存着一种希望，希望美国有一天，在它自己择定的适当时机，会告诉我们，它的真心话还没有说出，事体还有转机。

第二部分

通货膨胀与通货收缩

第一篇　通货膨胀(1919年)

据说列宁曾说过这样一句话,要毁灭资本主义制度,最有效的办法是破坏它的通货。通过通货膨胀的不断进行,政府可以在掩蔽的、不容易被觉察的方式下,没收国民财富的一个很大部分。通过这种方式,政府不但可以没收国民财富,而且可以任意地进行没收;这一过程使许多人陷于贫困时,它实际上使某些人富了。在财富部署方面这种任意摆布的现象,不但影响到经济生活的安全,而且使人们对现有财富分配的公道,失去了信心。有些人在这个过程中发了横财,不但超过了他们分所应得的,而且超过了他们自己的预期或希望,成了"暴发户",这些人就成为中产阶级仇根的对象,因为中产阶级在通货膨胀政策下受到的打击,并不亚于无产阶级。债务人与债权人之间的稳定关系,是资本主义的主要基础;而在膨胀过程中,则通货的实际价值波动剧烈,把这种关系完全打乱,使它几乎失去了一切意义。结果是使获取财富的整个过程,堕落成全凭时运的赌博行为。

列宁的话的确说得不错。要推翻资本主义社会的现有基础,再没有比破坏货币更恶毒、更拿得稳的手段了。这个方法发动了经济规律在破坏方面的一切隐藏力量,而在进行时,在发挥着作用时,百万人之中也没有一个会发觉真正的病源所在。

在战争后期，一切交战国家，有些是出于迫不得已，有些是由于能力薄弱，都在进行着一个布尔什维主义者根据计划作出的那种勾当。即使在现在，战争已经过去，多数的这些国家，由于没有足够毅力，还是不能摆脱这一恶劣习惯。而且还不止这样，目前在欧洲有好些政府，既软弱无能，在政策运用上又鲁莽轻率，却把在这种不良政策下形成的比较明显的后果，推在所谓"暴发户"身上，从而引起民众对这个阶级的愤懑情绪。概括地说，这些"暴发户"是属于资本家队伍里的企业家阶级，也就是整个资本主义社会内的活跃分子或积极分子；这些人在价格迅速上涨时期，不管他们是否有这样的存心或想望，大势所趋，财富势必会很快地转到他们手里。如果价格不断上涨，不论哪一个商人，手里有着存货，或有着厂基和其他资产，他的利润就必然会继续增高。在这样情况下，欧洲的那些政府却蓄意要促使仇恨情绪针对着这个阶级，它们这种行为，就无异是把狡猾的列宁故意想出来的中伤手段，推进一步。暴发户的产生，是价格上涨的后果，并不是它的前因。通货膨胀的必然后果是，使已有的契约关系和已经确立的财富平衡，受到猛烈的、任意的干扰；这时社会安全已经受到很大打击，再要加上民众对企业家阶级的仇恨情绪，整个社会就更加岌岌可危。因此，这些政府行动的结果是，使十九世纪式的社会和经济秩序，无法再维持下去。但是它们面对着这个残破秩序，却又没有替代它的办法。

第二篇　币值变动对社会的影响
（1923 年）

通过货币的运用就可以有所取得；货币的重要意义只在于这一点。因此货币单位如果有了变化，而在效果上对各方是没有参差的，对一切交易所发生的影响是均等的，这就无关紧要。如果价值的既定标准有了变化，个人关于一切权益，一切努力的成果，所得代价以货币计算时，比前提高了一倍，而对于一切取得的事物，一切享受，他也须付出比前加倍的货币代价，那对他的经济生活就完全没有影响。

由此可见，当货币价值，也就是价格水准，有了变化时，所以对社会有重要意义，只是由于它的影响所及是不均等的。像这样的变化，过去曾经，现在也正在，对社会发生着莫大影响；这是由于，我们都晓得，当货币价值有了变化时，对一切人，在一切目的上，并不是作均等变化的。个人的收入和他的支出，并不是在同一比率下改变的。因此当以货币来计量的价格和报酬有了变化时，对不同阶级大都会发生不均等的影响，把财富从这一个阶级转移到另一个阶级，使有些人日进斗金，有些人则发生了困难，司运的真宰既有了偏颇，这就使种种计划受到了破坏，种种希望落了空。

自从 1914 年以来，货币价值的变动，波澜壮阔到极点，影响范围广泛，竟构成近代经济史上最重大事件之一。不论以金、银或纸币计的价值标准，在波动程度上的猛烈都是空前的；不仅是这样，而且所侵袭的社会，与以前任何旧时代下的社会，在性质上也有所不同，按照一般的假定，在现代社会经济组织下，价值标准是应该相当稳定的。

在拿破仑战争以及紧接着这一战争以后的一个时期，英国的物价在波动最猛烈时，一年间的涨落差距是百分之二十二。十九世纪初期，价格水准达到了最高度，我们一向把这个时期看作是我们货币史上最紊乱的一个时期，但是就长达十三年的这一个期间来说，最高的与最低的价格水准比较，相差也还不到一倍。试将这种情形与最近几年来骇人听闻的变化比较一下，看相差多少。从1914年到1920年间，一切国家所经历的是，可化用的货币的供额与可购入的货物的供额相比下，前者有了极大的扩张，这就是说，发生了通货膨胀。从1920年起，对金融局势重新获得了控制的那些国家，还不满足于单单使膨胀现象趋于结束，它们矫枉过正，过分地缩减了货币供额，于是又尝到了通货收缩的苦况。而别的一些对金融局势没有能获得控制的国家，这时的膨胀趋势则比前更见汹涌。

不管是通货膨胀还是通货收缩，两者同样造成了巨大损害。两者同样足以改变不同阶级间财富的分配，但是在这一点上，通货膨胀更加要不得。两者对财富的生产同样会发生影响，前者会发挥刺激过度的作用，后者会发挥减低速度的作用，但是在这一点上，通货收缩的危害性更大。因此我们在讨论中最便利的方法是，把问题这样来分类：先分析一下货币价值有了变动时对财富分配的影响,这个时候我们所主要注意的是通货膨胀;然后再考察这类变动对财富生产的影响,这时所主要注意的是通货收缩。

甲、币值变动对分配的影响

(一) 投资者

在货币的种种职能中,有些主要是以它的实际价值在一定期间几乎是固定不变的这一假设为依据的。其中主要的是那些与广义的货币投放契约有关的职能。这类契约——即规定在一个长时期内如何支付一定数额的货币的那种契约——正是我们为便于称呼起见把它叫作投资制度(以别于一般的财产制度)的那种制度的特色。

资本主义的这一阶段是在十九世纪发展起来的,在资本主义的这一阶段中,许多措施是为了使财产的管理跟财产的保有互相分离而想出来的。这样的措施,有三种主要类型:(1)财产所有人跟他财产的管理相脱离,但仍然保留着对他的财产,即实际的土地、建筑物、机器或成为其财产的任何其他东西的所有权,保有的典型方式是持有股份公司的普通股;(2)财产所有人跟他的财产暂时脱离关系,在脱离期间每年收取一定数额的货币,但他的财产最后仍然由他收回,这类措施的典型是租借;(3)财产所有人跟他的实际财产永久相脱离,取得的报酬,或者是无期限的按货币数额规定的年金,或者是有期限的年金,于期满时归还以货币计的本金,这类措施的典型是抵押款、公债、公司债和优先股。第三类型体现了投资的充分发展形态。

规定在将来收回一定数额的货币的契约（至于将来收回时，货币的实际价值的可能的变化，契约内没有加以规定），由来已久，有货币的借出与借入时，必然就已经存在。租借与抵押的形式，以及对政府和对少数私营机构如东印度公司的永久性贷款的形式，在十八世纪时就已很常见。但在十九世纪里，这方面有了新的发展，占有了进一步的重要地位，到二十世纪初期则更进一步，有产阶级分成了两个类别，一种是“企业家”，一种是“投资者”，两方存在着部分分歧的利害关系。这两种类别，并不是在各个人之间严格划分的；企业家同时也可以是投资者，投资者也可以持有普通股；然而其间的区别却是明确存在的，而且有着重要意义，这是因为这一点向来是很少被注意到的。

在这样的制度下，活跃的企业家阶级，凭了他们的企业，不但可以利用他们自己的财富，还可以利用整个社会的储蓄；而另一方面，专业阶级和有产阶级，则找到了利用他们资源的一个方式，在这一方式下，使他们既少麻烦，又没有责任，而且（据说）负担的风险也很轻微。

这个制度在全欧洲风行了整整一百年，进行得非常顺利，使财富获得了空前的增长。储蓄和投资，对很大的一个阶级说来，既是它的本分，又是它所爱好的事物。储蓄很少支取，只是在复利的计算下累积起来，从而收获累累，这一点在我们现在看来，已经是理所当然。同时这个时代的伦理、政治、文艺和宗教都结合在一起，形成了一个伟大的共谋，共谋的目的所在是促进储蓄。上帝和财神水乳交融，他们的步调是一致的。有钱的人在尘世中找到了乐土。富有者毕竟是可以进入天国的——只要他能够储蓄。上界清都响起了新的福音。“这真是不可思议的,出于上天聪明、仁慈的安排,当人们所想到的并没有别的,只是他们自己的利益时,却对民众作出了最大贡献”[①]——这是天使的歌声。

这样造成的气氛,使扩张企业的要求与日益增长的人口对坐享其成的一个非企业阶级的成长的需要两者相辅而行,携手并进。在这种制度下,投资阶级的命运主要是寄托在货币稳定这一点上的;但在普遍享受舒适和进步时,一般对于这种制度之能否巩固决定于货币之能否稳定这一点都是没有注意到的,而都怀着一种毫不怀疑的信心,认为这些事正无须顾虑,一切自然会走上正轨的。于是投资的风气越来越广泛,数目越来越扩大,直到后来,对一切中产阶级说来,金边证券成为世间最持久、最稳固的财物的代表。在我们这个时代,这种因袭的信心竟这样的根深蒂固,因此根据英国的法律,财产受托人受到了鼓励,把他们的信托资金全部用之于这类交易,而且实际上,除了地产以外(这是一个例外,它本身就是早期情况下遗留下来的一个残余现象),是禁止把信托资金用于其他目的的。[②]

十九世纪总是深信自己的幸福的经验将永存不息,而对过去发生的不幸事件的教训,则置之度外;在别的方面是这样,在这一方面也是这样。要晓得,货币这样东西,即使指望它用某一金属的固定量来体现,也并没有历史的保证,要指望它用不变的购买力来

① 《供青年阅读的货币学入门》,基督教义促进会发行,1850年第十二版。

② 在德国,到1923年对财产受托人才解除了跟这里所述相类的责任,那个时候,以货币所有权形式投放的信托资金,其价值已完全化为乌有。

体现，那就更加渺茫了；但人们对这一点总是不以为意的。然而货币实际上并不是别的，只是由国家随时宣布的，一个履行货币契约的适当的法定事物而已。到 1914 年时，在英国，黄金不作为价值标准已经有了一个世纪，在任何其他国家，黄金不作为唯一的价值标准也已经有了半个世纪。每经过一次长期战争或严重的社会动乱，跟着发生的就必然是法偿币的变化，竟没有一次例外。但每一个国家都有一个从最初有经济记载时起的关于历来代表货币的各种法偿币的实际价值的不断降低的几乎不断的历史记载。

还不止是这样，这种表现在历史上的货币价值的不断低落，并不是偶然发生的，在事态的幕后，有着两个巨大的推进力量——政府的贫困和债务人阶级强大的政治势力。

因货币贬值而产生的征税权，自从罗马帝国发现它以来，就一直是国家所固有的。法偿币的铸造，过去是，现在也仍然是政府的最后准备力量；任何国家或政府，只要还留着这一手没有使用，就不会宣告自己的破产或倾覆。

此外，我们在下面可以看到，在通货贬值中得到好处的，还不止是政府。农民和债务人以及负有义务偿付到期的定量货币的一切的人，都可以从中分享利益。在现代经济组织中活跃与积极的分子是企业家，而在过去时代居于这样地位的，却是上面所说的那些阶级。这种在过去使货币贬值的长期变化，对新兴人物起了协助作用，把他们从死气沉沉中解放了出来，使新财富在旧财富的牺牲下获得了利益——被扶了起来的是武装了的企业，被压下去的是死存着的蓄积。货币贬值倾向，过去是对在复利下的累积成果和财产继承的一个强大抵消力量;现在是对积存财富的严格分配、对财富保有与财富经营的划分的一个松弛力量。由此使每一代的先人遗产,部分地受到了剥夺;这时除非社会能自觉地慎重考虑,另外想出一套比较公道与适宜的办法来代替,否则建立恒久财产的计划,必然要受到挫折。

总之,在两种力量——政府的财政需要和债务人阶级的政治势力——时而是这一个,时而是那一个的影响下,使通货膨胀的进展永无间断;货币这样东西,还是在纪元前六世纪设计出来的,我们只要从那时起的这样一个漫长时期来看一看,就可以清楚地看到这种趋向。有时候价值标准会自然降落,假使这一点没有发生,货币质量的恶化,就会来完成这件工作。

情况尽管是这样,但由于使用货币是日常生活中的一个习惯行为,这就极容易把这种情况完全抛在脑后,把货币看作是绝对的价值标准。还有一层,当就整百年的实际经过来说,在一个普通人看来,他的上述这一观念并没有受到干扰时,他就会把错觉当作事实,就会把一连经过三代不变的事实,看作是恒久的社会组织的一个部分。

十九世纪事态的经过,巩固了这种观念。这个世纪最初的二十几年中,跟着拿破仑战争时期物价高涨出现的是,货币价值相当迅速的增长。在此后的七十年间,除了一些短时期波动以外,价格趋势不断下倾,1896年达到了最低点。在价格趋势上固然是这样,但就这个世纪整个时期来说,它的特征是价格水准的相对稳定。1826、1841、1855、1862、1867、1871与1915年,以及与这些年份相近的期间，出现了大致相同的价格水准。1844、1881 与 1914 年，[①]价格水准也处于同样地位。如果我们把上述这些年度的物价指数规定为 100，则从 1826 年起直到大战爆发止相近于一个世纪的期间，不论是向上或向下的最大波动限度，都不出于 30，即指数从来没有超过 130 或低于 70。这就难怪我们对长时期中货币契约的稳定要抱有信心了。黄金这一金属，作为一种人为地规定的标准时，或者并不具有一切理论上的优点，但它的价值是不能随意操纵的，而且经事实证明它是可靠的。

英国统一公债(consols)的投资者，在世纪初期进行得非常顺利，这表现在三个不同的方面。首先是投资的"安全"，在他看来，关于这一点已经尽可能地接近到了绝对圆满境地。其次是这种公债的本金价值有了一定的提高，这一点部分是由于上面所说的原因，主要是由于利息率的稳步下降，使体现着本金的每年收入，相形之下有了增长。[②] 最后，每年货币收入的购买力，整个说来是在增长中。试就 1826 到 1896 这七十年期间来说(其间紧接着滑铁卢战役以后的一度显著涨势，姑且不计)，这种统一公债的本金价值在逐步提高，中间除一时的蹉跌以外，价值从 79 提高到了 109(虽然在戈申的手里，公债利率于 1889 年从百分之三减到了百分之二点七五，于 1903 年续减到百分之二点五)，而且每年所得息金的购买力，虽然利息率有了降低，仍然提高了约百分之五十。这种统一公债，不但在价值上、收益上有了增长，而且在稳定程度上也

① 〔现在还可以补充一点，1931 年的情况也不例外。〕

② 举个例，假使利息率从百分之四点二五降低到了百分之三，那么三厘的统一公债，在价值上就从 66 提升到了 100。

有所增进。在维多利亚女皇时代,这种公债的价格,除危机时期以外,从未低到 90 以下,即使在 1848 年,当君主权位摇摇欲坠的时候,也只下跌了 5 点。维多利亚初即王位时,价格是 90,到她举行登基六十周年纪念时,价格却达到了登峰造极的程度。这就难怪比我们老一辈的人,要把统一公债看作是一种大好投资对象了!

于是十九世纪时,产生了有权有势而又极其受到推崇的一类人物,这些人各个说来都很富裕,总的说来是拥有很多财富的一个阶级;但是他们既没有房产、土地,也没有任何经营着的企业或金银财宝,他们所有的只是一种权利,基于这个权利,每年可以有若干法偿币的收入。结果这类公债就成了十九世纪的一个特有产物,成为那个时代值得夸耀的一件事物,中产阶级大都把他们的积蓄投入此道。习惯的势力和辉煌的经验,都足以助成这类投资的无上信誉,认为在安全这一点上,这类投资是没有怀疑余地的。

在大战前夕,这类中间财产,由于物价上涨,也由于利息率的提高,与十九世纪中叶它的鼎盛时期对照,已经在走着下坡路。但是随着战事的爆发而发生了一系列货币方面的事故,结果使这类财产的实际价值,在英国丧失了一半,在法国失去了八分之七,在意大利失去了十二分之十一,在德国以及奥匈帝国分裂后成立的和在俄国成立的那些国家,事实上已全部化为乌有。

这就是说,由于战争的影响,由于随着战争而来的那些货币政策的结果,使投资阶级所有财产的实际价值中一个绝大部分,付之流水。这种损失的发生,来势异常凶猛,当损失发生的时候,还有在性质上更加恶劣的别的损失交织在一起,因此单就这项损失来说,充其量将发生怎样的后果,人们还没有来得及充分了解。可是尽管如此，它影响所及，已经使不同阶级之间的相对地位，发生了深刻变化。就整个欧洲大陆来说，那里中产阶级的积蓄，凡是投放在证券、押款或银行存款的，已经大部分或全部被扫除。还有毫无疑义的一点是，经过这次教训，对储蓄与投资行为的社会心理将发生变化。过去认为是最安全的，现在却变成最不安全的了。一个安分守己的人，他既不胡乱花费，也不投机取巧，只是"规规矩矩，为他的家属作好准备"，他所重视的是安全，他所严格信守的是从经验中得来的教训，是老于世故的人们遗留下来的那些可敬的信条；的确，他是最不想行险侥幸的，然而结果却受到了最严重的惩罚。

从这里所说的，我们可以吸取些什么教训呢？我认为主要的一点是，如果把十九世纪发展起来（并且到现在还保留着）的社会体制同对货币价值的放任政策结合在一起，是既不妥当，也欠公正的。说我们在过去是安排得很好的，这句话并不正确。此后我们如果要把社会中的主动储蓄，继续吸引到"投资"渠道，那就得把储蓄与投资所由表现的价值标准，保持稳定，以此作为审慎考虑下的国家政策的一个基本方针。此后随着时间的推移，在遗产法下，在资产累积的进度下，如果坐享其成的、不从事于企业活动的分子所得过多，而从事于企业经营的活动分子的收入，相形之下，所得过少，因而对国民财富的再分配，认为有调整必要时，也应当采取别样方式，使一切形式下的财富受到同样的影响，而不应使比较无辜的"投资者"受到格外严重的打击。

(二)企业家

价格上涨时期,对企业会引起促进作用,因此对企业家有利;企业界和经济学家都有着这样的看法,而且由来已久。

首先是,如上面所说投资阶级的所失,足以相对地造成企业阶级的所得。当货币价值低落时,情况是显然的,那些从事于积极企业活动的人们,就所得利润项下逐年作出定额货币的支付时,必然会获得利益,因为这时的货币定额支出,在他们货币营业额内所占成分,将比前缩减。这种利益的享有,不仅发生在变动发生的过渡时期;而且当价格在新的、较高的水准下安定以后,就原有债务关系来说,这种利益仍然会继续存在。试举一个例子,整个欧洲的农场主,凡是以前用抵押借款方式购入土地,从事耕种,这项借款到币值发生变动时还没有还清的,这时将感到几乎已经完全脱然无累,受到牺牲的却是接受抵押的债权人。

当变动时期,价格逐月上升,这时的企业家,除上述一点以外,还有着一个更大的意外财源。不论他是一个商人还是一个工厂主,一般总是要先买进,然后卖出的,就是说至少对于他存货中的一部分,总得冒着价格变动的风险。因此在他手里的存货,如果逐月上涨,他就一直处于"善价而沽"的地位,所获得的利润,总是在他的意料以外,超过了他原来预期的程度。处于这样的时期,"做生意"就成了一件轻松愉快的勾当。任何人,只要能够借到钱,只要时运不是特别地坏,就必然会有所沾润;虽然,这种利得对他说来是很不相称的。当价格上涨时,凡是有着债务关系的企业家,他就居于这样的有利地位;当他清偿借款时,以实际价值来衡量,他的还款所体现的，不但没有利息，而且比原来借得的本金还要少。

但是货币的贬值，对企业家说来固然是一个致富捷径，同时也是使他成为众毁所归的一个原因。在消费者看来，企业家的非分利润是可诅咒的物价上涨的一个前因，而不是一个后果。这时在企业家自己，处于财产价值顷刻万变的纷扰中，也渐渐失去了他固有的保守本性，他所倾注的，只是在于当前的巨大利润，至于在正常业务下比较微薄但是比较巩固的利润，则逐渐退处于他的视野以外。他对于事业前途的远大利益，已经不像以前那样地重视，他在兴奋情绪下所关怀的，只是眼前的暴利。他的过分利得，原来并不是出于他蓄意寻求的，他原来并没有这样的阴谋或打算；但是他尝到了这个滋味以后就决不肯轻轻放过，他将尽其所能，继续努力，来争取这样的意外财源。他，作为一个企业家，在这样的冲动下，心情是并不会怎样舒畅的。就他对社会的关系来说，在经济结构中，过去他具有相当作用，相当贡献，自有他存在的必要性，在这些方面他自信心原来是很强的，现在在他的内心却失去了这种自信观念。他对于他的事业、他的阶级的前途，都怀着忐忑不安的心理，对于他自己的财富抓得越紧，就越是感到缺少保障。作为一个企业家，他是国家的栋梁、社会的柱石，是前途发展的建设者，他的积极活动和他所获得的报酬，在不久以前，还几乎是得到宗教上的认可的，在一切人类、一切阶级中，他是受到最高的尊崇和赞许的，是认为最不可缺少的一个分子，对于他的活动如果有所阻挠，就会认为不但将造成不幸后果，而且是一种失敬、无礼的行为；但是现在情况不同了，人人对他侧目而视，他自己也感到是被人嫉视、受人攻击的一个分子，是不公不法的律例下的一个牺牲者，觉得自己

简直是不免有些罪行的,是一个暴发户,一个奸商!

在这个世界上有富人,也有穷人,如果一旦认为富人的所得只是凭了幸运的赌博而来的,那就没有一个有血气的人会甘心安于贫困。原来是一位企业家,而现在却变成了一个奸商,这是对资本主义兜心的一拳,因为它破坏了心理上的平衡,不平均的报酬,只是在这种平衡观念下才得以继续存在的。所谓正常利润的经济原则,在人人心头都有着一种模糊的认识,这是资本主义得以合理存在的必要条件。企业家的利得,必须在大体上,在某种意义上,跟他对社会有所贡献的积极活动,能够发生些关系,只有在这样的情况下,他的利得才能持之有故,言之成理。

这里所说的,是由货币贬值造成的,对现在经济体系的第二个干扰因素。如果说币值的低落,会使投资受到打击,那么它对企业也同样是有所损害的。

还有一层,即使在繁荣时期,也并不容许企业家独自享有全部额外利润。我们有许多人所共知的补救办法,想要对时下的弊病有所纠正——例如各种补助金的规定、价格与租金的决定、不当利得的取缔、超额利润的课税等等;但这类办法都没有实际效果,结果它们自身也变成弊病中未可轻视的一部分。

繁荣以后,接踵而来的是萧条时期,这时价格低落,对拥有存货的那些人说来,所发生的作用,与价格上涨时情况恰恰相反。意外损耗代替了意外利得,而这一现象与事业经营的效率并无关系;这时人人所想望的是要尽可能将存货减到最低度,这就使工业陷于停顿状态。这一点,同以前尽力屯积的过度兴奋现象,恰恰形成一个鲜明的对照。于是失业代替了猎取暴利,成为一个当前的严重问题。

（三）工资劳动者

工资变动总是落在价格变动的后面的，因此当价格上涨时期，工资劳动者的实际所得将减低；这是经济学教本里的一句常套话。在过去，情况的确大都是这样，即使在今天，对某些部分的工人来说，在改善他们自己地位的方面，处境比较不利，或组织较差的，情况也依然是这样。但无论如何，就英国、也还有美国的工人的某些主要部分来说，情况已经不是这样，他们能够利用形势，结果不但所获得的货币工资在购买力方面同以前所获得的一样，而且还能够实际有所改进，使工资的增长与工时的缩减结合起来；而这一点，就英国情形说来，却是在整个社会总财富有所减退时实行的。这种违反常情的现象并不是出于偶然，其间是有确定的原因可供探索的。

某些部分的工人，如铁路员工、矿工、码头工人等等，为了要获得工资的增长，他们的组织比前有了改进。军队中的生活，也许是在战争史上的第一次，在传统的要求标准上的许多方面有了提高，兵士们穿着得比以前好，饮食方面也往往胜过工人阶级，他们的妻子，除在战时享受别居津贴，就业的机会比前增加以外，在思想意识方面也比前有了提高。

这些影响作用，固然足以促进工人要求生活改善的动机，但是如果没有另一个因素，也还是缺少达到目的的手段的，这个因素就是企业家的额外利得。企业家日进纷纷，这时已经是周知的事实，他们的所得，远远超过了商业中正常利润的一般水准，这一点就足以使他们容易受到压力,行使压力的不但有他们的雇员,还有一般的舆论;而且要适应这种要求,在财力方面,他们也并没有困难。事实上他们为了息事宁人,也乐得照付这笔赎金,将淌来的横财与工人同享。

结果在战事发生以后的若干年间,工人阶级的相对地位获得了改进,除了“暴发户”以外,与别的阶级相形之下,情况就是这样。就工人阶级的某些主要部分来说,他们的绝对地位也有了改进——他们的工作时间缩短了,货币工资增加了,代价提高了,有些部分的工人,即使就完成工作每一单位的实际报酬来说,也比前有了增长。但这种情况是否稳定是另一问题,除非对工人阶级报酬增长的来源能够确切掌握,否则对这一点我们就无法加以估量。我们晓得,足以确定国内产值在不同阶级之间的分配的那些经济因素,如果有了永久性的改进,对工人阶级的收入是会发生良好影响的。我们还晓得,由于通货膨胀而引起了价值标准的变动以后,对工人收入也会发生一时的影响,但在这样影响下的收入增长来源是不可靠的,是用得完的。上述的工人收入增长情况,究竟是出于前一原因还是后一原因呢?

不久情势就有了转变,转入了萧条时期,这时的工人阶级,其势难免于受到不利影响,但不利情况主要是表现在失业,而不是在于实际工资的降低,而且由于国家的援助,即使在失业这一点上,也还不至于演进到十分严重的地步。货币工资固然随着物价作了共同的降低;但是在 1921—1922 年萧条期间,所有工人阶级在以前数年取得的与中产阶级比照下的相对优势,并没有逆转,甚至也没有显著减退。1923 年时,英国的工资率,如果将工时缩短这一因素计入，与战前相比，显然比生活费用提高得更多。

乙、币值变动对生产的影响

企业界如果由于任何原因，不管对不对，发生了心理波动，预料价格将下跌，生产进程就将受到阻碍；反之，如果认为价格将上涨，则生产将受到过度的刺激。价值的准绳有了波动时，世间的财富、需求或生产力，是一点也不会因此有所改变的。因此价值准绳有了波动时，生产的质和量两个方面，都不应受到影响。至于相对价格，即各种不同商品的比较价格，如果有了变动，就应该影响到生产的性质；因为由此说明，各种不同商品彼此之间的生产比率，与原来的已经不完全相同，但一般价格水准有了变动时，情况却并不是这样。

关于对一般价格水准变动的预期会影响到生产进程这一事实，在社会现行经济结构的特有性能下是根深蒂固的。我们已经看到，当一般价格水准有了变动，也就是当确定货币借入者（如何使生产动作起来，是他们决定的，他们是居于主动地位的）对借出者（一旦将货币借出以后，他们就处于被动地位，对生产是不闻不问的）所负债务的价值标准有了变动时，对这两个集体之间实际财富的再分配，就会发生影响。还有，居于主动地位的集体，那些借入者，如果事前能预见到这种变化，就可以赶先一步，采取行动，当预料中货币价值的变动实现时，就可以将自己的损失减到最低度，转嫁予另一集体，或者从中进一步谋取利得，以另一集体为牺牲。假使他们，作为一个集体，预料到价格将下跌，就不妨故意压低生产，这样做对他们也许是合算的，虽然对整个社会说来，这种不自然的怠工将造成贫困。假使认为价格将上涨，就多借资金，盲目扩大生产，扩大到基于他们的努力而获得的实际报酬、达到刚好足以使社会获得补偿的程度以外时，在他们可能也仍然是有利的。当然，由于价值标准的变动，有时候，特别是当对这一变化事先没有能预见到的时候，会有利于某一集体而不利于另一集体，其间的偏颇程度，与这一变化对生产量所发生的影响程度相衡时，也许并不相称；但是居于主动地位的集体，就它预测前途变化这一点来说，其间的趋向总不出于上面所说的那样。实际上这就等于是说，生产的强度，大部分是决定于在现行情况下企业家所预期的实际利润。对整个社会说来这是一个正确的判据；然而这一判据的正确性也还是有限度的，只是当各方利益细致微妙的调节，没有被价值标准的波动所打乱时，情况方才是这样。

由于币值不稳定，也会直接带来很大的风险。企业界在漫长的生产过程中，是有种种以货币计的支出的，如货币工资及其他生产费用等等，预料在成品售出易得货币以后，这类支出就可以获得补偿。这就是说，以整个企业界而言，它必然始终是处于这样的地位，当价格上涨时将有所得，下跌时将有所失。在货币契约制度下的生产技术，必然带有很大的投机意味，不管企业界愿意不愿意，它是不能摆脱这个局面的；假使它不愿意处于这样的地位，生产程序将陷于停顿状态。在企业界范围以内，未尝没有一定程度的职能专业化，其间有一种专业投机者，对正常生产者会有所援助，关于生产者的风险，会替他从旁分担一部分；但这一事实并不影响到上面的论点。

由此可见，不仅是当价格变动实际发生时，会有利于某些阶级，不利于另一些阶级(这一点是本篇第一段的主题)，而且对价格低落发生了普遍的恐惧心理时，整个生产程序也许会受到阻碍。因为如果预料价格将趋向低落，就不会有足够多的冒险者，愿意使自己处于投机的“多头”地位，这就是说，企业家将畏缩不前，不敢参与漫长的生产程序，从事于货币事先支出、事后收回的长期垫支行为——由此将产生失业。价格低落这一事实是有损于企业家的，因此对价格低落的恐惧心理，将促使他们减少活动，借此来保卫自己，防止亏损。然而生产活动和就业这两者，主要却决定于各个企业家对风险估计的综合表现，决定于他们的是否愿意负担这种风险。

还有足以使事态更加严重的是，关于价格趋势的一种预期如果相当普遍的话，在结果上是有累积作用的。企业界如果预料价格将上涨，并且以这一点为依据而见之于行动，这一事实本身就会造成价格一时的上涨，到那个时候看到所预期的已经证实，就格外加强了原来的预期；相反地，当预期价格下跌时，情况也相类。因此，一个比较微弱的起因，也许会引起轩然大波。

要铲除个人主义下这种致命的病根，理想的方法当然是在于釜底抽薪，在于能够使关于价格将上涨或将下跌的任何有信心的预期根本失去存在的可能；或者是，能够做到这样，即使价格发生了变动，也不会扩大到相当程度，不会由此引起重大风险。假使出于意外或偶然的原因，价格发生了有相当节制的变动，由此发生的后果，财富的重分配虽然在所不免，但财富的量不致减低，这样就不致发生严重干扰。

要彻底消除使变动得以开始发生的一切可能影响，从而获得上述结果，这样的希望似乎是无法实现的。比较近情的补救办法，似乎应当这样入手。当价格标准方面发生了不管是什么样的情况，这种情况如果听其自然，将引起对一般价格水准变动的预期时，管理当局就应当采取步骤，将与当前趋向相反的某些因素发动起来，来抵消在酝酿中的这种预期。这种政策的目的是在于消弭预期，避免发生实际变动，即使行使的结果没有能完全奏效，也总比袖手旁观、一切付之不闻不问的政策要好些；如果让价值标准完全听候机缘的支配，故意使之与中央管理脱离关系，就不免要发生毫无约束的预期，使生产事业陷于瘫痪或兴奋过度状态。

由上所述，我们看到，价格上涨和价格下跌，各有它特有的不利情况。通货膨胀会引起价格上涨，结果对个人或阶级，尤其是对利息生活者会造成不公道后果，因此对储蓄是不利的。通货收缩会促使价格低落，结果企业家为了避免损失，将从事于限制生产，这一点对工人阶级、对企业说来，都是一个促退因素，将造成贫困后果，因此对就业是不利的。当然，通货膨胀与收缩两者的影响性质，并不一定是这样泾渭分明的，后者对借入者说来，也同样会造成不公道后果，而前者使工业活动过度兴奋，也同样是一个不利因素。但这些后果，并没有像前面所着重指出的那样严重；因为借入者为了避免受到通货收缩最坏的影响而进行自卫时，比之借出者为了避免通货膨胀影响而进行自卫时，总是比较地有办法些，居于比较有利的地位；而且工人阶级在市况好转、力量使用过度的情况下进行自卫，总比在市况恶化、就业不足的局面下进行自卫要容易得多、有利得多。

由此可见，通货膨胀既有欠公道，而通货收缩也不合时宜。两者都要不得。但是如果把极度恶化的通货膨胀，像在德国所发生的那种情形除外，那么两者之中更加要不得的似乎是通货收缩；因为在贫困的环境下引起失业这件事，比之使利息生活者受到挫折要糟得多。但是我们对这种不利情况，轻重之间正不必仔细权衡。大家很容易得出一致的看法，认为两者都是应当竭力避免的祸殃。在今天以个人主义为基础的资本主义下，储蓄是交托给个人投资者的，生产是交托给个人雇主的，正因为是这样，所以就必须有赖于稳定的价值标准的存在，没有这一点，资本主义是不能行之有效的——也许是不能存在的。

有些人认为，关于价值标准的节制，不是一个可以由人们作出从容决定的问题，他们在这一点上存有牢不可破的偏见；基于上述的那些严重原因，我们必须打破这个观念。有些人认为价值标准问题有它独具的特征，在不同程度上与这一特征纠缠在一起的是气候、人口、出生率、制度组织等等，总之，在其间起着决定作用的是一些天然原因，或者是许多人各个的单独行动的结果，或者认为除非通过革命，否则就不能改变局面；基于上述那些严重原因，我们决不能再因循姑息，决不能再把价值标准问题列入这样的范畴来考虑。

第三篇 法国法郎

一、给法国财政部长（不管他是谁或可能是谁）的一封公开信（1926年1月）

先生：

我在日报上读到了您自己以及您的前任们对编制新预算和整理旧债的日常计划；由此使我获得一种印象，关于在寄居伦敦的我看来似乎是属于技术分析那一类的问题，在巴黎却讨论得很少。这样的预算向国会提出是白费心力的；因此是不是可以请您暂时分一分神，注意一下某些基本方面的考虑。

近几年来我有好多次谈到了法国法郎，直到现在，我仍然没有改变看法。两年多以前我曾这样说："法郎的水平问题将来总是要解决的，决定这个水平的不是投机或贸易差额，甚至也不是鲁尔事变的结局，而是法国纳税人容许就他勤劳所得中支付给法国的利息生活者的比率。"现在我仍然认为这是一个基本观念，您的计划应当从这一点出发。

现在情况很明显，要达到想望中的平衡，不外通过两种办法。

您可以增加纳税人的负担，否则可以减低利息生活者的权利要求。假使您采取前一个办法，法国国民收入的约近四分之一将被租税所吸收。这一点果能办得到吗？我是一个异邦人，对于别一国的政治气氛若果能说得对头的话，那么根据近来的迹象，我敢断言，要增加纳税负担到这样一个程度，使之足以适应在现在水平上利息生活者的要求，法国民众是决不会答应的。这样的租税，即使在政治上办得到，在行政管理上也难免要垮台。法国财政部的当前迫切任务，不是在于设计增加租税，而是在于建立一个能够胜任的行政管理机构，从事于征收现有的租税。因此，假使我处于您的地位的话，作为一个政治家，对于新税计划我将不再予以一分钟的考虑，就关涉到财政部分的职分来说，我将集中心力于已有制度的巩固与管理工作。

单做到这一点也还是不够的，因此您下一步的任务是——关于法国民众情绪这一点，假使您接受我的结论——冷静地考虑一下，怎样通过最适当的方式，来减低利息生活者的权利要求。这里有三个方式可供选择：第一个是实行普遍的资本课税；第二个是强制降低公债利率；第三个是提高物价，这样将降低利息生活者货币债权的实际价值。毫无疑问，从效能、公道和理论根据上来说，比较可取的是第一个。假使英国处于相类的困境，我也将建议这一方式。但是就法国今天的情形说来，进一步的征税计划，将遇到政治方面和管理方面的困难，这一建议也不免要在这类困难下招致失败，因此我不必在这一点上枉费时间。第二个方式并不牵涉到行政管理上的困难，因此具有很大的吸引力。我相信，法国某些当局是赞成这个办法的。然而，假使我居于您的地位，对这样的建议我将表示拒绝，因为它与一般的资本课税以及货币贬值的办法不同，是赤裸裸的赖债行为，是背信弃义的举动，在财政措施中使用这样的手段是非常危险的，除非在极端紧急关头，不宜轻于尝试。

一共三个方式，经过了逐步排除，到此我们只剩下一个出路，这就是提高国内价格。但从这一点出发，将使我们的注意力脱离财政范围，而移转到价格水准、外汇、法国银行存金、国外投资数量、贸易差额等等问题。这里我不得不请您注意到一种很有意味的在法郎价值演变下的特殊情况。

事实上历任财政部长，都曾竭尽所能，要想从我指出的这一条出路获得解决。他们曾大规模地推进通货膨胀政策，对于法郎的金价，中间除短时期的顿挫以外，曾经使它不断地、逐步地降落。他们尽力而为，只能做到这样地步，试问还能做些什么呢？

我要告诉您，在您之先的许多前任者，尽管用尽了气力，结果都失败了，他们没有能使法郎的国内购买力适当地降低。您目前的困难，并不是由于纸币的膨胀或外汇率的低落（因为这些现象，对您困难问题的解决总是有帮助的），而是由于这些因素没有能使利息生活者的货币权利要求的国内购买力，作比例的降低。

以下一些数字，足以说明您的困难问题的症结所在。1925 年 12 月，法郎按照外汇率核计的金值，约占战前平价百分之十九；当时世界金价约达战前水平百分之一百五十八；因此以战前情况为依据时，纸币流通与法郎价格水平，应当达到战前数字的百分之八百三十（158÷19＝8.3）。现在的纸币流通，约达战前数字的百分之一千，这同外汇率水平大体上是相称合的；虽然，考虑到领土的扩大，和金银币的退出流通，这个数字与外汇率对照，以战前水平为依据，似乎还是过低，而不是过高。

我们再看一看国内法郎价格水平，情形就完全不同。进口原料价格，已经无可避免地上涨到了国际平价程度。但是列入生活费指数项下的那类商品，如食品和其他日用品，是以国内生产为主的，却远远落在平衡值以下。1925 年 11 月，食品批发价格达战前百分之四百九十，在巴黎（包括十三个类目的商品）的零售价格达百分之四百三十三，1925 年第三季度巴黎的生活费指数达百分之四百零一。这些数字对价格的实际涨势，所体现的也许有些偏低，但是似乎可以断言，法国国内价格的上涨，比之战前，当不会超过五倍。这就是说，法国纯国内产品的价格，按当前外汇率折合时，只占到世界价格的一半多一些，实际上低于以金计的战前水平。由此可见，通货的膨胀，对外汇率，因此也就是对进口商品价格，充分发挥了作用，但对国内产品价格，却大部分没有能这样地发生效果。

至于纳税人对利息生活者的负担，却是以法郎的国内购买力来计量的，前者须将这项购买力的一部分交出，移转给后者。因此，国内价格的上涨，如果能与外汇率的低落同样地迅速，国家债务负担就可以减轻至少三分之一。现在很清楚，要解决您所面临的财政上的困难问题，没有别的方法，只有提高国内价格水平；但还有并不见得同样清楚的一点是，要达到提高国内价格水平的目的，并无须进一步推行通货膨胀，也无须使外汇率作进一步的低落。

在您看来，国内价格应当处于怎样的水平，才可以希望预算达到平衡，这是要由您自己决定的。决定以后，您下一步的工作是，必须使价格的上涨成为事实，而且要想尽办法，使这个涨势在充分有组织与科学化的过程中实现。在我这个局外人看来，使国内价格水平提高到战前的八倍到九倍之间，似乎是一个合理的措施。在这样情况下，关于通货膨胀与法郎汇价的低落，就没有使之再作进一步发展的理由。您得注意的只是，让纸币流通与法郎汇价保持在相近于目前水平的那一点上，使之趋于稳定，一方面让国内价格能有充裕时间，作相应的上涨。

目前的法郎价格处于比较低的水平，这是什么缘故呢？我认为主要原因不出以下几点：(1)时间因素——国内价格的动作比较迟缓，但只要给以时间，它应当达到的境地是迟早总要赶上的；(2)纸币的贮藏，在规模上甚至比以前还要扩大，使现有通货的流通趋于迟缓；(3)由于缺乏信心，法国人对国外投资作了过度的进展，结果使汇率下降，降落到与商业形势相适应的水准以下；(4)对地租等等的法律限制。

这些因素并不是一成不变的，其间第一点，只要经过相当时间，情况就自然会有所转变，至于第二点和第三点，主要是内部信心恢复的问题。因此正确的策略是先注意恢复信心，然后抱着静观态度。至于恢复信心的办法，当然不是在于拼命增加租税，而是在于稳定法郎汇价，使它在相近于目前的水平上固定下来，再也没有引起怀疑或非难的可能。

怎样来稳定法郎的汇价呢？这件事并不如一般所想像的那样困难。就国外贸易差额来说，在法国是处于高度有利情况的。目前的国内价格水平，有利于输出，不利于输入。法兰西银行的现金准备，按照目前的汇兑率折合，占纸币发行额约近百分之四十。处于这样的情势，我认为更无须别有所作为，只须由法兰西银行明白宣布，至少在两年以内，该行对美元与法郎间的汇兑将保持一定比率，在不次于这个比率的行市下，无限制凭法郎供应美汇；该行并应作好准备，为了贯彻这一措施，于必要时当不惜使用库存黄金。至于所拟努力保持的汇兑率，大体上似应处于每一美元合 25 法郎至 30 法郎之间，比较稳妥的办法是先选定后一比率，希望能逐渐争取，终于达到前一比率。[①] 这一计划要能顺利实现，其间别无奥妙，关键就在于对银行的诺言要坚决信任。有了这样的稳定局势作背景，您就不难借得足够的资金，而不必依靠进一步通货膨胀，来度过这个过渡时期。

至于其余的一切，您可以静候时间来解决。当国内价格水平逐渐上升到与汇率相平，当征税机构逐渐有了改进时，您的预算收入也将逐渐提高，一直提高到与支出相抵。这里可以附带提到一点，凡是按法郎规定的、非从价的那些租税，当价格上涨时，当然应在同一步调下提高。

法国政府在两个问题的处理上应当有坚强决心——一个是法郎最低度汇率的保持，对这一点应不惜任何代价，即使有输送黄金的必要，也不可犹豫；还有一点是十足征收税款。这两者是必不可少的手段。处于目前阶段，要用极大的气力来提高税率是在错误方向下的努力，是不会有好成绩的。

有些人对这里提出的主张会有反感；我们可以检查一下，表示

① 〔这是一种巧合，因为两年半以后实际采行的汇兑率是，每一美元合 25.5 法郎。〕

反对的是些什么样的论调呢？检查以后不难看出，反对的论点是完全政治性的。凡是要靠积极提高价格、非此不能顺利贯彻的任何政策，势必牵涉到生活费的提高，这在广大民众中是不会受到欢迎的。还有一层，这种政策使国内价格与国外价格相剂于平，势必有损于出口事业的利益，因为出口业之所以能欣欣向荣，就是由于这两种价格的不相平衡。我们可以把情况分析给他们听，告诉他们，除非听任纳税人为利息生活者的利益而牺牲自己，否则国内价格的上涨是迟早难免的，再告诉他们，除非让法郎汇价永远低落下去，否则国内与国外价格的平衡，也是迟早难免的；但这样的说法，在偏重现实的人们面前，恐怕未必有足够的说服力量。

但是在问题的另一方面，也同样有着很有分量的政治因素。农民和农业生产者的产品售价，一直处于被过度压低的情况下，农产品价格提高，对这些人说来是不会不欢迎的。况且，政府如果是相当明智的话，就应当在事前确切说明，并无意于使工资生活者和公务人员受到损害，就应明令规定，在此后整整两年期间，一切工资与薪金，每季度将作一次自动调整，使之与生活费的增势相适应。

我的意见，姑且说到这里为止。不管这里的建议是否合您的意，我敢断言，以下是您必须仔细考虑的几个问题：

1. 国内价格水准提高以后，可能解决困难吗？

2. 假使不提高价格，困难能不能解决？

3. 不管怎样，对价格上涨，要想阻止到底，这件事果能办得到吗？

4. 假使办不到的话，还不如因势利导，促使价格作有组织的上涨，这样做，在您岂不是比较地合时宜吗？

5. 不管您采取的是这里所说的还是别的方针，关于利用法兰西银行黄金准备以安定法郎汇价这一点，有没有充分的反对理由呢？

J. M. 凯恩斯谨启

二、法郎的稳定（1928 年）

我们对政治家所不满的，不是在于他们在政策上的不能始终一贯，而是在于他们的顽固不化。他们只是命运的解释者，而不是主宰者。他们的任务是就既成事实加以记录。就这一点说来，普恩加莱先生的精神是值得赞佩的，他不怕受到在政策上不能始终一贯的批评，没有在这一点上存有顾虑，从而成为他推行政策上的一个障碍。多年来他一直认为法郎币值进一步的降低将使国家陷于破产地位，造成国家的耻辱；他把法郎固定在约合战前金值五分之一的这个尺度上，这真是一件很大的功绩，当任何人对这一点想从旁加以阻挠时，他甚至以去就力争。

他最后所择定的比值，似乎在大体上是正确的。在法国有些显要人物，认为应将法郎比值固定在战前六分之一（即一百五十法郎合一英镑）的尺度上，认为这样比较妥善。但是使法郎比值固定在约近于战前五分之一的光景（即一百二十四点二一法郎合一英镑），有一个很大优点，因为这是同最近约十八个月以来的实际行市相一致的。有人以为普恩加莱先生选择了这样一个稳定比值是错误的，是带有通货收缩意味的；但根据有关统计，对这一说法并不能加以证实。在 1925 年 12 月到 1926 年 11 月期间，法郎汇兑价格变动猛烈，国内价格还没有来得及与这一趋势相适应；但是除了这个狂热的十二个月时期以外，法郎比值（以金为依据），从来就没有更低于现在所择定的尺度。还有一点，预算是与纳税人按目前水准所能支持的公债利息负担相平衡的。因此我认为其间并没有充分理由，另外择定一个低于现在汇价的比值。

那么择定的比值是不是过低了呢？这是要根据法国自身的情况来决定的。这里有两个主要准据。这个比值是不是低于国内价格与之相适应的那个尺度？在这一比值下对利息生活者所要求的牺牲，是不是会太大了些？官方公布的物价指数——假使认为这个统计是可靠的话——说明，跟物价相一致的法郎金值，与战前价值的四分之一（一百法郎合一英镑）距离较近，与战前价值的五分之一则距离较远。但法国的指数统计是很粗率的，误差的范围很大；况且两年半以前，法郎的价值高于现在所定的标准，两年半是一个相当长的期间，足以使物价从容地向上调整，在这个期间，物价向上移动比向下移动要便利得多。毫无疑问，房租是必然有所提高的，至于其他物价，即使有所提高，与国外金价对照，上升的程度大概也不会十分显著。就利息生活者方面来说，相当激烈的资本课税已经是一个存在的事实，尴尬的局面总算没有发生，现在要在已有的基础上更进一步，那就要求未免过分了。这里还有与实际情况相联系的三个论点，普恩加莱先生所信服的或者就是这三点。首先是，如果将法郎比值定得较高，也许会破坏预算平衡，而这一点是好不容易才达到的。其次，过高的比值，将使经营出口业务的工业家处于被颠覆地位，而这些人在政治舞台上却有着相当

势力。最后还有最现实的一点是,法兰西银行,作为政府的一个代理人,按照现在汇率,已经购入外汇达三亿镑,如果提高法郎比值,该行将受到损失。举例说,假使将汇率改订为一百法郎合一英镑,该银行的损失也许要达到六千万镑,而外国人将从中获得很大利益。这些道理,是普恩加莱先生和任何别一个法国人都懂得的。

因此,事体就这样办了。这就使各地金融市场和证券交易所里有关法郎汇价的不安因素,一扫而空,使法国进口商和工厂主无须再缩手缩脚,结果有大量的购买力,原来是处于闲置状态的,现在却重新获得了积极使用。我们可以说,普恩加莱先生这次是获得了一些成就的,这也许是他经历中的第一次,他的措施使我们感到高兴。

我们试将法国和英国在战后期间的若干演变情况作一比较,这也许是很有意味的。我们英国的执政者跟法国同道们的作风不同,从来不像他们那样地放言无忌,也从来没有像他们那样粗暴地违反财政稳健原则。但是脱离了过渡时期以后,英国所处的情况怎样呢?战债的分量加重了,对美国的债务并没有减轻,占优势的仍然是偏于通货收缩的财政政策;结果是一方面租税负担沉重,一方面有上百万的人陷于失业状态。法国的情形却不是这样,它的国内战债削去了将近五分之四,一方面向同盟国协商的结果,使它的外债减轻了约半数以上,而现在它对于通货收缩的恶劣影响却脱然无累。而且当它努力争取实现上述的一些目标时,对于稳健财政政策与资本主义原则,依然是信守不渝的,在这一点上,它的信誉丝毫也没有受到损伤。结果法兰西银行比英格兰银行显得要坚强得多,人人依然认为是储蓄心理和利息生活者精神所由获得培养的最后根据地。的确，在作风上过于拘泥是没有什么好处的。

我们英国今天的处境，也许是应得的报应。法国在政策上是不拘泥形迹，是能因时制宜的，但它有一个牢不可破的主张，对于一切可以避免的牺牲，总是避之惟恐不速，归根到底，它是服从经验的教训的。我们在英国则既不接受理论的警告，也无视眼前的事实，只是顽固地屈服在传统习惯之下。

第四篇　关于扩张计划
（1929年5月，普选日）

一

这个国家的劳动人民，至少有十分之一，八年以来（中间除1924年在恢复金本位前夕一个短促的复苏时期以外），没有能获得就业机会。这是在我们历史上空前的一个现象。自从1923年劳工部建立统计以来，经获得劳动保险的人们列入失业项下的人数，从来没有低于一百万关口。在今天（1929年4月），失业者一共是一百一十四万。

在这样的失业水平下，使我们必须在失业基金项下支出的现款，每年约计五千万镑。关于贫民救济，还不包括在这个数字之内。自从1921年以来，我们对失业者支出的现金，一共已不下五亿镑，但付出了这样大的代价，实际上简直一无所得。这笔款子，可以用来建筑房屋一百万所；约略相等于邮政储金局全部储蓄额的一倍；可以建成全国公路的三分之一；远过于我们所有各种矿产并计的总值；足够用来彻底更新这个国家的工业设备；或者，把核计对象转向比较轻松的一面时，可以说，这笔款子足以为全国每三户供应汽车一辆,足以让全国人民终年白看电影,不费分文。

但这里所说的还绝对不是资力消耗的全部事实。就失业者自身方面说来,损失还要大得多,体现在失业津贴与十足工资之间的差额,以及这部分人在体格上、精神上的消磨。雇主的利润,财政大臣经管的税收,都不免要受到损失。继续到十年之久的失业现象,就足以使全国的经济进步,在这个程度上推迟十年,这方面的损失是难以计量的。

根据 1924 年的生产调查,一个英国工人一年净产额的平均价值,核计约二百二十镑。依此推算,从 1921 年起由失业造成的损耗约近二十亿镑。这笔资金几乎足以将全国的铁路重新建筑两次。用这笔资金的一半,就可以偿清我们对美国的全部债款。各协约国对德索取的赔款,加起来还不到这个数目。

把这里所提到的数字仔细体会一下,是很有必要的,因为由此对劳埃德·乔治先生计划中所涉及的一些估计数字,可以有一个正确的看法。根据他的预计,在扩张计划方面每年支出一亿镑,就可以使五十万人获得复业机会。这笔支出,跟由于失业而年复一年累积起来的消耗和损失对照,显得并不怎样大,这是可以同上面提出的一些数字对照时看出的。这项支出,只占到从 1921 年以来由于失业而造成的已有损失的百分之五;大致相等于国民收入的百分之二点五。如果这个计划继续试行三年,即在三年间每年按计划支出一亿镑,并且所支出的假定完全被消耗,那么对此项支出此后的每年应付利息,将使预算增加约百分之二弱。总之,这是一个很谨慎的计划。有人认为这个计划未免小题大做,所要医治的创伤并不怎样严重,所使用的手段,却牵涉到了非常巨大的危险。

事实恰恰相反，所冒的危险极其细微，所要挽救的却是一个可怕的灾害现象。

这个计划内容切实可行，即就计划本身来说，也值得一试。试行的结果，所支出的即半数归于消耗，也还是有好处的。在执行中即使不免要冒些险，也应当拿出勇气来干一干，得失相衡，还有比这件事更值得做的吗？

我们如果静坐一旁，对任何建议只是加以挑剔，这也不对，那也不对，采取这样的态度似乎很聪明。但是当我们袖手旁观的时候，失业者未经获得利用的那份劳动力，却不能蓄积起来，存在银行的账户上，供我们日后随时支用的。这些劳动力，都无可挽回地浪费了，都一去不复返了。这是的确的，鲍尔文先生每抽一口烟的功夫，好几千镑的代价就跟着化为烟云了。

有些人认为，由政府筹集资金，用之于生产计划时，在通常工业中使用的资本供额，就必然要在这个程度上降低；反对的意见不一，但这个意见提出的人特别多。假使情况的确是这样，国家的扩张政策，就不能真正增加就业机会，只是用国家计划下的就业，来代替通常的就业而已。坚持这一意见的人还往往会这样说——情况要么是这样，否则演变的结果必然是通货膨胀。这就是说，政府在这个问题上可以出力的地方很少，或者简直是帮不来忙的。这是一个绝症，我们只好听天由命而已。

这就是财政大臣在他的预算报告里所持的论点。他向下院说："一般的情况总是这样，通过政府举债与政府支出，不管它在政治上或社会上会有些什么利益，要想由此增加就业机会，希望是很少的，即使能够扩大就业，这个现象事实上也是不能持久的；这是财政部传统的信条,是我们所坚决遵守的。”最后他说,有些政府支出是免不了的,但这类支出,即使就它们本身来说,用得极其恰当,无可疵议,对失业现象也不会有所补救。

我们认为,就今天的现实情况说来,这个论点实在全无根据。

第一点,这个论点就它本身来说,没有理由说是只能适用于政府举办的事业。这个论点若果有确切根据,对国营事业既能适用,对任何新事业或新企业,只要是牵涉到资本支出的,就必然能同样适用。如果消息传来,说是我们工业中某些巨头,有了新的创业计划,决定大举进行,准备投下大量资本建设新厂,投放的资金,比方说,为数达一亿镑,大家就一定会预料到就业状态由此将大大改进。当然,这样的想法是一定不会错的。但是上述那位财政大臣的见解如果是正确的话,我们的想法却必然是不对头的。因此我们就不得不断言,在这些企业家的伟大计划下,只是把资本从别的用途转向到他们所倡议的事业,结果对就业并没有实际贡献。事实上还不止是这样,我们还不得不更进一步,作出更加离奇的结论。我们由此还不得不断言,要吸收失业的劳动人民,不论使用什么方法总是做不到的(除非是出于骇人听闻的通货膨胀),我们前进道路上的障碍不是别的,只是资本不足。然而,你看这是多奇怪的现象,在英国,另一方面却存在着巨额剩余资金,它是惯于把这笔资金投放到国外的,放出的数目,每年在一亿镑以上。

上述论点,当然不是从常识中得来的。近年来通过房屋建筑计划,使许多人获得了就业机会,这是一个事实;一个普通人,让他自己作出决定时,决不会相信,说是假使没有这个计划,社会上仍然会存在着同样多的就业机会。同样的道理,如果采用了劳埃德·乔治先生的就业计划，就会有更多的人找到工作，这一点对大多数普通的人说，是一听就明白的。

上述论点，不但使人听不下去，而且是不真实的。新投资对就业所以能提供实际增量，是出于三个来源。

第一个来源是储蓄，我们现在对失业者的津贴，就是取之于这一项的。

第二个来源也还是储蓄，由于缺乏适当的信用关系，现在就让它被消耗掉了。

第三个来源则出于国外投资净量的减少。

让我们对这三个来源逐个地考察一下，先从第一个说起。所谓个人储蓄，意思就是说，某些人所生产的超过了他们所消费的。这个剩额可以用来、也应当用来增进资本设备。但不幸的是，这并不是储蓄可以被使用的唯一方式。储蓄也可以用来使别的一些人的消费超过他们的生产。

当社会上发生了失业现象时，情形就是这样。这个时候我们是把储蓄用作付给失业的代价，而不是用来为国家增加设备。在劳埃德·乔治先生计划下所要使用的储蓄，并不是从别的资本设备项下挪移过来的，而是部分取之于救济失业项下的。单就失业津贴一项来说，我们现在就得每年支出五千万镑，而这项支出还不是用来援助失业者的全部代价。

再说第二点，个人的储蓄并不一定是转化为投资的。关系到资本增益的投资量，一方面决定于英格兰银行所创造的信用量，另一方面决定于企业家对投资的热烈程度，而其间政府本身在今天就是一个居于最重要地位的投资者。在这些因素的支配之下，总投资并不一定与总储蓄相平衡，两者实际上往往相差得很远，我们这个时代的困难问题，有许多根本就是由这两者之间的不相平衡造成的。

当投资走在储蓄的前面时，我们就获得了繁荣，获得了高度就业，同时也就有了通货膨胀的倾向。当投资落在储蓄的后面时，我们就陷入了萧条状态，发生了不正常的失业现象，像我们目前所处的情况就是这样。

往往有一种成见，认为信用扩张的意义，必然也就是通货膨胀。但并不是一切的信用创造都必然相等于通货膨胀。只是当已经人人获得了工作，当我们的储蓄已经使用到了尽头，而仍然不断扩大我们的活动范围，像我们在战时以及战后一个时期所做的那样，结果才会发生通货膨胀。

有人认为在资本支出政策下，如果不同时在普通工业中减去一些资本，结果将造成通货膨胀；如果所处的是繁荣情况，这个说法是完全正确的。资本支出政策如果有了不适当的、过度的推进，以致对储蓄求过于供时，这个说法也是符合实际的。但就目前情况来说，我们离这样的局面，实际上还远得很。目前还谈不到由扩张政策而引起通货膨胀这一点，在丝毫也不会存在这一危险的迹象以前，我们还有严重的在通货收缩下的萧条现象，得首先克服。在目前情况下，把通货膨胀这个可怕的恶魔提出来，作为反对资本支出的理由，就仿佛是对一个精力已经消耗殆尽、骨瘦如柴的病人下警告，说过度肥胖是危险的。

英格兰银行现在还不敢大胆采取进一步的信用扩张政策，真正的困难是在于恐怕由此引起黄金丧失，对这一点它还没有充裕的应付力量。

在这个时候，英格兰银行如果为了看到国内企业不振而扩大信用量，这项增出的信用，是不是会由国内的企业家按当时的利息率吸收，对这一层并没有确切把握。这时市场利息率将下跌，新增的信用，也许有一个很大部分会流到国外借户的手里，结果银行存金将外流。因此，在银行方面除非能够事先确定，有国内借户在准备着按照当时的利息率吸收信用，否则银行贸然扩大信用是有危险的。

自由党的政策所以能与目前形势下的基本情况相配合，原因就在这里。它提供了使银行得以安全地扩大信用的必要条件。

当然，在英格兰银行方面，对政府的资本扩张计划必须抱忠实合作态度，尽其全力，使政策能贯彻执行，获得成就。因为，不幸的是，假使银行要推行通货收缩政策，目的在于防止银行信用扩大，从而破坏筹划得极其周密的政府计划，使通过财政部支出的资金，的确是在牺牲别的企业的情况下得来，这一点在银行方面是办得到的。

因此我们同意麦克纳先生的论点，认为关键问题是在于信用的扩张。但是我们如果只顾到扩大信用，而不顾到为国内开辟具体用途提供条件，那我们就会满腹狐疑，疑心到增出的信用会不会流到国外借户的手里，把我们的存金拿走。这就使我们得出这样的结论，扩大银行信用量，也许是扩大就业的一个必要条件，但积极发展国内投资计划，从而使增出的信用得以在国内被吸收，却是安全扩张信用的一个必要条件。

自由党政策下所需资金的第三个来源，是出于国外投资净量的减少。

我们储蓄中一个很大的部分,现在的出路是国外投资。假定说,当国家决定实行伟大的扩张计划时,所需资金,全部取之于对失业救济的现有支出和现在沦于消耗、浪费的储蓄这两个部分还不够,假定说,为了适应这个计划下国家的借贷需求,势必使其他一部分借户因此向隅;在这样情况下,我们有什么理由,说这部分借贷需求落空的其他借户,就一定是英国企业家呢?由于资本市场在现代技术上的发展,有着更大可能性的是,这部分借贷需求落空的借户将是国外的政府或国外的地方当局,因为伦敦目前在这些方面的资金融通是规模极大的。在英国政府借款下主要受到影响的,应当是证券市场。

英格兰银行目前为了它自身的关系,对于凡是足以减低国外投资量的任何事物,总是欢迎的。现在的汇兑局势很不安定,近来银行贴现率的提高就是一个证明。国外投资如果能有所缩减,将使汇兑的紧张情况趋于缓和。英格兰银行就是为了这个目的,所以在一两年以前,对国外投资还抱着半公开的禁制态度。禁制是一种比较粗暴的手段,只宜作暂时的使用,我们不希望它恢复。但是现在情况即使在尖锐程度上有所减轻,当时需要用禁制手段来适应的情况,现在基本上依然存在。我们国外贸易既处于入超状态,这个时候国外投资如果有所增长是危险的;国外投资所以会增进到这种危险程度,部分就是由于储蓄在国内缺少出路。

由此可见,如果能充分实行资本支出政策,造成的结果是不但能消除通货收缩下的萧条现象,而且比这个还能更进一步,可以使现在向国外找寻出路的储蓄,大部分转向到国内的发展,这样的结果是我们应当欢迎的，也是符合英格兰银行的利益的。

有人反对这个说法，认为我们如果减少国外投资，出口事业将趋于萎缩。我们看不出，作出这样预测的理由何在。我们已经指出，国外投资净量减少以后的直接影响是，英格兰银行现金库存所受到的压力将减轻。但它的主要影响，最后不是在于出口的减少，而是在于进口的增加。因为新政略实施以后，将需要一定数量的进口原料，一方面那些现在失业的劳动人民，一旦重新享有了正式工资以后，对进口食品的消费将有所增进。

这里就是我们提供的答案。在劳埃德·乔治先生计划下所使用的储蓄，并不是从别的资本设备所需资金项下挪移得来的，部分是出于失业津贴所需资金项下的。还有一部分的来源是储蓄，而这项储蓄现在是由于缺乏适当信用关系而被消耗掉了的。在新政策下将促成繁荣，繁荣本身将推进关于某些事物方面的供应；而由于国外投资的减少，仍然将获得在新局势下的平衡。

到那个时候，现在陷于失业中的整个劳动力量，就可以用来增进国民财富。说是想出办法来利用这部分劳动力量，就会在财政上毁灭自己，说是“安全第一”的道理是在于使一部分人继续处于坐吃山空的状态，这样的想法是荒谬绝伦的。

我们进行新的投资时，所针对的恰恰就是没有被使用的生产资源。

我们的论点是简单明了的，显然是没有争论余地的。要吸收空闲劳动力，使之从事于生产工作，其间也许存在着很大困难；有人说，要动用资源，就势必要牵涉到在别种使用形式下的资源的移转；不管在吸收空闲劳动力这件工作上存在着什么样的实际困难，这一点却不是困难问题之一。

二

近几年来,我们整个经济政策,是处于财政部关于战债整理、变换这一问题的成见的支配之下的。他们认为,政府欠款越少,则将战债转换为利率较低的长期债的希望就越大。因此为了有利于战债的整理,他们就尽力削减一切公家借款和政府方面的资本支出,不管这类支出是怎样地有利于生产,怎样地值得进行。这种见解,究竟发出了怎样强大、持久和广泛的影响作用,恐怕公众还一无所知。

他们对付一切有利于发展、有利于企业的审慎周详的计划时,只要事实上做得到,总是把大门关得紧紧的,得到的答复总是"否"!我们说,缩减资本支出,对政府债款利率的减低,的确会发生一些作用;但同样确实的是,由此会助长失业,会使全国停留在战前设备状态之下。

即使单从预算的观点来看,值不值得这样做,也是一个问题。对于这个见解,即使单就它的可取之处,平心静气地加以考虑,说是一个有理解力的人会表示赞可,是很难令人置信的。资本市场是一个国际市场。各种各样的力量因素,出于我们控制范围以外的,对利息率会起决定性作用;英国政府通过缩减或扩大资本支出的手段,在这方面所能引起的影响是有限度的。假定说,由此所发生的影响,足以使利息率减低百分之零点二五;这已是一个极度夸大的估计。假定合于转换的战债是二十亿镑,则这一降低率所体现的债务负担的每年差额为五百万镑。试将这个数字跟失业基金项下的支出对照一下吧——关于后者，我们去年所支出的就在五千万镑以上。

还有一层，在此后（比方说）十年时期中，很有可能，情势会发生变化——这种变化在战前是常常会发生的——由于世界市场上的原因，利息率会转变到非常的低度，比财政部在世界市场利率非常之高的不利环境下千方百计所希望达到的水准，还要低得多。那才是实现战债转换计划的适当时机。因此财政部在今天即使能够如愿以偿，即使能在利息上节省百分之零点二五到零点五，结果也许会证明是极端不合算的。为了在利息上获得些微的便宜，而过早地实现战债转换计划，结果将铸成大错。我们要有耐心，静候理想时机的到来，一旦水到渠成，我们的财政大臣将大有所获。

但是除了预算上的得失这方面的考虑以外，还有一种在思想上根深蒂固的混乱情况，由此阻碍了这个国家的资本发展。利息率由于两个对立的原因，都会发生下跌的现象。由于储蓄供应丰富，即可供投资花费的资金过剩，它会下降；但是由于投资供应不足，即花费储蓄的动机欠缺，它也同样会下降。假使它的下降是出于上述第一个原因，那显然对国家是极端有利的。但是如果出于上述第二个原因，由于故意限制了投资出路，以致下降，那就简直是使自己陷于贫困的自投罗网举动。

假使由个人厉行节约，对于所收入的并不全部用之于当前消费，单单是这样的消极行动，决不能使国家富裕起来。国家的走向富裕，还须有赖于另一方面的积极行动，要能使用这些储蓄，来增进国家的资本设备。

富裕的人不是守财虏,而是能够把钱财用于有效投资的那些人。

我们劝人们进行节约,是为了由此可以从事建设房屋、道路等等。因此凭了停止资本增益的手段来抑低利息率,从而堵塞了储蓄的出路,失去了储蓄的意义,像这样的措施,简直是自杀政策。这种政策,即使竭力宣传,说得舌敝唇焦,看来是没有人会支持的。然而,好几年来,财政部所遵行的,事实上就是这个政策。有时候来自公众舆论、或政府其他部门、或地方当局的压力,使他们感到难以抵挡。但是只要他们力量够得到,能够把对方压下去,他们就这样做。

这种政策,既没有健全的理论依据,是不会有效果的,这一点终于获得了事实的证明,证据就在于它甚至也没有能促使利息率下降。因为,我们在上面已经指出,如果投资在国内的出路被堵塞,造成储蓄外流,在外流的规模上与我们的贸易顺差不相适应,则结果英格兰银行的黄金库存将受到影响。为了与这个趋势相抵抗,银行利息率就不得不提高。

结果我们这里的情况简直是糟透了。在设备方面,不是彻底更新,而是处于落后状态。企业利润低落,所得税收入减少,使财政大臣感到失望,他既无法减轻纳税人的负担,一切社会改革计划也无法推进。失业情况越来越猖獗。这种繁荣减退的趋向,实际上降低了储蓄进度,因此使降低利息率的原来目的,受到了打击。利息率毕竟还是处于高度水准。

保守党政府把我们陷入了困境;这并不是偶然的,这是他们理论观点的必然结果。他们说:

“你不可过于急剧地推进电话或电力事业，因为这将促使利息率上升。”

“关于公路或房屋建筑，你不可进行得过于紧张，这样将耗尽就业机会，而我们在这方面将来也许还有需要。”

“你不可漫无限制地雇用工人，这样将造成通货膨胀。”

“你不可从事投资，你怎么能肯定这样做就必然有利可图呢？”

“任何事你都不可轻易尝试，你要做了这一件，那就只是表明你不能做别的。”

“安全第一啊！我们对一百万失业工人加以支援，这个政策已经实行了八年，也没有出什么毛病。为什么要冒险，在政策上来一个转变呢？”

“在我们能够做得到的以外，我们决不轻易应许。因此我们什么也不应许。”

这就是一直在向我们灌输着的一些议论。

这是象征着萧条与腐朽的教条，所体现的是在消沉中的一个行政组织的懦怯、愚陋和遇事的横生阻隔。

消极、限制、懈怠——这些就是政府的看家本领。在他们的领导下，我们不得不勒紧裤带，过着艰苦的日子。我们疑惧交集，对什么事都畏首畏尾，简直缩在家里不敢出头。但是我们并不准备走向坟墓。我们是上帝的宠儿。我们需要生活中必不可少的一切。在我们面前没有什么可怕的。恰恰相反。前途为我们准备着的财富、经济自由和个人生活中的希望正多着呢，要比以前所提供的多得多。

我们没有理由不让我们自己放开怀抱，我们尽可以大胆地、坦率地采取行动,积极进取,发挥我们的创业精神。横梗在我们前进道路上的,只是道貌岸然、顽固不化的几个老头子,对付他们也不必过于愤激,只消在平易的心情下带些轻蔑,就可以使他们像一排九柱滚球样地,一齐倒下。

很有可能的是,等到激动的局势过去以后,在新环境下,他们自己也会感到愉快的。

第五篇　1930 年的严重萧条
（1930 年）

一

今年我们正处于现代历史中一次最严重经济灾害的阴影之下。世人在这一点上的感觉很迟钝。但现在任何一个平常人都已经晓得，正在发生的是些什么。可是他不明白发生的原因何在，因此他如今满怀着可以说是过了分的恐惧心情，就如同以前当风波初起时，他缺乏一种按理说应该有的不安情绪一样。他对前途渐渐发生怀疑。是不是过去只是一个欢乐的梦境，而现在却从睡梦中醒了过来，面对着现实的黑暗？否则，是不是当前所处的只是一场恶梦，这个可怕的梦境不久就会消逝？

他不必心存疑惧。过去的并不是梦境，当前的却是一个恶梦，因此一等到东方发白，就会消逝的。因为天然资源和人类计谋，现在正同过去同样的丰富，有着同样的生产力。解决生活中现实问题的进展速度，并没有放慢。我们仍然可以使每个人获得高度的生活水平——所谓高度水平，我的意思是同二十年前对照而言——不久还会懂得怎样使这个水平可以更提高一步；在这一点上,我们的能力并没有比以前减退。这并不是布置好了的陷坑,我们并没有被骗。但是目前我们却陷入了无边无际的泥淖中,在一个微妙、复杂的机器的控制下,被搅得一塌糊涂,这个机器的运转规律,我们却并不了解。结果是我们的财富潜力,在一个时期内,可能是一个很长的时期内,将被糟蹋掉。

在这个问题上我有些疑惑,是不是有希望,可以使我心头所感受的同读者的心情,打成一片,息息相通。我所要说的,对一个外行说来也许是过多了些,对一个专家说来也许还不够。因为——虽然没有一个人会相信——经济学这样东西是技术性的,是有些艰难的,甚至于要算是一门科学。不管怎样,我将尽我之力,不惜把有些地方略掉一些,因为问题过于复杂,对当前事态要有全面了解,就不得不这样。

首先要注意的是这次萧条情况的极度严重。就世界上三个主要工业国家美国、英国和德国来说,失业工人共达一千万。任何地区的各种主要工业,简直没有一种有足够的利润,使它能更求发展;而工业发展却是经济进步的标志。一方面,从事于基本生产的那些国家,它们的矿产品和农产品,就其中几乎是任何一种的主要产物来说,价格都已急剧降低,使许多生产者或多数生产者经营失利,售价不够成本。1921年时,价格也曾一度暴跌,那是从市面兴旺时高度的价格水准上跌下来的,在原来的水准上,生产者的利润非常优厚;这次是从去年的正常水准上猛烈下跌的,跌势的严重迅速,在近代史上竟没有先例。这次灾害的纵深程度,由此可见。

在生产停顿、失业现象达到最高峰以前所经过的一段酝酿时间,由于种种原因,在基本生产方面比工业生产要长得多。基本生产，在多数情况下，生产的单位比较小，内部组织也比较差，从事于有计划的收缩时，比较地不容易进行；生产时期，尤其是农业，也比较长；生产作暂时的停顿时，牺牲比较大；生产者往往就是自己的主人，因此在收入减少的情况下，仍然会愿意继续工作，在这一点上比较地容易顺从局势；在比较落后的国家，当劳动人民失去了工作时所牵涉到的社会问题比较严重；对有些国家来说，基本产物几乎是人民的全部生活来源，当这类产物的生产停顿时，所引起的财政问题也比较严重。尽管如此，但形势恶化得很快，基本生产者的产物，不久势必也将与工业产品同样严重地受到限制；由此对工业生产者将进一步发生不利反应，因为到那个时候，基本生产者将不再具有购买力来买进工业产品；局势就这样地在一个恶性循环中发展下去。

在这样的困境下，各个生产者会各有他们的想法，他们会把虚幻的希望寄托在他们的行动方针上，认为只要独自采取这种方针，对某个生产者或某一阶级的生产者来说，就是有利的；但是如果每个人都采取这种方针，就不会有一个人能从中取利。例如，对某一基本产物限制产量时，只要使用这种产物的工业，它的产量没有限制，这一基本产物的价格就可以提高；但是如果各种产物全面受到限制，对这一基本产物的需求将减退，减退到刚好是供额受到限制的程度，这样就没有一个人能更进一步。再说，如果某一生产者或某一国家实行削减工资，这时只要别人不学样，那个生产者或那个国家在贸易进行中就可以多获得一些。但是如果到处在削减工资，整个社会的购买力就会有与成本的降低同样程度的降低；结果仍然没有一个人能更进一步。

由此可见,限制产量也好,削减工资也好,这类手段本身都不能达到恢复平衡的目的。

还有,即使我们终于能够按照适合于(比如说)战前物价水平的较低的货币工资水平重新规定产量,我们的困难也仍然不能解决。因为从1914年以来,不论在国内或国际方面,我们都背上了巨额债务负担,这些债负都是以货币计算的。结果是,每一次的价格跌落,都会加重这类债务的负担,因为债额所由决定的货币的价值,由此有了提高。举例说,假使我们按照战前的价格水准安定了下来,则英国国债,比1924年的欠额将增加约近百分之四十,比1920年将增加一倍;原来大家认为道威斯计划在德国是不胜负担的,而这时在杨格计划下,负担反而更加沉重;在大战中各协约国对美国的负债,用商品和劳务来折算时,比这笔债款的结算在最初商定时所体现的,将增出百分之四十到五十;有些债务国家,如南美洲和澳洲各国,这时除非为债权国家的利益而降低生活水平,否则将无力履行义务;世界各地的农业生产者和房产所有人,凡是用抵押方式借入资金的,这时将成为债权人的牺牲者。处于这样的环境,破产、违约、赖债等等现象,将接踵而至,使资本主义体系根本发生动摇,一些必要的调整办法,这时是否来得及防止这一系列现象的发生,是很有疑问的。这些地区,在这样的演变下,就成了培养暴动、政变和革命的温床。世界上有许多地区,现在已经处于这样状态。然而天然资源和人类计谋,始终还是同以前一样的丰富,有着一样的生产力。由于这次的干扰,不过是使机器发生了一时的障碍。我们正不必因为看到了一时的紊乱和机器失灵状态就心灰意懒,以为汽车文明已成过去,不久又将坐上走起来左摇右摆

的笨车。

二

事体都搞糟了,我们在莫大的困难中。怎样才能再起炉灶,重整旗鼓呢?让我们且从头说起。

1. 为什么工人会失业,工厂会停工?因为工业家预料,再这样继续下去将无利可图,产品出售时将不能免于亏损。

2. 为什么工业家会有这样的想法,会预料出售产品将不能免于亏损呢?因为产品价格的降低超过了成本的降低——实际上成本降低得极少。

3. 产品价格低落,怎么会超过成本低落程度的呢?因为成本是企业家在商品生产中支出的费用,而商品出售时能收回代价的多少,是决定于价格的。就各个企业或各个商品来说,价格与成本两者之间怎么会不相均等是容易理解的。但就整个社会来说,企业家所收回的跟他所支出的,必然是属于同等数量,因为企业家在生产过程中的支出构成了社会的收入,然后由社会把这笔钱付还给企业家,用来交换他的产品。这就是我们所了解的生产、交换与消费的正常循环。

4. 不!不幸的是实际上并不是这样。困难的症结,祸害的根源,就在这里。企业家支出的生产成本,并不一定会在售出商品时,在货价收入的形式下,由他如数收回。货价收入会超过生产成本,这是市面兴旺时的特征;而生产成本会超过货价收入,却是市面衰落时的特征。而且要想依靠降低总成本的手段,不论是限制产量或削减报酬率，以为由此就必然可以恢复平衡，乃是一个幻想；因为工资收入者也是企业家的买主，企业家压缩了支出，从而削弱了这些人的购买力以后，就会使他的货价收入减少，减少的程度与工资压缩的程度将大致相等。

5. 那么世界上整个企业的生产成本总计，怎么会与货价收入总计不相均等的呢？两者之间的不均等，是决定于哪一点的呢？我自信我是懂得这里面的道理的。但是对这一点要我在这里作出圆满的、彻底的解释，我感到过于复杂，有些难以措手。(在别的地方，我对这一点曾勉力作出详切解释。[①])因此在这里只好含糊过去了。

让我们先从消费品说起，这类商品是在市场上提供出售的。这类商品生产者的利润(或亏损)是决定于哪一点的呢？生产总成本，从另一个角度看来也就是社会总利得，是在消费货物成本与资本货物成本两者之间按某一比率分配的。而社会的收入，也就是社会总利得，却是在购买消费品时的支出与储蓄两者之间按某一比率分配的。要晓得，就两个比率来说，如果前一比率大于后者，消费品生产者将**亏本**；因为他们的货价收入，那是与社会对消费品的支出相等的，将低于(这是稍微思索一下就会明白的)从事于生产这些商品时的成本。否则，如果后一比率大于前者，消费品生产者的**盈余**将非常优厚。由此说明，只有当社会将收入的较大部分用之于对这类商品的支出时(就是说储蓄得少些)，或者是，当资本货物生产占着较大比重时(因为这就等于是说，消费品产量相对地

① 〔在我的《货币论》里。〕

降低)，才能使消费品生产者获得利润。

但是，除非资本货物生产者有利可图，否则这类商品的生产规模就不会扩大。于是我们又接触到了第二个问题——资本货物生产者的利润是决定于哪一点的？这项利润决定于社会的态度，它对于储蓄是愿意使之处于货币或货币同等物的流动形态呢，还是愿意用来购买资本货物或与资本货物同等的事物。如果社会不大愿意购入后者，资本货物生产者就得亏本，结果资本货物产量将降低，由此引起的结果是，出于上面已经指出的一些原因，消费品生产者也将亏本。换句话说，所有各类的生产者，其势都将亏本，于是普遍的失业将跟着发生。这个时候将引起一种恶性循环，由于一系列的作用和反作用的结果，情势将越来越糟，直到别有事端发生，才会引起趋向转变。

这是对于一种复杂现象的一个异常简化的描绘。但是我相信，事态的实质内容总不外如此。此外可以加上许多变调，许多插曲；但是总的说起来，总不外是这样一个调子。

假使我没有误解的话，这就是说，困难的根本原因是缺乏新创的企业，而企业精神之所以不足，是由于资本投资市场情况的不如人意。商业是国际性的，在整个世界范围内新资本货物的产量不足，就普遍地影响到各地的商品价格，因此所有各个国家生产者的利润，就受到了同样影响。

为什么整个世界的新资本货物会产量不足呢？在我看来，这是由于好几个原因的共同作用。首先是由于借出者的态度，因为新资本货物大部分是用借入资金来生产的。因此生产决定于借入者的态度，也同样决定于借出者的态度。

由于好几个原因,借出者对于贷款所要求的条件,超出了新企业所能接受的程度。第一点,当战争初结束时,由于要弥补战时的消耗,企业在一个时期内可以有相当力量,可以负担较高的利息率,这一事实提高了借方的欲望,使他们习惯于对利息率作出高于战前的预期。第二,目前存在着许多性质不同的借入者,有政治性借户,其目的是在于履行条约义务;有银行借户,其目的是在于支持新近恢复的金本位;有投机性借户,其目的是在于在证券交易所庞杂的市场中混水捞鱼;近来还出现了一种苦恼的借户,他们由于价格低落,亏蚀累累,不得不东挪西借来应付难关。所有这些借户,几乎都抱着饥不择食的态度,在必要情况下,准备接受任何条件,这就使借出者方面,对他们得以要索较高的利息率,高于真正新企业所能负担的水准。第三,由于世界市场情况的不安定和国民的投资习性,使许多地区在借入资金这一点上发生了障碍,有许多拥有资金者,简直不准备在任何合理条件下实行贷款。世界上有一个很大部分,那里的借出者,由于种种原因,丧失了信心,他们为了防御风险,在贷款时提出条件的苛刻,简直足以完全扼杀新企业的生机。最近两年来,世界上三个主要债权国家内有两个,即法国和美国,就长期贷款说来,已经把它们的资源在国际市场中大部分收回。

在借出者方面固然是抱着不愿意轻易出借的态度,同时在借入者方面对借债的不愿轻易尝试,态度的坚决也差不了许多。因为价格的低落,对已经背了债的那些人说来,经验是够痛苦的,一方面凡是对新企业迟迟不下手的人,却在他们自己的拖拉作风上占得了便宜。况且吓坏了借出者的那些风险,同时也吓坏了借入者。最后，近五年来在美国的新资本企业有了大规模发展，这一点似乎暂时吸尽了企业进一步发展的有利机会——不管怎样，在企业萧条气氛的持续下，情形总显得是这样。在1929年年中时，除美国以外，在整个世界范围内，新资本企业的发展规模，已经与当前情况显得有些不相称。后来在美国境内，新投资也陷于崩溃状态，这就使企业界受到的打击达到了顶点，美国的新投资，现在比1928年大概要减少百分之二十到三十。因此就有利的新投资机会来说，在某些国家现在比以前有了较大的限制，而在另一些国家则有着较大的风险。

结果是，在从事于真正新资本投资这一目的上，在借出者看法与借入者看法这两者之间，存在着一道广阔的鸿沟；由此造成的情况是，借出者的储蓄并不是用在发展新资本事业的方面，而是被企业亏损和陷于困境的借户所渐渐耗尽。

现在由于心理上的原因，萧条状态发展得或者已经有些过分。因此相当的复苏气象，也许随时可以发生。但依我看来，除非借出者的看法同从事于生产的借入者的看法，能够再度获得一致，否则真正的复原就很难实现。要使借出者与借入者在态度上双方相接近，一方面在于前者能放宽些贷款条件，能在较广阔的地区范围内进行贷款，另一方面在于后者能逐步恢复创业精神，比较勇敢地进行借款活动。

借出者与借入者双方意见悬殊，相互之间离开得这样远，这样难以凑合，这种情况在近代历史上是很少见的。我已说过，这一点是我们当前的病源所在，除非我们确信这一诊断是正确的，由此振作起来，集中我们的意志和智力，循着这一方向努力寻求解决方案,否则,假使这一诊断果然是正确的,而我们却抱着讳疾忌医态度,则萧条局势将变本加厉,萎缩的价格水准也许会拖上好几年,对物质财富和社会安定将造成无可限量的损失,任何一个国家都不能置身事外。我们必须认真寻求解决之道,只有这样,我在本篇开头时的那番乐观论调,才能获得证实,事态才会在不久的将来获得转机。

要为将来的政策指出方向,这一点当不在本篇范围以内。但是我们可以说,除了主要几个债权国家的中央银行当局,再也没有别的人能够首先开始行动;而且任何一个中央银行的孤立动作,也还是不能奏效的。大多数人都看不清病源所在,对于一些表面的现象会发生误解,他们的行动会使形势更加恶化;而美国联邦准备银行、法兰西银行和英格兰银行的坚决行动所能发生的效果,则比一般所想像的要大得多。不论从哪一方面看,最有效的补救办法,还是在于这三个大债权国家的中央银行的共同行动。它们应当联合起来,大胆地订出计划,努力设法恢复国际长期贷款市场的信心;这样就会有助于各处企业与活动力的更生,有助于价格与利润的恢复,从而使世界商业,在相当期间,得以重新走上正轨,顺利进行。即使法国对黄金库存安全这一点抱有牢不可破的成见,不愿意参加这一创造新财富的冒险事业,我相信,英国和美国在同心协力下,也一定可以在适当时限内,使这个出了毛病的机器重新圆滑地动作起来——那就是说,假使它们对于毛病究竟出在哪里这一点确有真知灼见,因而确能在这个信心下发挥力量的话。因为在伦敦海峡和大西洋两岸的当局,今天所以缩手缩脚,不敢有所行动,主要就是由于缺乏这种信心。

第六篇　关于节约(1931年)

一、节约与花费(1931年1月)[①]

商业衰落,失业增进,企业损失严重,这类情况目前正在演进中,形势的恶劣,是世界近代史上所从来没有遇到过的。没有一个国家能脱然无累。全世界无数家庭,现在都处于困难境地——情形还不止是这样,简直是处于极端恐慌的紧急状态中。就世界上三个主要工业国,英国、德国和美国来说,我们估计大概有一千二百万工人,现在闲着无事可做。但是我不敢断定,还有些主要农业国,那里的悲惨境遇,是不是会更加严重。加拿大、澳洲和南美洲的无数小农户,眼看着农产品价格惨跌,将使他们陷于破产境地,他们的农产收获所能易得的代价,将远远低于他们的生产成本。因为世界上一些主要产品,如小麦、羊毛、糖、棉以及其余绝大多数产品,价格的低落程度简直是灾害性的。这些产品的价格现在已低于战前水平;然而,我们晓得,它们的生产成本则依然远在战前水平以上。据报导,一两个星期以前,利物浦小麦的售价,达到了

① 这是一次广播演说。

二百五十多年以前查理二世时代以来的最低价格纪录。在这样情况下,试问农民将怎样生活?当然,要他们在这样情况下能生活下去,是不可想像的。

你也许会这样设想——事实上有些冷酷无情的人,也的确是在这样想——物价便宜必然是有利的。因为生产者的所失,也就是消费者的所得。但并不是这么一回事。因为我们从事于工作的人——这是居于人类中的大多数的——只有当有所生产时,才能有所消费。因此生产过程有了任何障碍,消费过程也势必发生障碍。

原因是在于这一点,对成本和价格两者所发生的障碍是形形色色的,但一切这类障碍对两者总是要同样发生影响的。举个例,多数工业家所负担的工资成本,实际上比前并没有什么变动。但是我们可以看一看这个恶性过程是怎样演进的。羊毛和小麦的价格跌落了。人们或者会有这样的想法,这一点对小麦和毛线衫的英国消费者是有利的。但是羊毛和小麦的生产者,由于他们生产了这些产物以后收入过少,就不再能跟以前一样地购入英国商品。英国消费者,同时也是制造这些商品的工人,这时他们却已处于失业地位。东西是便宜了,但收入在减退中,便宜又有什么用呢!

当约翰孙博士游览司开岛时,在那里听到一个便士可以买二十个鸡蛋,他说,“先生,据我看来,并不是这里的鸡蛋特别多,而是在您这个可怜的岛上,便士实在太少了。”

如果是由于生产在效能和技术上的提高而使物价低贱,那的确是一个福音。如果物价低贱的代价是生产者破产,那却是经济上可能发生的最严重灾害之一。

说是我们对当前情况没有加以重视，那是冤枉的。然而我怀疑，我们对当前情况是否在加以足够的重视。在成百万人被迫处于游手好闲的情况下，无限潜在的财富糟蹋掉了，大好的资源，荡为云烟。这些闲置着的工人和工厂，原来是每天可以产出价值好几百万镑的货物的，在那样情况下，工人的生活要舒畅得多，愉快得多，现在却垂头丧气了。我们应当坐下来仔细认真地想一想，就像在战争中面临大敌的时候一样，应当具有最大决心，具有在不惜任何代价下行动起来的精神，来改善当前事态。然而一种怠惰气氛似乎到处在弥漫着，压得我们奄无生气，不能奋发有为。在我看来，当前局势下的一个特征是，几乎对于任何人提出的挽救办法，多少总有几句批驳——当然，这些建议形形色色，有的高明些，有的差些。这些建议内容不同，但多少总有些贡献；然而我们却一个也不采纳。

最糟的是，当我们袖手旁观，不采取任何行动的时候，却有一个绝好的借口——谈到怎样进行挽救，这件事在很大程度上是不在我们权力范围以内的。这是一个国际问题，像我们这样一个国家，依靠的是国外贸易，因此凭我们自己努力所能获得的成就是很有限的。但这不是我们无所动作的唯一理由，而且也不是充分的理由。有些是我们自己的力量可以做得到的。在我看来，另一个主要理由是，关于哪一类动作有利、哪一类动作无益这一点，存有严重的误解。今天有许多好心肠的人相信，要改进局势，他们本国和邻邦所能尽力的是，比平常更多地节约些。他们认为，在收入项下如果能少花费些，对就业就有了帮助。他们如果是镇会或州会会员，就会认为，在这个时候应守的正确方针是，对有关享乐事业或土木工程一切新设施方面的支出,都应当出力阻止。

要晓得,在某种环境下这样做是完全正确的,但在目前环境下这样做却是一个重大错误。恰恰相反,这样的举动是趋入歧途,是绝对有害的。节约的目的是使工人解除工作,使工人不再从事于房屋、工厂、公路、机器之类的资本货物生产。如果可以用于这类生产目的上的资金,已经有了很大的剩额没有使用,这时进行节约的结果只是扩大这种剩额,因而使失业人数格外增加。还有一层,某个人在这一方式或任何别一方式下失去了工作时,他花费的能力就有了萎缩,这就会进一步造成失业,因为别人原来为他生产的事物,他现在买不起了。这样就使情况一天恶化一天,造成恶性循环。

就我所能推测的是,不论什么时候你节约了五先令,你就要使一个人失去一天工作。五先令的节约,对失业可以扩大到一人一天的程度,此外可以类推。另一方面是,不论什么时候你购入了商品,你就促进了就业机会;虽然,你要促进的如果是在本国的就业机会,你所购入的就必须是在英国自制的商品。说到底,这不过是些最平淡无奇的常识。因为你购入商品时,总有人是要为你制造这些商品的。如果你不购入商品,商店里的存货就不能出清,它们就不会再进货,这就有人要失去工作了。

因此,爱国的主妇们,明天一早就出发,跑到大街上去,那里到处是广告,到处是五花八门的货色,听你选购。这对你自己是有利的,因为从来没有听到过,东西会这样便宜,便宜得出乎意外,简直是你做梦也想不到的。堆积如山的是衣料、被单、毯子,总之你要什么有什么,尽量选择吧。还有一点,你想到会更加高兴,你买这些便宜货时，是在促进就业，是在为国家增进财富，为种种有利活动开了一个端，使郎卡郡、约克州和贝耳法斯特有了机会，有了希望。

这里谈到的不过是些例子。凡是为了满足你个人和你家庭的切实需要所必须进行的，不论什么，只管放手去做，要力求改善，要争取建设。

因为我们现在所需要的，不是把裤带勒得紧紧的，而是一种向前发展、一种活跃的心情——要多干些事体，多买些东西，多制造些商品。毫无疑问，所有这些都是最显而易见的常识。假定我们竟处于这样的极端情况，把自己的收入全部储蓄了起来，完全停止花费。当然了，那就没有一个人再能找到工作。而且不久我们也不会再有收入来供我们花费。那时就没有一个人会有一个便士财富的增加，结果是人人都得饿死。事体竟会弄到这样，无疑是我们应得的报应，谁叫我们相互间拒绝买进，拒绝互助的呢——我们大家就是靠了这个才得以生存的啊。就地方当局的工作来说，情形也是这样，而且更加是这样。现在是时候了，各处地方当局应当忙起来，活跃起来，从事于各种各式的合理改进。

病人所需要的不是休息。他需要的是运动。遇事只是退缩，只是拒绝采取行动，拒绝立约定货，这叫人怎么能着手工作呢？正相反，要使经济进步、财富生产的机器重新圆滑地运转起来，唯一有效的手段是各种方式的活动。

至于就全国范围来说，我也希望能看到比较远大的计划，并且能够贯彻执行。几天之前听到一个建议，要开辟一条新路线，一条广阔的公路，在泰晤士河南岸，与河滨的马路平行，作为将威斯敏斯特与中心商业区连结起来的一条通道。这类想法是对路的。但是我还想看到更伟大些的计划。譬如说,何妨把整个伦敦南部,从威斯敏斯特直到格林威治,都彻底改造一下,大大地干一番,使得与工作地点相近的、比较便利的一带地区,可以容纳比现在多得多的居民,建筑可以考究些,现代设备要应有尽有,一方面为广场、街道、公园和公共场所留出足够的余地,将来完工以后,不但使我们可以耳目一新,而且对人民生活有贡献,也为我们这一代留下一个可纪念的成绩。这个计划实施时要不要雇用工人呢?那当然不用说了!这些人现在是靠着失业津贴,闲着一双手,在过着苦闷的日子。是不是就让他们继续处于这样的境地好些呢?当然不是的。

这些就是我现在要告诉你的几点主要意见。首先要重视当前局势的极端严重性,劳动人民已经大约有四分之一,现在闲着没事做;其次,这次灾害是扩大到世界范围的,因此不能单靠我们自己的力量来铲除病根;第三,然而我们自己还是可以有所作为的,我们必须使自己活跃起来,动起手来做些事,花费些钱财,使大规模企业可以重整旗鼓。

但是最后我还有一个论点要向你提出。有些人听到我的建议或者会大惊小怪,他们所以会这样,我想是由于存有一种畏惧心情,认为这是一种过了分的浪费行为,目前我们都困乏得很,哪里还花得起这许多钱。他们觉得我们是很穷的,比以前要穷得多,因此应主要注意的是量入为出,这个意思就是说,我们必须缩减消费,降低生活水平,多耐艰苦,少求享乐,只有这样,才能勉渡难关。在我看来,这个见解并不符合事实。我们并不穷,我们的收入多得很,缺少的只是使用这些收入的勇气。因此我想提供一些事实,让你听到了可以鼓起兴头来，对于我们这个国家的经济力量，可以有一个比较广阔的见解。

让我先把那些明显的事实向你提醒一下。我们广大人民的生活，现在比以前任何一个时期要好得多。我们对于劳动人民中将近四分之一的失业者在进行支援，他们在依靠失业津贴过活下的生活水平，比多数别的国家在工作中的那些人可以希望达到的生活水平，还要高些。然而，处于这样情况，国家财富仍然在逐年增长。我们支付的工资，比在法国或德国的要高得多，对四分之一没有工作的劳动人民在无偿地进行津贴，关于国内的一些建设，如房屋、道路、电厂等等，仍然有相当程度的进展；尽管是这样做了，我们仍然有余力将资金向国外出借，1929 年时，这笔流出国外的金额，比世界上任何别的国家可以供作这样用途的资金剩额还要大些，就是美国也不例外。

我要问，所有这些怎能办到呢？抱着悲观见解的人们认为我们能力既差，而且用款没有节制，因此越过越穷；假使他们的说法是对的话，显然，上面所说的一些就不可能做到。我们所以能做到这些，只是由于悲观者的论调是完全错误的。我们假使能把事体安排得更好些，假使能避免陷入今天的困难局面，那就比现在还可以更加富裕得多，这是的确的。但我们也并不是一无所长的，而且也并不穷，并没有在这里坐吃老本。情况完全相反。我们工人和我们工厂的生产力，比以前不知要高多少倍。我们国民收入的增长非常迅速。上述的一些，就是在这样情况下做到的。

让我再向你提供几个数字。我们按人口计算的生产量，即使同这样近的一个日期——1924 年比较，已经提高了百分之十。这就是说,我们可以在减少百分之十人力的情况下,产出同样多的财富。同战前比较,按人口计的产量提高率约百分之二十。至于国民收入,除币值方面的变动不计外,即以这样近的一年——1929 年来说,那个时候已经有了大批工人失业现象(当然,今天的情形比那个时候又要差些),但一年的增长竟达一亿镑;而且像这样的增进率,一年一年地曾继续了好多年。同时在收入分配趋向公平这个方面,我们也尽了不少力量,几乎等于进行了一次革命。

因此,对前途要有信心,我们现在譬如是一个青年,是由于发育过速而患了神经痛,并不是老年精力衰弱的时候,患了无可救药的风湿症。我们没有能充分利用当前的机会,我们的生产力有了巨大增长以后,没有能为增出的生产力寻求出路。因此我们不可垂头丧气,消沉下去,必须振作起来。不论就个人说或就全国说,要医好创伤,唯一良方是大胆活跃和企业精神。

二、经济委员会的报告
(1931 年 8 月 15 日)

经济委员会的报告,可以在种种不同的观点下来考虑。可以说这是一个极可宝贵的文件,因为它对我们起了挑战作用,要求我们对政策的某些重大问题究竟采取什么方针,作出决定。特别要我们作出决定的一点是,我们的意向所在,是不是要使英国的薪水和工资跟着世界物价一道降低,从而实行通货收缩。报告主张降低教员和警务员的薪金;如果我们的确企图引起通货收缩,说是这一收缩进程一旦从教员和警务员开始以后,就不会再发展下去,那是荒谬的。这个报告未免有些过火了，也可以说是不够彻底。但这一点不是我在这里要讨论的问题。我要说的，只是在我看来似乎是被报告所忽视的一些方面。

他们的计划实行以后，对失业的数量和税款的收入将发生什么反应，报告里一无说明，他们对这些似乎一点也没有想到。他们所要推行的是降低英国国民购买力，推行的方法部分是在于减少收入，部分是在于使现在的就业人员失去工作。他们说，购买力在这方面的降低，会由于在别的方面的增长而相抵，但为什么会发生这样的结果，他们没有举出理由；因为他们的想法是，政府应当在他们的建议下利用机会，利用的方法不是降低税收，而是减少借款。也许在他们内心存在着某种模糊、浅薄的想法，认为贷款基金是有个一定数值的，这一数值总是始终全部借出了的，因此如果政府借入减少，私营企业方面的借入就必然会增多。但是他们如果仔细想一想，试把这个想法用确切、具体的言词表达出来，就会看到这是一种幻想。

建议甚至对我们的贸易差额，也不可能发生有利影响，照说由于工业工资降低，是可能有利于对外贸易的，但在他们的建议下，却不能希望发生这样的作用。因为根据建议，生产成本是不会有所降低的；实际上正相反，由于他们主张增加雇主对工人生活保证基金的补助，成本将有所提高。

因此我们对报告所略去的几点，可以探讨一下，看一看，购买力在所建议的方式下降低以后，会发生些什么后果。

购买力有些部分的降低，可以希望由此减少购入外货，例如失业津贴削减以后，失业者就不得不把肚带勒得更紧，对输入食品的消费将有更大限制。当前情况可以在这个程度上有所好转。还有,有些部分将由于储蓄减少而获得节约,例如教员的薪水削减以后,他们一般将减少储蓄,或者为了维持一向已经习惯了的生活水平,他们甚至会支用已有的储蓄。但是另一方面,英国生产者从消费者(警务员、教员、失业津贴领取者等等)支出所获得的收入将减少,估计净减额当达七千万镑。他们遭遇到这样的损失,为了应付局势,势必缩减他们自己的支出,或者解雇一部分工人,或者两者同时并进;那就是说,他们将不得不学政府的榜样,这样就会引起一连串性质相类的后果,发生连锁反应。

收入与利润的降低,结果必然会造成领取失业津贴者人数的增加和税收的减少。政府要想用减少负债的方法,来促进私营企业由贷款方面所能获得的资金,但这一措施的直接后果将适得其反。两方面的促退情况,在实际数量上无法作出估计,但两方面促退的比率,大致当是相等的。报告中某些例如有关筑路、造林和房屋建筑的建议,实际上显然说明,他们对于公共工程可以救济失业这一原则的整个理论存有误解,他们所要进行的,恰恰是根据这一原则所应采取的政策的反面。然而他们对其中委曲,却又不耐烦作深入讨论。依我看来,他们大概是些非常天真质朴的人,关于"少花钱"这一点的好处,对他们似乎是再明显也没有的,似乎是可以不言而喻的。他们也许会天真质朴到这样地步,甚至对我目前所讨论的这一问题的存在,根本就不知道这回事。但是他们的见解,跟有相当分量的一部分舆论,是公然对立的。因为对兴建公共工程这一补救办法表示反对的人们,主要不是在原则上有异议,而是由于合理拟定进行计划时的实际困难。但是像这样的建议,要

采取跟现在已经在实施中的措施完全相反的办法，它所否认的，就不仅是在原则方面，而且在计划的实际可行的方面。

该委员会建议的一亿镑节约计划，如果按照他们的方针实施，将发生什么样的直接后果，为了便于说明，姑就值量方面作一大致推测，虽然这里的估算很粗略，但大体上是可供参考的。我认为由此将发生的后果，大体上是这样：

(1) 失业人数将增加二十五万到四十万；

(2) 入超额将减少约二千万镑；

(3) 公众储蓄将减少一千万到一千五百万镑；

(4) 企业利润将减少二千万到三千万镑；

(5) 此项利润降低以后，依靠这项利润生活的企业家以及其他有关方面的个人消费，将减少一千万到一千五百万镑；

(6) 委员会建议的采用，对经营企业的"信心"也许会发生些心理上的有利影响；考虑到这一点，估计由于企业利润水平的降低，在资本构成方面，在流动资金以及私营企业投入的其他国内投资方面，将减少五百万到一千万镑；

(7) 原订的一亿镑节约方案，由于税收减少以及失业扩大以后在这方面的费用增加，节约数将部分被抵消，预计政府赤字的净减额，当不会超过五千万镑。

当然，这里所谈到的一些数字，都只是出于推测的。但是(2)＋(3)＋(4)－(5)－(6)＝(7)，这里(7)是政府赤字的净减数，是根据上面一段推算而来的必然事实，就像二加二必然等于四一样。这里除了各项中数字的大小，各人会所见不同外，在事理的推断方面，是没有什么可以争论的。但也许有人会有不同看法，例如在第

(6)项下,会认为数字将有所增长而不是缩减。这个论点在我看来是站不住脚的,但是如果抱着这样的观点,则对整个政策的有效性所作出的论断,将完全不同。

目前各国政府都有着巨大赤字。但是政府通过各种方式借入资金,却可以说是一个自然的挽救之道,在目前这样严重的萧条中,由此可以防止企业损失,不至于进一步恶化到使生产完全停顿的地步。政府举债的目的,应当是在于为投资事业——如果投资确有值得进行之处的话——提供资金,而不是为了支付失业津贴或退役军人赏金;从任何方面来看,在前一目的下的活动,比后一目的要有意义得多。但目前萧条现象严重,处于这样情况下,我们没有别的途径可循,为了应付难关,政府在这一或那一目的下的负债(或者是减低偿债基金,发生的效果是同样的),实际上是不可避免的。对于某一事态的发展,人们会有顽强的成见,但是到了必要的时候,这种成见就会为人类性格上存在着的弱点所克服,这也许是值得庆幸的一个现象。

这里并不是说,除此以外我们就没有别的自救办法。例如改订税制,货币贬值,或作出全国性规定,从而降低一切的货币收入,这类措施也许有它们的可取之处,但这些都不是我在这里所要谈的。我只是在分析,采取了经济委员会的建议,作为减少预算无抵补的赤字的一个手段以后,预计会发生的一些后果。为避免发生误会,我愿意附带说明一点,在我看来,报告里的有些建议,比之主张征收附加税或其他类似办法的多数方案,要高明些,因为他们是用了一番心思的,他们既有能力,而且居心是公正的。

至于我自己关于预算政策的意见,只要萧条局势还存在,就认为应当是使偿还基金的拨付暂时停止，一方面继续为失业基金借款，并征收财政关税。要脱离萧条，我们就不得不借助于这类权宜手段。一旦萧条过去，私营企业对新资本的需求重新趋入正常状态，就业气象好转，税收有了增长时，就可以恢复偿债基金，并对盈利少的国营企业，采取比较苛求的态度。

三、节约方案(1931 年 9 月 19 日)

我们的预算和节约方案，内容既极端愚蠢，又有欠公正。有许多的确具有自我牺牲精神和满怀着善意的人，他们的精力和热情，却处于这样的错误的指导之下，这不能不说是一个悲剧。

作为应付紧急事态的国家政策，它的目的首先应当是在于减少对外贸易入超，其次是在于使租税收入与预算中经常支出相均衡，实现的方法应当是增进而不是减少产量，从而使国民收入和国家岁收有所增长，同时还要注意到社会公平原则。政府这次的实际政策，同上述几个判断的标准来对照一下，简直没有一点是符合的。政策对贸易差额方面发生的影响，比较细微，但是会大大增加失业，减少税收，而且它违反了公平原则，违反到了在我看来简直是难以想像的程度。

先从末一点说起。富裕的人们的收入，削减了百分之二点五到三点五。教员除在纳税方面有额外负担外，他们的薪水还减少了百分之十五。[①] 只是由于他们碰巧是政府雇用的从业员而把这

---

① 〔后来改为削减百分之十。〕

一阶级特别挑选出来，这真是一件骇人听闻的事。况且政府近几年来还作了一番努力，把有较高资望的教师吸收到这个专业里来，对他们还许下了某种前途有利的希望，这就显得这一措施更加荒谬了。甚至还建议，要使用权力，解除现有契约关系。竟会把教员选出来，特别作为财政计划下的一种牺牲者，这一点充分证明，这些内阁阁员们已经处于怎样的歇斯底里状态，怎样的不负责任。说这一项折减是出于万不得已，这样的说法是不可能成立的。由此可以节省的总额是六百万镑。同时拨入偿债基金项下的是三千二百万镑，而关于茶、糖等税率则一点也没有触动。首相对这一问题没有表示；他的某些前任同僚们，则在一时的惊惶失措之下，也在考虑着某些性质相类的建议。

关于教员问题，是政策不公道情况中最突出的一点。但政府雇员的收入水准都受到了打击，不公道情况是普遍的，不过在程度上有参差而已。在政府机构服务的人，待遇上受到了歧视，原因只是由于在这方面最容易下手，这样一个原则是要不得的。而且他们在文件里还使用了"同等牺牲"等漂亮口号，不说这些话，至少还可以显得大方些。

还有一层，政府这一计划不但愚蠢，而且是错误的。这一计划，对就业必将发生严重的直接影响。原来准备削减失业津贴百分之十，但结果失业者在量上的增进将超过这个百分数。私人投资萎缩以后，曾有种种局部性的努力，希望减轻由此引起的后果，而这次计划所体现的，却是对已有努力来了一次轻率的翻案；这是所谓"财政部意见"的一个极端的典型例子。不但购买力将萎缩，而且关于筑路、造屋等类的计划也将受到挫折。地方当局此后也将跟着学样。这一计划所依据的理论，若果被广泛接受，最后除了自食其力的少数幸运儿外，将没有一个人可以获得就业机会，因为，为了节约，每个人都将拒绝购买任何别一个人的劳务。在目前情况下，为了维持偿债基金而夺取筑路基金，实际上是疯狂政策。

最后还有一个贸易均衡问题，就关系到紧急事态的方面来说，这毕竟是主要的问题。概括地说起来，生产成本并没有变动。削减了教员的薪水，并不会有助于我们重新夺得世界市场。凡是处于政府直接管理范围以内的工资、薪水，就关系到出口贸易方面的利益来说，加以削减，恰恰是最无济于事的。我们听说，如果有人要把这次削减薪资，说成是对工资进行全面攻击的前奏曲，那是一种恶意歪曲。然而，情况的确是这样，没有完全失去理性的人，就不得不这样说。同时，政府已注意到，计划中恰恰有一个环节，是足以提高生产成本的，即工人生活保证基金的提存，这在实际上是关系到就业的一种人丁税。由此可见，政府是主张提高生产成本的，这一点说明当局已经糊涂到了什么程度。

政府计划是从两个方面来促进贸易均衡的。一方面是通过失业来减低消费。不论什么人，当他失去了工作，或由于别的原因沦入困境以后，他就不得不缩减消费。这种消费缩减，大部分将只是造成本国企业的亏损，与本国人的失业。但还有一部分，大致为其五分之一，将促使进口贸易缩减；虽然，如果那些自由贸易主义者的论调果真可信的话，即使牺牲进口业务也没有好处，因为进口减低将促使出口作同样的减低。不管怎样，一味注意减少进口，总是没有多大意义的。还有一个手段是增进失业量，同时增加失业的痛苦，因为这样可使工资削减会比较容易被接受些。说到底，节约这件事别无其他作用或意义,无非是放弃资源。在这样情况下放弃了的资源的一小部分,对贸易均衡将起些作用。但被放弃了的资源的其余部分,却是国内的工厂和工人,在这方面我们已经有了剩余,现在闲置状态中。

由此可见,政府的计划虽然在竭力说服我们,要我们不加细察,就轻易信赖,但实际上大部分是在错误原则指导之下的,它对失业与贸易逆差两个问题的解决,并没有帮助。

关于后一问题,如果听其自然,不加纠正,在不远的将来,就会由此破坏金本位,即使把教员的薪水减至于零也无济于事。现在可供选择的补救办法,只是货币贬值,用直接方法猛烈限制进口,大量削减薪水和工资(依我想来,简直要减去百分之三十),或者是使国际局势有确切改善。对工资加以袭击,将引起严重的劳资斗争,结果会在几个星期以内迫使我们脱离金平价,因此实际上这不是货币贬值的一个替代方式。结果,剩下来值得由内阁加以考虑的政策方针,只有三个。第一个,也是最温和的策略,是限制进口。第二个策略是设法脱离金平价,而又不致使事态有过于激烈的演变。第三个策略是召集一次国际会议,会议应当在具有极其明确的目标下实事求是地进行,与以前举行的任何国际会议,在性质上应当完全不同,目的是在于使采用金本位各国有一个最后协商机会。此外都是枉费心机的。国际局势的改善是非常必要的,这一点不能实现,我们国外投资的收入将化为乌有,而这一方面的损失,就它的规模来说,却不是靠了税制改订或货币贬值可以获得补偿的。召集一次国际会议,即使获得成就的希望不大,也值得一试,要改善国际局势,只有这个办法。

第七篇　币值崩溃对银行的影响（1931年8月）

一年以前，经济情势的主要特征是农业、矿业、工业和运输业不能获得正常利润，是失业和由此造成的生产资源的浪费。今天，在世界的许多地区中，最使我们关心的是银行方面发生的严重困难。1931年7月在德国发生的一次毁灭性的危机，实质上是一次金融恐慌，虽然，毫无疑问，这是由政治事变与政治不安定促成的；这次危机引起了一般人过度的惊惶。那种头重脚轻、摇摇欲坠的局面，终于一败涂地，那种局面，在我看来，根本就不应该让它造成，那是一种错误行为，同银行业稳健原则是根本不相容的。我们眼看着这个局面的形成，不免提心吊胆，充满着疑惧心情。但所以会发生这样一蹶不振的后果，促使它实现的那些主要起因，却不是各个银行家所能控制的，也没有什么人能预见到。主要起因是金币价值发生了重大变化，结果使固守金本位的各国中约定以金币偿还债款的债务人的债务负担，也有了重大的变化。

且让我们从头说起。世上有形形色色的实际资产，构成了我们的资本财富，这些资产在形态上有房屋、存货、在制造中的商品、在运送中的商品等等。这些资产的名义所有人，为了取得这些资产，往往从事于借入货币。在一定程度上，财富的实际所有人有他的要索权,这种要索权不是对实际资产,而是对货币的。这种“资金融通”行为的一个很大部分,是通过银行制度实现的。银行居于保证人地位,介于两种人物之间:一种是存款人,他们把资金借给银行;一种是借款人,他们向银行借入资金,用来购入实际资产。这样就在实际资产与财富所有人之间插入了一道遮幕,这是现代经济一个突出的特征。部分由于近年来对一些主要银行机构信心的加强,这种资金借出与借入的业务,发展到了可惊程度。举个例,以各种银行存款并计,在美国约达五百亿元,在英国约达二十亿镑。此外还大量存在着由个人保有的有担保或有抵押的债务关系。

这类情况,一般说来都是人所共知的。还有一点也是我们所熟悉的是,当币值有了变动时,拥有货币要索权的那些人同负有偿还货币义务的那些人之间的相对地位,会发生重大变化。因为,这是一定的,当价格低落时,对货币的要索权在价值上就有了提高,这一事实的含义就是说,实际财富有一部分从债务人移转到了债权人,因此,由存款人的要索权来体现的那部分实际资产,占到了较大比率,而为了购买资产借入货币的资产名义所有人,他们所拥有的实际资产的比率,则相对地有了降低。我们都晓得,价格有了变化时为什么会引起混乱,这就是原因之一。

但是我要请读者注意的,并不是价格低落时的这种人所熟知的特征。价格低落时还会发生的进一步的演变,这在通常情况下我们往往可以不必深究,但是当币值变动达到了**非常严重**程度,超过了多少是有些一定的那个限度时,这种进一步的演变就立即有了非常重大的意义。

银行是介于存款人与债务人之间的保证者，当币值变动并不猛烈，只是像我们过去所见惯的那样时，对银行就没有什么切要关系。因为对某一特种资产价值的变动，以及对一般实质资产价值的变动，银行是事前有相当措施，为这类变动预留了地步的；它们在这方面所采取的方式是向借入者索取所谓“垫头”。这就是说，当借入者向借出者提供资产，作为贷款的“担保品”时，银行借出的资金，只允许达到这一担保品价值的某一比率。过去的经验为“垫头”规定下了一种惯常的百分率，这在一切通常的环境下是相当安全的。当然，实际百分率在不同情况下，在广大限度内，是高低不一的。但是就有销场的资产来说，百分之二十到三十的“垫头”，一般总认为是相当敷余的，假使“垫头”高到百分之五十，那就觉得借出者的态度是非常谨慎了。因此，资产的货币价值的向下变动幅度，如果绰乎有余地在这个惯常范围以内，银行对这一现象，这时就不会十分关切。它们的贷借对照表上，一方是它们欠存户的，一方是贷户欠它们的，至于货币价值是高是低，对它们并没有什么重大关系。但是设想一下，当资产的货币价值在短时期内的向下变动，超过了凭以出借资金的那些资产中一个很大部分的惯常“垫头”范围时，将发生什么样的情况。这时银行将处于可怕的境地，一切意外事变都有发生的可能，顷刻之间，这一点就成为是显而易见的。幸而这样的情况是极难得发生的，现在我们所遇到的是历史上独一无二的一次事变。在 1931 年以前的近代史上，还未曾有过这样的先例。有许多国家，近年来发生了资产货币价值大规模的向上变动，在那里通货膨胀持续了一个很长时期。这种现象，不管在别的方面造成了怎样大的灾害，却没有使银行的处境发生任何危险;因为由此使银行所掌握的“垫头”,在价值上有了增长。当1921年市况衰落的时候,曾发生严重的价格向下变动,但那是从一个原来非常之高的价格水平上跌落下来的,那次的物价昂腾只持续了几个月或几个星期,因此银行贷款以那样高水平为依据的只是一个很小的部分,而且由于高水平持续期间短促,对于这个一时的现象,一般也并没有给以多大的信心。近两年来,实际资产的货币价值,陷入了几乎是全面的崩溃状态,扩展到了世界范围,像这样的局势,是以前**从来没有**碰到过的。最近几个月——时机这样迫促,以致银行业者自己对当前事态还没有来得及有充分认识——情势的发展更变本加厉,价格低落,在许多情况下,已经逐渐超过了惯常“垫头”的范围。用市场上的行话来说就是,“垫头”已经被吸干了。此中的具体详细情况,局外人是不会清楚的,除非是由于某种特殊演变,也许是某种几乎是出于意外的演变,使事态发展到危急关头的时候。因为银行只要还能够静候时机的好转,同时还能够不去注意它放出的许多贷款的担保品已经不像原来那样地确切可靠这一事实时,外表上总是什么也看不出的,并且也没有恐慌的任何理由。但尽管是这样,即使处于这一阶段,这种内幕情况对新业务也大都会发生极其不利的影响。因为在银行方面这时已经发觉,它们所经营的贷款,事实上有一大部分已经处于冻结状态,所涉及的潜在风险,比它们自愿负担的要大得多,这就会使它们引起莫大的戒心,对于它们所有资产的其余部分,就要尽力审慎处理,要尽可能地避免风险,使之处于最高度的流动状态。这就会在种种沉默的、不使人注意的方式下,反映到新企业方面。因为这意味着银行对于会使它们的资源处于凝固状态的任何计划,都

不会像平时那样乐于资助。

这里要讨论的是货币价值变动问题，要估计这一因素在量值上的重要意义，就得考察一下各种类型的财产在价格上有了什么样的变化。首先要注意到的是属于国际贸易范围的各项主要原料和食品。这对银行说来是非常重要的，因为这类商品，不论是存在仓库里的，在转运中的，属于半制品形态的或是属于制成品形态而没有售出的，其中有一个很大部分是借用银行资金来经营的。近十八个月以来，这类商品的价格平均跌落了百分之二十五。这是一个平均数，但银行是不能拿这一客户和那一客户的担保品价值来平均一下的。其中有许多商品，在商业上占着极重要地位的，价格已经降低了百分之四十到五十，甚至还不止。

其次是一些大公司的普通股，这是世界各地证券交易所里的主要经营对象，在证券市场中居于领导地位。在多数国家，这类证券市价已经平均跌落了百分之四十到五十；这又是一个平均数，实际上有些股票，在两年以前还认为是属于上品的，现在的低落程度却远在这个平均数以上。还有债券和利率固定的证券。其中属于最优等的，市价的确还有所提高，有些即使下跌，跌落的程度，充其量也没有超出百分之五，这一点在某些方面有很大帮助。但是还有许多别的利率固定的证券，虽然不算是最优等，然而也不失为上好的证券，它们的市价却下跌了百分之十到十五；至于国外政府公债，大家晓得，已发生了可惊的跌价现象。这类价格下倾，虽然在趋势上比较缓和，但由此造成的后果也许是同样严重的，因为这类证券，往往是（虽然在英国并不是这样）由银行自己直接收买的，因此并不存在所谓“垫头”，在防御亏损方面，并没有任何保障。

关于商品与证券价格的低落，概括地说，多数国家所受到的影响是一样的。我们再谈一谈另一类财产，这也是有着极大的量值上的重要意义的，即不动产；在这方面各个国家彼此之间的情况，却有很大的差异。在英国，我相信还有法国，使局势得以比较稳定的一个重大因素是，不动产价值始终相当坚稳。在这个地区，这类财产没有发生暴跌现象，结果房地产抵押业务情况正常，这类放款没有受到损害。但在许多别的国家，情况却不是这样，这类财产也同样卷入了跌价潮流中；也许美国的情况特别显著，那里的田地价值大跌，城市的近代建筑也是这样，有许多房产，现在的售价，只占到原来建造成本的百分之六十到七十，有时还远远不到这个比率。这一点大大增加了当地局势的严重程度，一则因为在这一范畴内涉及金额的浩大，再则因为这类财产原来认为是比较地没有风险的。

最后，还有一类贷款，是银行贷给它们的客户的，目的是在于支援这些客户所经营的业务。有许多例子表明，这一类是在一切情况中最糟的。在这类情况下，担保品主要是所支援的业务的实际利润和未来利润；而处于目前环境，如果情势一时不能好转，许多原料生产者、农场主和工业家将无利可得，而且有陷于破产地位的极大可能。

总之，除不动产以外，任何财产，不管它对社会福利怎样地有贡献，怎样重要，它的现时货币价格，简直没有一种不疯狂下跌，而且大都下跌到史无前例的程度。我已说过，我们的经济社会是这样组织起来的，在一个广大范围内，在实际资产与财富所有人之间，隔着一道货币遮幕；而上述情况就发生在这样的经济社会中。

实际资产的名义所有人购入这项资产时，资金是从财富实际所有人那里借来的。还有一层，借入这项资金时，大都是通过银行组织来实现的。这就是说，银行为了获得报酬，以保证人地位，在这个局面中插了进来。它们是站在实际借入者与实际借出者双方之间的。它们对实际借出者提出了保证；但是只有当属于实际借入者的资产，确实具有所借资金的价值时，这种保证才会有效。

就是为了这个原因，所以当货币价值有了像我们现在所经历的、这样严重的暴跌时，就会威胁到整个金融机构的巩固地位。银行和银行家，生来是盲目的。不久会发生的是些什么，他们没有看到。有些银行家，在他们过去成长的时期中，已经习惯于战前价格水准，认为这样的水准是公平的，“自然的”，并且是无可避免的，因此当价格低落，走向战前水准时，他们甚至还表示欢迎。在美国，有些银行家还雇用了一批所谓“经济学者”，这班人到今天还在向我们唠叨，说我们当前的困难是由于某些商品和某些劳务的价格还没有能充分下跌这一事实，他们再没有顾虑到，他们的补救办法若果实现，他们机构的安全将受到威胁，这一点是再明显也没有的。

但是事到如今，他们也终于开始注意到这一点了。在许多国家，那些银行家也终于在不愉快情绪下渐渐感到，他们客户的垫头固然已经枯竭，现在却轮到他们自身了，他们自己也渐渐地捉襟见肘，在资金方面没有了回旋余地。我相信，今天如果对一切有疑问的资产作一真正稳健的评价，就会发现，世界上有很大一个部分的银行，实际上已处于破产地位；假使通货收缩有更进一步的发展，这个比率还要迅速扩大。幸而在我们境内的英国银行，由于种种原因,在银行中是最坚强的。然而经受考验也总有一个限度,假使通货收缩作无止境的发展,就没有一个银行能永远坚持下去。世界上有一个很大部分,美国绝对不例外,银行的地位,在整个局势中,实际上是最薄弱的一个环节;虽然在公众面前,这一点是掩盖得很周密的。显然,现在的趋势如果再让它继续下去,就必然会有某些方面要遭殃。如果听其自然,首当其冲的也许是世界各地的银行业。

在我看来,摆在现代资本主义面前的有两条道路,必须就两者之中选一条路前进——是想出一个办法来提高资产的货币价值,使它趋向原来的水平呢,还是听其自然,让破产和违约行为蔓延下去,使金融机构的一个很大部分趋于崩溃?在后一情况下,我们经过一番风浪以后,一切将重新做起,到那个时候,当不至于像预料那样地极度贫困,也许比现在会愉快些,但总不免要经过一个不愉快的时期,充满在这个时期里的是消耗、动乱和社会不公道现象,是私有财产和财富所有权的重新整顿。各个地说起来,我们之中有许多会遭到"毁灭"的命运,虽然集体地说起来,我们同以前也并没有什么两样。但是在患难和激动的压力下,那时我们也许会变得聪明些,对事务比现在会善于处理些。

现在的迹象说明,世界各地的银行家,简直是甘心要走上自杀的道路。他们在每一个阶段上,总是不愿意采取充分明快的挽救办法。现在事体已经演变到这样地步,要找寻任何出路,就觉得异常困难。

银行家在外表上不能不装模作样,向来惯有的那种落落大方的气派不能不维持,这是他们业务中的一个必要部分,也是人情之常。他们一生就渗透在这样的习惯中，结果使他们成了最偏于空想、最不务实际的人。这一点已成为他们的第二天性，因此他们的地位不容怀疑，甚至他们对待自己也失去了反省的本能，等到回头，已经太迟了。他们是正派的公民，这就跟一个正派公民常有的态度一样，看到了这个万恶世界的种种危机——当这些危机已经表面化的时候——感到于心无愧的愤怒；可是他们却并不能预见到这些危机。看到了当前事态的演变，有人说这是银行家的阴谋！这个想法是荒谬的！我但愿有这样的事体！因此他们如果能脱离这次灾难，可以预料，那也不会是出于他们自己的计谋的。

第三部分

回到金本位

第一篇　黄金热(1930 年 9 月)

用黄金作为价值标准，主要是出于传统依据。当还没有演进到代表货币的时期，会选择一种或一种以上的金属作为最适合商品，用来保有价值贮藏或支配购买力，这是极其自然的，其间的理由已经被反复说明了许多次。

四五千年以前，开化了的世界，就已使用金、银和铜作为货币，作为镑、先令和便士的代用品，那时占最高地位的是银，其次是铜。到了米锡涅[①]时代，曾一度把黄金推进到第一位。在居尔特人和多利亚人[②]的势力下，在欧洲和地中海北岸一带，曾有一个短时期用铁为货币，代替了铜的地位。以后在阿肯米涅王朝统治下的波斯帝国，主张使用使金与银保持一定比率的复本位制(直到这个王朝被亚历山大倾覆时为止)，于是又安定了下来，用金、银和铜为货币，白银再度居于主要地位。从此白银长期占有了领导权(中间除在罗马统治下的君士坦丁堡，黄金势力曾一度抬头以外)，在这个期间，特别是在十八世纪和十九世纪上期，曾屡次进行关于金银复本

① 古代希腊都市，在科林斯西南，学者推断这一文化时代当在公元前十七世纪到十三世纪间。——译注

② 居尔特人是雅利安族的一支，古时居欧洲中西两部；多利亚人是古代希腊主要民族之一，后来建立了斯巴达城邦国家。——译注

位制的努力，始终没有多大成就，白银的优越地位没有遭到显著破坏；直到大战爆发前的五十年，黄金才打倒了白银，获得了最后胜利。

弗罗伊德博士说，黄金作为一种象征，为什么特别能满足我们根深蒂固的本能嗜好，其间是有特殊原因，深藏在我们潜在意识之下的。古代的埃及祭司，曾使黄金染上了一层神秘特性，这样的特性至今还没有完全丧失。然而，黄金作为价值贮藏的宠儿，固然由来已久，至于作为购买力的唯一标准，却还是存在得不长远的一个事实。1914 年时，黄金在英国就占有这样的地位，这从法律根据上来说，存在还不到一百年（虽然在事实上已经存在了两百多年），在多数别的国家还不到六十年。因为，中间除了一个短时期以外，黄金这样东西，过去在数量上实在太稀少了，还不能适应作为世界主要通货的需要。黄金一向是，现在也仍然是，一种非常稀少的商品。所有在七千年以来经采掘或捞取到的黄金，一艘现代邮船在一次航程中，就可以把它运过大西洋。就过去情况说，曾屡次发生黄金新供源，大约每隔五百年或一千年发现一次，十九世纪后半期，就是历次中之一，每当这样的时期，就暂时感到供应充裕。但一般说来，总觉得供应是不足的。

近年来对黄金热烈追求的心情是掩蔽得很深密的，在这种心情的外面罩上了一件气象庄严的外衣，尽量地使人望而生敬，这种气氛甚至蔓延到男女关系和宗教领域内。黄金对复本位制曾展开了你死我活的斗争，当初也许是为了争取胜利的必要而披上了这件外衣，不过披上了以后到现在依然没有脱下，这在黄金崇拜者会这样说，因为要防止不兑换纸币的泛滥，黄金现在是唯一的一帖防

疫剂。对黄金的追求所以会处于这样情况，是不是由于上述原因，还是由于弗罗伊德式的带几分神秘的精神态度，我们正不必在好奇的心理下追问到底。但是我们可以向读者提醒一下他未尝不明白的一个事实，即黄金现在已成为保守主义者的一个工具，处理到这件事物时，总是不免要带些成见的。

尽管这样，在我们这一代里却发生了一个重大变化——结果也许是一个致命的变化。在大战时期，个人纷纷将他所有的一点存金，投入了国家洪炉。战争有时候会使黄金消散，如亚历山大对付波斯庙宇里的存金，比撒罗对付印加人的存金，[①]就是这样。但这一次大战的结果，却把民间存金集中到了几个中央银行的金库，收入以后，这些银行就没有把它放出来。结果黄金差不多在整个世界范围内退出了流通。它不再从这只手到那只手辗转传递，它已经溜出了人们贪婪的手掌。原来是有许多小财神分散在各家各户的，钱袋里，袜统里，铁箱里，都是他们的藏身之处，现在在各国却各有一位唯一无二的大财神，原来的那些小财神都被他一总吞在肚里，他隐居在地下，人们再也看不到他的金面。金子再也见不到了，它又钻到泥土里去了。我们在这个世界上既不再看到这些金盔金甲财神的踪迹，就把他们当作了神话中人物，予以理性解释，不久就索性把这件事置之度外。

于是曾经长时期存在的商品货币一去不复返了，终于把它的地位让给了代表货币。原来黄金可以铸成货币，可以由个人贮藏，

① 十三世纪到十六世纪间，印加人在今秘鲁一带建立印加帝国，后为西班牙人比撒罗所灭。——译注

是一项有实质的要求财富权，个人只要把这件实在的东西抓牢，它的价值就不会从掌心里滑掉；但现在却不能供个人作这样的使用了。它现在已变成在性质上抽象得多的一件事物——只是一个价值标准。这种名义上存在的状况所以得以保持，只是由于这样一个事实：当各国的中央银行，其中有一个，对于它所管理的代表货币的膨胀和收缩，跟它邻邦的动作，在相适应的程度上有了参差时，就不时地要将为数极少的一部分存金进行传递。就是这种传递行为，也已经有些过时了，事实上这种不必要的移动也可以省去，现在最时新的方式是所谓“另户保管”(ear-marking)，可以使所有权转换，而所在地则不必更动。我们可以设想一下，正不妨从这个办法再进一步，那时也不必在形式上否认黄金的一般通则，就可以通过现代炼金术，使黄金使用的局面一新；各地中央银行之间尽可以作出一种协定，这样对于埋藏在它们库里的金存量就可以为所欲为，存量所代表的价值也可以任凭它们指定。黄金本来与白银并存，两者是如日月经天，交相辉映的；到了那个时候，黄金的神圣属性将首先蜕变，在人间将成为一个独裁者，或者在比较持重的情况下，会成为一位立宪君主，而各地中央银行则成为这一王朝下的内阁阁员，无论如何，它总没有成立一个共和国的必要。但这只是一个想像，这个局面现在还没有到来，演变的结果，也许与这里所说的完全不同。总之，黄金的拥护者如果要想避免一次革命，他们处理这一问题时，就得有卓越的智慧和极端慎重的态度。

第二篇　货币政策的几个不同的目标(1923 年)[①]

在多数国家,美国除外,货币所以不稳定,总不外是由于两个因素——一个是,国家通货,用人们认为的价值标准、即黄金来衡量时,没有能保持稳定;还有一个是,黄金本身,用购买力来衡量时,没有能保持稳定。人们(例如康利夫委员会)所集中注意的,大都是上述两个因素中的第一个。一般往往认为,无论如何,恢复金本位,那就是使国家通货按一定比率兑换黄金,总是我们的目标所在;认为主要争点只是在于比率高低的问题,应当恢复到战前金价呢还是把价格规定得低些,与当前实际情况比较接近些;换句话说,就是必须在通货收缩与货币贬值两者之中挑选一个。

这种说法未免近于草率,没有细想一想。我们且看一看近五年来价格变动的过程。美国是始终没有脱离金本位的,但是在那里所受到的损害,与许多别的国家并没有什么两样,在英国较大的不安因素是金价不稳定,而不是外汇率不稳定,甚至法国也是这样的情况,意大利的情况也差相仿佛。另一方面如印度,那里是一向受到外汇率波动猛烈的损害的,但在那里价值标准的稳定程度,现

① 〔这就是说,在英国恢复金本位制以前。〕

在超过了任何别的国家。

由此可见，固定了汇兑率，并不会使我们解脱通货方面的困难；甚至也许反而会削弱我们的控制力量。关于币值稳定问题要牵涉到好几个方面，我们必须逐个地加以考虑。

1. 货币贬值与通货收缩。我们要确定价值标准，在确定时，是要使金价接近现有价值呢，还是要它恢复到战前价值？

2. 价格稳定与汇率稳定。我们要使国家通货价值稳定，是要使它在购买力的依据下获得稳定呢，还是在某些国外通货的依据下获得稳定，是哪一方比较重要？

3. 恢复金本位问题。根据我们对上述两个问题作出的答案，金本位，不管它在理论上怎样地不够完整，在实际上是不是使我们得以达到币值稳定目的的现有最好方法？

一、货币贬值与通货收缩

我们可以缩减国家通货的量与其所需要的以货币形式表现的购买力这两者之间的比率，从而增进通货以金为依据时或以商品为依据时的交换价值；像这样的政策，为方便起见，可以把它叫作通货收缩政策。

我们也可以使通货价值稳定在相近于现在价值的某一点，而不顾到它的战前价值；像这样的政策，可以把它叫作货币贬值政策。

直到 1922 年 4 月热那亚会议止，公众对这两个政策的区别是不大清楚的，对这两者之间的尖锐对立，后来才逐渐有了认识。即使在今天(1923 年 10 月),任何欧洲国家当局也没有作出明白表示,对于它们的通货价值,要采取的究竟是哪一政策,是要加以稳定呢,还是要加以提高。在那些国际会议内所建议的是,在现在水平下稳定币值;一方面有许多国家通货的实际价值却在下降,不是在上升。但根据别的方面的迹象来观察时,可以看出,欧洲各国的国家银行,在通货政策方面,不论是进行得顺利的,如捷克斯洛伐克,或不顺利的,如法国,在它们的内心,都希望提高它们的通货价值。

反对通货收缩的简单论调,可以归纳为两点。

第一点,通货收缩是不值得想望的,因为由此发生的影响总是有害的,它将使现有价值标准发生变化,财富将经过重分配,这样的重分配将不利于企业,也将不利于社会安定。我们已经指出,由通货收缩引起的财富移转,将使财富由社会的其余部分移转到利息生活者阶级和保有货币权利的一切人们;正同通货膨胀会引起相反的情况一样。格外突出的一点是,它将使财富,从一切借入者、即工商业者和农民的手里,移转到借出者的手里,从活动分子的手里移转到不活动分子的手里。

在通货收缩下,主要的永续性的结果是使纳税人受到压迫,利息生活者获得利益;然而当转变时期,还有一个更加剧烈的干扰因素。假使所行的政策是,要逐渐提高国家货币价值,用商品来衡量时,使之比现在价值提高(比方说)百分之一百;这就等于是对每个商人,每个工业者,发出了一个通知,告诉他,在某一时期,他手里的存品和原料,价格将稳定下跌,同时还告诉每一个用借入资金来经营事业的人,在他的债务关系上,他迟早将损失百分之一百(因

为对于他所借入的资金，以商品来计量时，他必得用加倍的数目来偿还）。现代企业大部分是用借入资金来经营的，在这样一个过程下，势必使之陷于停顿状态。任何企业经营者，这时如果暂且退出企业，作一次临时怠工，对他总是合算的；任何人，如果打算有所支出，而尽可能地推迟实行，这样做对他也总是合算的。他如果是一个精明的、识时务的人，就会赶快把他的资产出售，转变成现金，摆脱一切风险，停止一切辛勤努力，退守在家园，静候着政府向他约好了的、现金价值的稳定提高。发生了对通货收缩的可能的预期，已经够糟了；发生了对通货收缩肯定的预期时，是要毁灭一切的。因为当货币价值有了波动时，现代企业界的机械结构，对这类波动的向上趋势，比对它的向下趋势，更加不相适应。

第二点，通货收缩在许多国家即使当真是值得想望的话，事实上也是办不到的——这里指的是在充分程度上的、足以使通货价值恢复到战前平价的通货收缩。因为这将使纳税人的负担，达到难以忍受的程度。这种在事实上的不可能，或能使这个政策成为无害的，但实际并不是这样。它会妨碍到另一种政策的实行，使不安定状态与严重的季节波动拖长下去，在某些情况下，这一政策甚至可以贯彻到这样的程度，以致对企业发生很大干扰。现在法国和意大利政府所公开宣布的政策，仍然是要把通货恢复到战前平价，这一事实就起了阻碍作用，使任何通货改革的合理研究，在这些国家无法进行。有些人——在金融界像这样的人很多——是别有用心，是故意要把这个政策说成是“正确”的，他们就不得不在这个问题上胡说乱道。在意大利，正确的经济见解是很有势力的，这种见解也许已经相当成熟，足以供实行通货改革的采用，但墨索里尼先生大言恫吓,要提高里拉到以前的价值。对意大利纳税人和意大利企业说来很有幸的是,里拉甚至连独裁者的话也不听,简直没有法子使它俯首帖耳。但这样的空谈就足以阻碍实在的改革。人们也许要感到诧异,这样一个干练的政治家,为什么会主张施行这样一种政策,虽然他是在浮夸态度下谈到这类建议的。要晓得,这类建议,用另一种、但意义相同的措辞来表达时,内容就不外是这样:"我们的政策是要把工资削去一半,把国家债务负担提高一倍,把西西里输出橘子和柠檬时可以获得的代价减低百分之五十。"

我们说,要把欧洲多种通货恢复到战前金平价,是既不值得想望,事实上也是办不到的;然而多数欧洲国家却把这种不值得想望的不可能事物的争取,作为它们的公开政策。我们可以检查一下,使它们采取这一政策的,是哪些理由或论点。以下是其中最主要的几点:

1. 战争压低了国家通货的金值,现在就听任它处于这样的低水平,这对利息生活者阶级和其他以货币计的固定收入者是不公道的,实际上是一种毁约行为;而恢复通货价值,却是履行债务的光明磊落的举动。

通货价值低落,对定息证券的战前持有人造成了损害,这一点是没有争执余地的。要真正主持公道,所应恢复的,恐怕还不仅是他们货币收入的金值,而是货币收入的购买力,这一价值尺度,事实上却没有人提到;至于就名义上的公道来说,实在并没有违犯,因为当初进行投资时所使用的并不是金块,而是当地的法偿币。不管怎样,对于这类投资者如果能分别看待,另行处理,考虑到公平和方便，在这样原则下来设法满足这方面的合理预期，就可以在这一问题上作出一个很好的榜样。

但这并不是实在情况。大量战时公债的发行，早已把这点点定息证券的战前持有量淹没在汪洋巨浸中，而社会也已经与新局势大部分相适应。用通货收缩办法来恢复战前持有证券的价值，将同时提高战时与战后发行证券的价值，从而提高利息生活者阶级的总债权，结果这项收入不但超过了他们份所应得的，而且在国民总收入中所占的比率，将扩大到不能容忍的地步。这时如果把公道来正确地衡量一下，将偏向到另一方面。现在尚待清偿的货币契约，其中绝大部分，在签订的时候，货币价值跟现在的价值比较接近，跟 1913 年时的价值却相差得比较远。结果为了对债权人中的少数主持公道，却为债务人中的大多数造成了极大的不公道。

由此可见，当通货贬值已经持续了一个很长时期，已经长到足以使社会与新价值相适应时，如果再来一个通货收缩，造成的结果将比通货膨胀更糟。两者都是“不公平的”，都会使合理预期遭到失望。但是通货膨胀会减轻国家债务负担，会促进企业，在造成偏差的另一方面还多少有所助益，而通货收缩却一无可取。

2. 将国家通货恢复到战前金值，可以抬高国家在财政上的威信，从而促进对前途的信心。

如果一个国家能够把它的通货在很早的时候就恢复到战前平价，在那种情况下，这个论点是不能忽视的。在英国、荷兰、瑞典、瑞士和(或许是)西班牙可以这样说，在欧洲其他国家就不能这样说。有些国家，即使能把它们的法偿币价值略微抬高些，也没有可能使它恢复到原来价值，在这种情况下，这个论点就不能适应。这个论点的主要精神是,要使货币毫不含糊地恢复到战前平价。以意大利而论,究竟能使里拉稳定在一百里拉对一镑的水平还是六十里拉对一镑的水平,这一点对它财政上的威信并没有多大出入;它若果能使里拉稳定在一百对一的比率上,那就要比在六十与一百之间升降不定的情形好得多。

有些国家货币的金值与原来价值的差距(比方说)是在百分之五或百分之十以内的;这个论点的适用,只能限于这样的国家。在这样情况下,论点的真意所在,我认为就决定于,我们对下面一个问题作出的是什么样的答复;问题是,我们在将来,是否准备像过去一样,把我们自己牢牢束缚在绝对的金本位上。假使我们觉得最好的还是金本位制,任何别的办法都不及它,假使我们对通货前途的"信心",并不是决定于它的购买力的稳定,而是决定于它的金值的固定不变,那么长期保持百分之五或百分之十限度的通货收缩,也许是值得这样做的。这个见解,同一百年前李嘉图在类似情况下所表示的,正相吻合。否则假使我们决定,对前途所指望的是价格水准的稳定,而不是金平价的固定不变,那就没有什么可以再讨论的。

3. 如果能提高国家货币的金值,生活费将降低,有利于工人阶级,国外商品就可以在较低的价格下取得,以金计的外债(例如对美国的负债),清偿时也可以省力些。

这个论点是完全错误的,所发生的影响作用,并不差于前面两个。这个论点认为,假使法郎的价值有了提高,用法郎支付的等额工资,当然就可以多买些东西,法国输入的外货凡是用法郎支付的,其代价当然可以低得多。但事实不是这样的!假使法郎价值提高，法郎可以多购入商品，也可以多购入劳力，那就是说，工资将下跌；法国输出品——那是用来偿付输入品的——以法郎来计量时，在价值上将跟输入品作完全同等程度的下跌。还有一点，当英国偿还美元债务，因而将某一数量的商品移转给美国时，不论这一数量是多少，最后结价时所依据的换算率，不论是一镑合四元还是战前平价，归根到底，并没有任何差别。这项债务的负担，决定于黄金的价值（因为债额是以黄金计算的），而不决定于英镑的价值。货币不过是一个媒介物，它本身并没有什么重要意义，它在这一双手与那一双手之间流来流去，收进了又分散了，当它在一个国家的财富总额内完成了它的任务以后就消失了；这一点在一般人似乎是不大容易看穿的。

二、价格稳定与汇率稳定

一个国家的通货与世界其余部分的通货（为简化起见，假定只有一种国外通货），两者之间的汇兑比率，在某些限制条件下，是决定于国内价格水准与国外价格水准之间的关系的；从这一点可以推定，除非国内的和国外的价格水准，两者都能保持稳定，否则汇兑率就不能稳定。如果国外价格水准处于我们的控制范围以外，结果我们自己国内的价格水准，或者是我们的汇兑率，将受到国外因素的牵制，我们将不得不处于屈从地位。如果国外价格水准不稳定，我们就无法使自己的价格水准和汇兑率两者都保持稳定。稳定的局面，在两者之中只能保全一个，我们只能在这两者之中进行选择，不能兼顾。

在战前时期,几乎整个世界都实行金本位制,那时我们所一致偏重的是汇兑率的稳定而不是价格的稳定,那时如果由于完全在我们控制能力以外的一些原因,例如在国外发现了新金矿,或国外银行政策有了变化,而使价格水准发生了变动,我们对于这样的社会影响是随时准备屈从的。我们所以抱着这种屈从态度,部分是由于胆小,不敢信赖比较机动的(虽然是比较有理性的)政策,部分是由于价格波动经过,事实上是比较缓和的。虽然如此,其间也曾发生过在政策上改弦易辙的有力倡议。特别值得提到的是,欧文·费希尔教授建议的补偿元(compensated dollar),除非一切国家同时采用同样的计划,否则这个建议就等于是实行把注意力集中在稳定国内价格水准方面,而不是集中在稳定汇兑率方面。

应当侧重的是国内价格水准呢还是汇兑率,怎样才算是正确的选择,各国情形不同,不能一概而论。这一点必须决定于,国外贸易在国家经济生活中所占地位的轻重。虽然如此,几乎在任何情况下,比较值得争取的,似乎总是价格的稳定,假使这一点当真能实现的话。汇兑率的稳定在性质上是一种便利条件,对那些从事于国外贸易的人们说来,可以促进他们在业务上的效率和繁荣。另一方面,价格的稳定,对于上述种种流弊的避免,是有极度重要意义的。各种契约的缔结与企业的预期,即使在像英国这样的一个商业国家,以汇兑率稳定为前提的总比较少,绝大多数总是以国内价格水准的稳定为前提的。在相反方面的主要论调似乎是这一点,即认为稳定汇兑率是一个比较容易达到的目的,因为它所要求的只是在国内和国外应采取同一价值标准;而要把国内标准调整得使之在物价指数上得以保持稳定,却是一个还从未实行过的艰难的、科学的新设施。

不管怎样，赞成恢复固定汇兑率，以此作为一个争取的目标，像这样一个轻率的臆说，还需要加以比一般更进一步深入的探索。看来由多数国家采取同样本位这一希望的实现，还渺茫得很；假使是这样的话，对这一臆说那就更有作进一步分析的必要。如果采用了金本位制，就可以跟几乎整个世界保持稳定的汇兑关系，而任何别的本位制将成为一种孤僻的、反常的东西；那稳定与便利的确切优点就会助长保守派偏重黄金的心理。虽然如此，即使是这样，商人的便利和对于实质金属原始的热爱心理这两点，依我看来，也未必具有足够的力量，能保得住黄金王朝的江山，假使没有另一个、半偶然性的事实的支持；这一事实就是，过去许多年来，黄金所提供的，不仅是一个稳定的汇兑率，而且大体上看来还有一个稳定的价格水准。我们现在必须在稳定汇兑率与稳定价格两者之间进行选择，丢了这一头好呢还是那一头，处于两难境地；事实上这一点在过去并不是一个什么了不起的问题。后来情势逐渐有了变化，在南非洲金矿开发的前夕，我们似乎面对着一个价格水准不断下降的局面，当时的本位制度与价格稳定两者之间发生了严重矛盾，当时对复本位制问题争论的激烈程度，反映了由此激起的不满情绪。

近来在各个国家的价格水准之间，发生了巨大的或突然的分歧，这时要用战前制度来调节黄金的国际流动，是否能胜任，实际上是大有疑问的。在战前制度下，确定了一个国家与外界之间的汇兑率以后，国内价格水准就不得不向这一标准自谋适应（就是说，主要是在国外影响的支配下）；这种制度的缺点是在动作上过

于迟缓,感觉过于迟钝。在战后制度下,价格水准主要决定于国内影响(即国内通货与本国信用政策),而对外的汇兑率则不得不向这一标准自谋适应;这种制度的缺点是发生影响作用时过于敏捷,感觉过于灵敏,结果由于一时偶然的原因,就会引起猛烈变动。当发生了既广泛、来势又突然的波动时,就必须有迅速反应,才能保持平衡;战前方式所以不能适应战后情况,这种迅速反应的必要,是促成因素之一,从而使每个人对公布最后确定汇兑率这一点,感到疑惑。

在变动不定的汇兑率下,政治方面和情感方面一瞬间的影响作用,以及季节贸易不时发生的压力,可以把相对价格搅得紊乱不堪。但同样确切的是,当不论出于什么原因,以致国际支付失去了平衡时,调整汇兑率总是一个最迅速有力的纠正方法,当国家对外支出过多,以致支出数额将超过它的资源时,这是一个有奇效的防止方法。

因此,当国内价格水准与国外价格水准之间已经存在的平衡,发生了猛烈的动摇时,战前方法在这个局面下多半要垮台,原因只是在于,它不能足够迅速地促成国内价格的重新调整。从理论上来说,假使可以让黄金作不断的、无限制的移动,直到使价格涨缩达到了必要的程度为止,那么这个战前方法迟早总是会奏效的。但黄金是实际通货或硬币的支持者,黄金的外流,在比率上,在数额上,一般总是有一个限度的。如果货币或信用供额的缩减,在速度上超过了在社会的和企业的安排下、可以容许价格下降的程度,结果将发生不堪忍受的困难情况。

三、恢复金本位制问题

到此为止，我们的结论是，当国内价格水准的稳定和外汇率的稳定，两者不能兼顾时，一般说来，前者比较值得争取；假定碰到了尴尬局面，在两者的取舍之间显得非常为难时，也许有幸的一点是，为保全前者而牺牲后者是阻力最小、最便当的一个方法。

恢复金本位制（不论是按照战前平价或某一别的比率），当然不会使我们的国内价格达到完全稳定，假使所有其他国家都恢复了金本位制时，也只能使我们获得对外汇兑率的完全稳定。因此这个制度是否值得恢复，总的说来是在于，它是否能使我们在国内价格稳定与对外汇兑率稳定两个理想目标之间，获得一个行得通的、最适当的折衷方案。

主张金本位制而不主张采行进一步科学化制度的人们，他们的理由基于两个论点。一个是，黄金所提供的是一个相当稳定的价值标准，过去在实际上的情况是这样，因此在将来也仍然会是这样的。还有一点是，管理当局过去在实际上一再所表现的是缺乏智慧，因此实行管理通货制度，将来不会有好结果。保守主义和怀疑主义结合了起来；事体往往是这样的。这里也许还含有些迷信成分，因为黄金在色彩上和形态上自有它的魔力，到现在还没有丧失。

在十九世纪变化纷纭的世界，黄金在保持它价值的稳定这一点上独能有相当成就，的确是有些不可思议的。在澳洲和加利福尼亚发现金矿以后，黄金跌价渐渐达到了危险境地，在南非洲金矿开采以前,黄金涨价又渐渐达到了危险境地。然而在每一次风暴中,它总能恢复正常,保持了自己的信誉。

但未来情况并不一定是过去情况的复演。在大战以前,种种的特殊情况,使它得以保持着一种均衡状态,但我们并没有充分理由,说这种均衡状态此后就一定会继续保持。要明白这一点,我们可以先检查一下,黄金在十九世纪的表现所以能使人相当满意,基本原因究竟是哪些呢?

第一,关于金矿发现这方面的进展与别的方面的进展,大体上步调是一致的。这一点并不是完全出于巧合,因为在那个时期的进展,它的特有表现是在世界各地地面的逐步进行开发,在那样情况下,较偏僻地区的金矿床的逐渐暴露,是在情理之中的后果。但这一历史阶段,现在已经差不多到了尽头。重要金矿床,自从最近一次的发现以后,已经过了一个世纪的四分之一,到现在还寂无所闻。此后的物质进步,当有赖于科学与技术知识的发展,由此对采金事业发生的影响也许是断断续续的。采金的方法,也许会经过许多年而仍然没有重大改进。过去曾做过许多美梦,要把贱金属变成黄金,又曾发生过多次骗局,说是从海底可以捞取黄金;将来也许会出现一位天才化学家,把这类幻想转化为事实。总之黄金会大贵,也会大贱,两者是都有可能的。不论在哪一情况下,要想在同时出现一系列相配合的事故,使金价会趋于稳定,那样的指望就未免过分了。

但是也还有另一类影响作用,会有助于金价的稳定。黄金的价值,并不是由人类中某一个单独集体的政策和决策决定的。黄金供额,有很大一个部分,会流入美术工业渠道,或在亚洲被贮藏起来，当供额充裕时，却不一定会泛滥市场；它的边际价值，是在这一金属与其他事物对照时，坚定的心理评计的支配之下的。这就等于是说，黄金自有它的“内在价值”，是不存在“管理”通货的那些危险性的。确定黄金价值的，有多种多样独立的因素，这一点本身就是一个稳定因素。世界上有许多发券银行，以黄金为准备金，这种准备在性质上是任意决定的，是变化无常的，但决不是就由此形成一个难以捉摸的因素，事实上这一点本身也就是个稳定因素。因为当黄金供额比较充裕，流向这些银行比较踊跃时，它们就可以把金准备比率略微提高些，这就从容吸收了黄金的增量；当供额比较稀少时，它们对金准备既无意于作任何实际目的上的利用，它们中的绝大多数，对这一演变就尽可以处之泰然，把准备比率略微降低些，也同样可以应付。在南非战争结束到1914年期间，南非洲的金产，大部分流入了欧洲及其他地区的中央银行，作为各行的准备金，对价格发生的影响极其细微。

但这次战争却引起了极大变化。黄金自身现在已经成了一种“管理”通货。不论是西方，还是东方，现在都学会了屯积黄金；但美国积存黄金的动机，跟印度的是不同的。现在多数国家已经放弃金本位制，如果黄金的主要使用者，对于它的保有量以实际需要为限，黄金存额将大大地感到过剩。美国没有能让黄金下跌到“自然”价值，因为由此造成的黄金标准价落的局面，它实在受不了。因此使它不得不采用了一种代价极其高昂的政策，把矿工们在南非山区辛辛苦苦挖起来的结晶品，重新埋藏在华盛顿的地窖子里。结果现在黄金的价值完全是出于“人为”的，此后的趋向，几乎将完全取决于美国联邦准备银行局的政策。黄金的价值，已不再是造化主宰下的产物,已不受机运的支配,也已不再是许许多多独立行动的执政者和个人所能决定。即使其他各国逐渐回到金本位制,这个局势也不会有多大改变。现在的趋向是要采用某种变相的金汇兑本位制,在人们的钱袋里,黄金这件东西大概将永远绝迹,在这样情况下,就金本位制各国的中央银行真正必要的金准备来说,这个需要量将远远低于现有的黄金供额。因此实际的黄金价值,将决定于三四个最强大的中央银行的决策,不管这几个银行的行动是独立的,还是互相一致的。否则,关于黄金在准备方面与流通方面的使用,如果恢复到战前的习惯方式——这一点的实现可能,在我看来,比前一方式要小得多——那就会像卡塞尔教授所断言的那样,黄金也许将感到严重不足,价值将逐步提高。

美国也许会通过不再由造币厂吸收黄金的办法,使黄金丧失部分的通货资格,这一可能情况我们也不可忽视。美国无限制接受黄金输入的目前政策,作为一个临时措施,也许可以认为是有理由的,借此可以保持传统,加强通过过渡时期的信心。但是,如果把这种措施作为长远计划,那就只能说是一种愚蠢的耗费。如果联邦准备局的目的是在于,不问黄金流入或流出,要使美元价值保持一定水平,那么它继续不断地吸收黄金,这种黄金它既无需要,代价却非常高昂,试问这样的举动又有什么意义呢?如果美国的造币厂不再接受黄金,这时这一金属除了实际价格这一点以外,它在一切方面的活动,仍然是可以完全照旧进行的。

美国也许会采取愚不可及的下策,继续吸收黄金,而这项黄金在它实在并无需要,也许会变得聪明些,吸收了以后,使它保持着一定的价值;对黄金价值前途的信心,就决定于美国在这方面的态度。公众是一无所知的，而联邦准备局是无所不知的，在两方面的共同研究之下，或者可以看出事态的真相。形势是不安定的，是变幻莫测的。任何国家，对于将来应采取什么样的本位制这一点，如果还在徘徊观望之中，在这个形势下是不怎么好受的。

主张恢复无限制金本位制的，提出了第二个主要论点，即，认为这是避免“管理”通货危险的唯一方法；以上关于黄金稳定问题的讨论，是对这一论点部分的答案。

老成持重的人们，饱尝了过去的经验教训，感到这时需要最迫切的是跟财政部长和国家银行没有瓜葛的一种价值标准；这种心情是极其自然的。现在的情势是，为政治家方面的愚昧和浮躁提供了极大的表演机会，极有可能由这一点造成经济领域内破坏性严重的后果。现在感到的是，就政治家和银行家在经济与财政教育方面的一般水平来说，要使新规划在他们手里能顺利进行，一无流弊，希望是很少的，事实上，所以要努力稳定汇兑率，其间的一个主要目的，就是要限制财政部长们的活动，让他们少出些主张。

对新设施所以畏缩不前，理由就在这里，这些理由并不是没有依据的。人们所以会有这样的想法是基于过去的经验；但根据过去经验来评判这些政治家和银行家的才能，却有失公道。因为关于我们有过经验的那些非金属本位制，不管把它们说成是什么都可以，却不是在冷静态度下执行的科学试验。这些制度并不是在自愿情况下采用的，是迫不得已时采取的最后手段，是战争或租税累增的结果，那时的国家财政已经陷于崩溃状态，或对于当前局势已经失去了控制能力。在这样的环境下，这类措施就成了灾害的伴奏曲和前奏曲，这是势所必然的。我们不能由此推断在正常情况下采行这类措施时所能产生的后果。我们有许多别的任务,与这类措施对照时,社会的必要性较低,而我们却胜利完成了;我看不出,为什么关于价值标准的调节,就一定是一个特别难于处理的问题。

假使谈到黄金,果有一位上帝监临在上,或者说,假使造物主已经给我们准备好了一套现成的稳定的本位制度,我是决不肯,为了要想从中略微加以改进,就把这套制度的管理交托给银行董事会或政府的,它们也许会由于软弱无能或愚昧无知而误了事。但情况并不是这样。我们并没有现成的本位制度。经验证明,在紧急关头,财政部长们的活动是不能限制的。最关紧要的一点是,在纸币和银行信用流行的现代世界,我们并没有方法可以躲避"管理"通货,不管我们喜欢它还是不喜欢它;至于黄金本身的价值,是决定于中央银行的政策的,纸币的能否兑换黄金,并不改变这一事实。

上节所述的最后一点,值得我们再想一想。这一点跟我们在战前所学习的、所教导的金准备原则是大大不同的。我们过去总是这样想,认为没有一个中央银行会这样大方,会保存着超过它所需要的金量,也没有一个中央银行会这样疏忽,会让它的存金低到它应保有的存量以下。黄金会不时地投入货币流通领域里来或运送到国外;经验证明,这些方面的需要量跟中央银行的负债是大体上相称合的;在银行方面,必然要把金准备比率提得高一些,以备万一,并促进外界的信心;至于信用关系的扩张,当主要以这一金准备比率为依据,随时加以调节。以英格兰银行为例,在黄金潮流的激荡中它将不加以阻挠,听任黄金流进流出,让它发生"自然的"

结果,不让它受到关于防止影响物价的任何观念的抑制。但在大战以前,这种制度,由于矫揉造作的成分越来越多,已经有点不稳。随着时间的经过,金准备的这种"比率",渐渐与事实脱离关系,成为一种因袭的常规。在另一数字下,比原来的比率高些或低些,也可以同样完成任务。[①] 大战打破了这个常规;因为黄金退出了实际流通领域以后,消灭了处于这一常规背面的一个事实因素,而纸币停止兑现以后,又消灭了另一个因素。这时金准备"比率"已经失去了一切重要意义,银行利率如果还要按照这一比率来调整,将成为一种无意识举动;结果在过去十年间出现了一种新方式。现在的银行利率,不管它在使用上是怎样地带有试验性,也不管它怎样地有欠完善,是为了企业稳定和价格稳定,用来调节信用的扩张和收缩的。至于要用来取得对美元汇率的稳定——这跟国内价格的稳定是不一致的——就这一点说来,还存在着战前政策的遗风,所企图的是要在这两个不相一致的目的上取得协调。

由此可见,我们在实践中已经不知不觉地走入了不同的途径,有些人主张回到金本位制,他们对这样的演变不一定充分了解。假使恢复金本位,关于银行利率,其势也将回到战前概念,让黄金的激荡对国内价格水准玩弄花巧,它欢喜怎样就怎样,关于信用循环对价格稳定和就业的严重不利影响,也将听其自然,不再从中努力,加以节制;主张恢复金本位的人们,是不是要我们这样做呢?否则,在金本位下,关于现有政策的种种试验性新设施,或者不妨

① 我于1914年曾谈到这一点,可参阅,原文载《经济杂志》第24卷,第621页。

仍然继续进行，继续加以发展，把“银行存金比率”这一点置之不顾，如果必要的话，就让金准备堆积起来，远远超过实际需要，或者就让它减少下去，远远低于必要存量；主张恢复金本位的人们，是不是有这样的想法呢？

说老实话，金本位制现在已经是一种野蛮作风的残余。从英格兰银行总裁起，所有我们这些人，现在所主要注意的是，如何使企业、物价和就业保持稳定，当我们不得不在两者之中取其一的时候，我们决不会故意牺牲这一方面而迁就那个过了时的事物——那件东西的价值，曾经有一度是每盎司三镑十七先令十便士半，这又何必管它呢。主张这个古老本位制的人没有看到，这个制度离开时代精神和时代要求有多么远。一种在管理下的非金属本位制，已经在人不知鬼不觉的时候溜进来了。它已经是既成事实。一些经济学家们还在那里打瞌睡，而百年来那个学术上的梦想，已经脱去了峨冠丽服，穿上了破烂衣裳，悄悄地进入了现实世界，引它进来的就是那些离经叛道的财政部长们，他们时常受到指责，但比规行矩步的，却总是要得力得多。

就是由于这些原因，所以主张恢复用金子的那些开明的人们，例如霍特里先生，并不欢迎黄金重新成为“自然”通货，而坚决主张，要使它成为“管理”通货。他们只允许黄金在回来以后，成为一位立宪君主，把它古代的专制权力一概削去，强迫它接受“银行国会”的意见。拟定关于通货部分的热那亚决议的那些人，在他们意念中的，主要也就是霍特里先生对黄金问题的坚决主张。他的打算是，“各中央发钞银行之间应不断进行合作”(决议第三)，应举行一次国际会议，以金汇兑本位制为根据，“目的是在于防止黄金购买力过度的波动”(决议第十一)。[①] 但是他不赞成,在不问“对于黄金购买力在将来的波动是否作好了防御准备”的情况下,恢复金本位制。他承认,“国际合作是不容易推动的,假使这一点办不到,则目前最值得采取的方针似乎是,集中力量于英镑对商品的稳定,而不是把英镑束缚在对一种金属的关系上,这种金属前途的变幻是难以预测的。”[②]

看到这样的建议,我们不禁要问,这又何必要把黄金这件东西硬拖到计划里边来呢?显然,霍特里先生所以要走这样的中间路线,主要是出于感情和传统势力的影响,英国人宁可把君主的权力除去,但是不情愿把君主本人一并除去的;不过他没有把这一点着重说明。他却另外举出了三个理由:(1)必须用黄金作为一种流动准备,用以清算国际债务;(2)在这样计划下可以从事于一种实验,而不必与旧制度完全绝缘;(3)必须照顾到黄金生产者的既得利益。这几点在关于我自己的建议内都将谈到,这里不再深论。

另一方面,有些人把希望完全寄托在国际合作这一点上,认为以此为依据,金本位制就可以顺利恢复,获得成就;依我看来,这样的想法是有严重缺点的。在世界金存量现在的分配状态下,如果恢复金本位制,关于价格水准的调节与信用伸缩的处理将丧失自主权,屈服在美国联邦准备局势力之下,这是势难避免的。即使联邦准备局与英格兰银行之间,建立了最密切、诚恳的合作关系,在权力方面,将仍然由前者保持优势。前者尽可以不把后者放在眼

① 《货币改造问题》,第132页。

② 同上,第22页。

里。但是后者如果忽视了前者,它就要吃苦头,随着情况的转变,黄金存量很容易发生过剩,也很易感到不足,使它无法摆布。而且我们事前可以断定,到那个时候,美国人方面必然要多所猜忌(因为他们的性情是这样的),会疑心到英格兰银行要干预他们的政策,要为了英国方面利益的打算,对他们的贴现率加以播弄。世界上过剩的存金,到那时或者会一拥而至,徒然增加我们的负担,这一层也不可不防。

在目前环境下,贸然实行金本位制,把我们行动的自由,委弃给联邦准备局,是轻率鲁莽的举动。在紧急时期,如何在勇敢、独立的精神下采取行动,我们在这方面还缺乏经验。联邦准备局现在努力争取的是,怎样摆脱来自某些集体方面的压力;它这一愿望是否能实现,我们还看不真切。它仍然很有可能,会屈服在激烈的低利借款运动的势力之下。这时如果对英国方面的动作发生疑虑,它的地位决不会因此加强,正相反,当它对民众的鼓噪进行抵御时,它所处地位将因此大大削弱。还有一层,英美两方如果采取同样政策,除出于政策上的软弱和错误而引起不良后果是另一问题外,这一点对双方是否必然有利,也并没有确切把握。在大西洋的两岸,关于信用循环与企业形势的进展,彼此是往往会大相悬殊的。

在我看来,居于首要地位的是价格、信用和就业这几个方面的稳定,对于那个过了时的金本位制,我却感到没有信心,它过去对经济局势的稳定也曾略有贡献,但现在情况不同了,它在这一点上是否还能作出些微的贡献,我感到怀疑,因此我不赞成恢复战前方式的金本位制。按照霍特里先生所建议的方式,与美国共同进行

“管理”金本位制，这个办法是否可取，我也表示怀疑，因为关于旧制度下的许多流弊，它仍然没有能摆脱。而原有的一些优点却没有能保持，而且将使我们处于寄人篱下的状态，对联邦准备局的政策和意图，将不得不过度地屈从。

第三篇　关于将来如何调节货币的正面建议（1923年）

作为一个健全的、建设性的货币调节方案，所必须具备的是：

I. 调节通货与信用的供应的方法，目的是在于使国内价格水准尽可能地保持稳定；

II. 调节外汇供应的方法，由此所要避免的是由季节性或其他原因引起的纯粹属于一时的波动，而不是由国内价格水准与国外价格水准之间的长期摩擦引起的那类波动。

我相信，在英国最容易达到这样一个理想制度、最能与这一制度相接近的办法是，就现实制度加以利用，这个现实制度是战争开始以后，在半属于偶然的情况下成长起来的。

I. 我对于一个健全的建设性方案的第一点要求，只能依靠根据更为审慎和自觉的方针发展我们现有的措施来求得满足。财政部和英格兰银行，一向是以对美汇的稳定（尤其是在战前平价水平上的稳定），作为它们追求的目标的。它们的意向所在，是不是要固着在某一点上，而不顾到美元（或黄金）价值的波动，还是要坚持对美汇的稳定关系——那就是说，当镑价的稳定与美汇的稳定两者之间有了矛盾，不能兼顾时，将牺牲前者，迁就后者——并不十分明确。不管怎样，我们的方案所要求的是，它们应当以英镑物价的稳定为主要目的；虽然，由这一点出发，并不阻止它们与联邦准备局在一般政策上相合作，从而以外汇的稳定作为第二目的。只要联邦准备局在保持美元物价稳定这一点上是成功的，保持英镑物价稳定的目的与保持英美间汇价稳定的目的，两者之间就没有抵触，就成了二而一的问题。说到底，我所建议的不过是这样一种决心，万一联邦准备局不能保持美元物价稳定，这时英镑物价如果有办法保持稳定的话，就不应当只是为了保持固定的汇兑平价关系，而让它卷入漩涡。

如果英格兰银行、财政部和伦敦五大银行采取了这个政策，它们在调节银行利率、政府借款和商业贷款各方面，应当拿什么作为标准呢？首先一个问题是，这一标准应当是一个死板的算术公式呢，还是应当求之于在现有资料依据下对当前情况作出的一般鉴定。主张价格稳定、反对汇率稳定的首创者是欧文·费希尔教授，他在这一前提下所提倡的“补偿元”，是根据物价指数自动调整的，无须使用任何评判或鉴定。这个方法的长处是，跟金准备与金比率的战前制度极容易融合一致，他也许是感到了这一点的便利而提出这一建议的。然而不管怎样，像这样一个枯燥僵硬的办法，说是会行之有效，未免令人难以置信。如果我们等到价格变动已经实际开始，再谋补救，那就未免太迟了。“我们要想办法对抗的，不是价格过去的涨势，而是价格未来的涨势。”[①]在信用循环的激烈过程中有一个特点，即价格动作是累积性的，每一次动作达到了某一点时，就会推动在同一方向下的进一步动作。费希尔教授的方

① 霍特里：《货币改造问题》，第 105 页。

法,用来对付金值变动的长期趋向,也许可以适应,但危害更大的往往是信用循环的短期振荡,他的方法在这方面却是无效的。虽然如此,他的方法也未尝没有可取之处。如果能编制一种正式的物价指数,记录下某一标准合成商品的价格,由当局以这一价格为价值标准,声明当局的意向所在是,将使用一切资源来防止价格变动,使之不论在哪一方向下,变动范围不超过某一百分率,就像战争以前使用一切资源防止金价变动超过某一百分率的情形一样;那么这一办法的缺点固然是在于行动过迟,要延缓到价格发生实际变动的时候,但在这样情况下却可以助长信心。至于构成标准合成商品内容的,究竟是哪些商品,可以根据各种商品在经济上的相对重要性,随时加以斟酌变换。

以上所述,是以实际价格趋向作为管理当局决定行动的标准的,如果在这一点以外别求标准,那就要牵涉到关于信用循环的诊断和分析;要在这个问题上加以充分讨论,当不在本篇范围以内。我们对这一问题钻研得越深入,对于用银行利率或别的因素来控制信用扩张的正确时间和方法这些方面,就了解得越透彻。但是另一方面,关于一般经验,我们已经累积得很多,而且在日益增长中,当局也可以此为依据,来作出决定。当然,实际价格变动所提供的是最重要资料;但是生产量、在银行方面所感受到的关于信用的有效需求、各种类型的投资的利息率、纸币增发量、现金流通额、国外贸易统计以及汇兑水平,也须逐项顾到,加以考虑。主要的一点是,当执政者自由使用这类资料时,他们所追求的目的,应当是在于价格的稳定。

II. 我们的主要目的在于求得价格稳定,一方面也企图获得外汇的最高度稳定；怎样使这两者能在最适当情况下结合起来呢？我们希望获得长时期的价格稳定，也希望获得短时期的外汇稳定，两者果能兼而有之吗？金本位制的一个显著优点是，它可以克服外汇在一时影响下的过度敏感。我们的目的是，假使可能的话，必须取得这一优点，而一方面碰到黄金价值本身有了巨大变动时，我们又不至于随波逐流。

如果英格兰银行把调节金价的责任担当起来，就像它调节贴现率的已有情况一样，我相信，我们在上述的这一方面，就会大大地前进一步。我们要做的是“调节”，不是“钉住不动”。英格兰银行对黄金应当有一个买进价格和卖出价格，正同战前一样，这个价格可能长期不变，正同银行的贴现率一样，但不能永远不变，也正同贴现率的不能永远不变一样。银行的金价可与银行的贴现率同时公布，假定每星期四早上公布一次，买价与卖价之间的差额，可与战前每盎司三镑十七先令十便士半与三镑十七先令九便士之间的差异情况相仿；不过为了避免时常改动价格的麻烦，可以把每盎斯一便士半的差额酌量放大些，比方说，不妨放大到百分之零点五到百分之十。银行将当时愿意买进和卖出黄金的价格确定以后，就可以使英美汇率在相应限度内获得稳定，就不至于略有点风吹草动时即发生变化，只是当银行方面经过了审慎考虑以后，认为为了英镑物价的稳定，汇率有加以更改的必要时，才会有变动。

如果在银行贴现率与银行金价的结合下，引起了黄金的过度流入或过度流出，英格兰银行就得研究一下情况，看一看，这种流动是起因于脱离稳定的国内动态呢还是国外动态。为了使我们可以获得一个比较明确的观念，假定黄金发生了外流倾向。如果看来这是由于,以商品来衡量时,英镑有了跌价倾向,正确的补救办法,就应当是提高银行贴现率。否则,如果这是由于,以商品来衡量时,黄金有了涨价倾向,正确的补救办法就应当是提高金价(即黄金买进价格)。还有,如果这种流动倾向,看来是由于季节关系或其他一时的影响,那就应当听其自然(当然,假定这时的银行金准备,是足以应付任何可能有的要求的),不加约束,这种情况,在随后的相对反应下,是会获得纠正的。

如果英格兰银行能再进一步,价格改为逐日公布,内容不单是黄金的即期买价和卖价,还有三个月期货价格,那就是在这里提议的制度上,实现了一项技术改进,而基本特征则没有改变。现货价格与期货价格之间如果有任何差异,这一差额所体现的,不是后者对前者的贴水就是升水,这要看银行对于在伦敦的利息率,是要它低于还是高于纽约,在这方面的意向如何而定。英格兰银行有了黄金的远期行市,就为远期汇兑自由市场提供了一个坚稳基础,就可以促进伦敦与纽约间短期资金流动的便利,与战前情形极其相类,同时使黄金现货实际的往返移动也可以减到最低度。

读者可以看到,在我所建议的制度下,仍然为黄金保留下了一个重要任务。作为最后一道防线,作为应付突然而起的意外需要的准备,我们还没有找到比它更好的媒介物。但黄金前途的变化,它实际购买力的未来波动,是难以测度的;我坚决认为,不必使我们的法偿币同这类变化趋向无条件地束缚在一起,跟着它亦步亦趋,在这样情况下,我们仍然可以对它作出充分利用,从中获得最大利益。

第四篇　银行行长们的发言
（1924—1927年）

一、1924年2月

我们这里有一个很好的风气，五大银行行长，一年一度，要抽出一天时间作一次聚谈。他们一年忙到头，要劝导顾客们接受贷款，要带着严肃的气氛登上讲台，向大家委曲阐明在实践中的理论；而在这一天却可以摆脱一切，彼此暂时处于平等地位，以语言为武器，畅谈一下，就像度过一次快乐的节日一样。逢到这个时节，是大家感到极大兴趣的。但意义还不止是这样；他们说的话是有代表性的，他们拿出来的是金融上的时新图样。关于货币政策，这一年他们说了些什么呢？

只有威斯敏斯特银行的华尔特·利夫先生完全没有开口，其余四位都说了些。他们四位分成了两对。一对是劳埃德银行的波蒙特·皮斯先生和国家地方银行的哈里·戈申爵士，他们觉得要考虑或深论这类问题是有些不相宜的，或者至少是有些惹厌的；还有一对是巴克利银行的古迪纳夫先生和米德兰银行的麦克纳先生，他们绝对不反对讨论，大胆地参加了讨论。

我已说过,皮斯先生是反对进行思考的,他把这个叫作“活泼精神的消耗”。他要求的是“直截了当地面对事实,不要想出聪明办法来绕过事实”。他认为由货币数量论引起的那些问题,其间有空想的、也有实质的成分,“两者的价值,后者当然并不亚于前者”。总之,金本位制已经列入了道德和宗教范畴,自由思想在这里已经没有了存在余地。他接下去还这样说:“就任何一个普通的、股份组织的银行来说,我不相信,它是有意识地在纯粹货币基础上决定政策的。这就是说,它所主要关切的是如何适应当前商业上的需要,对于任何某一理论应否遵守,它是不放在心上的。它的活动并不是商业动态的起因;它是跟在商业动态后面的,不是走在这类动态的前面的。”我看起来,在大体上这倒是对事态的一个正确解释,皮斯先生对这一点的着重,是他发言中最有价值的部分。正是由于这些股份组织的银行在反应中的这一无意识因素,才使英格兰银行关于各银行余额与贴现率这些方面的政策,会有这样的重要意义。最后,皮斯先生表明,他不赞成在现在采取任何步骤,从事于建立任何某一本位制。尽管是这样,他却“希望将来能逐渐回到金本位制;这个制度虽然存在着某些缺点和困难,事实上在过去是进行得使人满意的”。

哈里爵士比皮斯先生还更胜一筹,他有一节是说得非常可喜的,值得全部引证:

“我不禁要想到,近来有很多人喜欢谈通货膨胀与通货收缩的优缺点,这类不负责任的讨论实在太多了。这类讨论徒然引起我们邻邦人士的猜疑,疑心我们是不是要在两者之中选取一个,假使是这样的话,是要选取哪一个。我想,还是一切听其自然的好。”

面对着这样天真无邪的思想表现，是发笑好呢，还是发怒好呢？我想，对待哈里爵士最好的办法，也还是“听其自然”吧。

且把这两位未经世故的老处女丢开，让我们再看一看古迪纳夫先生和麦克纳先生的发言，他们的谈话不但富有理性，而且是畅所欲言，百无禁忌的。关于当前政策，他们两人之间的看法，有许多地方是一致的。他们一致认为，通过货币政策，能够确定价格水准，因此我们的命运是掌握在自己手里，应该遵行的正确方针是多思考，多研究。古迪纳夫先生所格外注意的是银行贴现率，而麦克纳先生所着重的是，掌握在银行手里的现金资源的数额。他们都反对在这个时候恢复康利夫委员会的通货收缩政策。他们都认为，作为信用扩张与收缩准据的，应当是国内情况而不是国外汇兑，不过麦克纳先生所主要注意的一点是就业水平，而古迪纳夫所格外关切的是国内价格稳定。后者说：“把我关于通货问题的意见总结起来是这样，我觉得我们的目的应当是，使通货与商品之间的平衡，尽可能接近于两者之间的现有平衡……。”他们对于价格的温和上涨，都不十分反对——假定（根据麦克纳先生的观点）国内的生产资源还没有达到使用限度；或者是（根据古迪纳夫先生的观点），这种涨势既不是由于投机性的屯积商品，也不是由于英国价格与美国价格相比有所提高。麦克纳先生为应付眼前局势，所建议的是，“在通货膨胀与通货收缩之间拣一条中间路线进行”，同古迪纳夫先生一样，目的是在于求得在一定限度内价格的一般稳定，并审慎使用货币政策来减轻信用循环的弊病；关于最后目的，他没有提到，但从他的语气中可以看出，他并不反对将上述主张作为长远政策。他说：“商业中的盛衰起伏是难免的，但开明的货币政策

必然能防止循环动态走向极端。在膨胀式繁荣下投机的过度猖獗,以及在长期萧条下那种严重的窘迫和贫困,都是可以避免的。这些都并不是必然存在的灾害,并不是什么必须使我们俯首帖耳的、无法理解或无法防止的神秘事物。”另一方面,古迪纳夫先生虽然不想在眼前实行金本位制,但他说了上面所引的一段话以后,接着这样说:“……虽然,我们始终应当记牢,我们的最后目的是回到金本位制。”同时,他把希望寄托在美国的通货膨胀现象上,希望由此可以刚巧足够使英镑恢复到以前的金平价,而不致使英镑对商品的现有平价发生任何干扰。

这些发言究竟有些什么实在效果呢?有些货币改革者深信,国内价格水准的稳定和信用循环现象的制止,是值得争取而且可以达到的目标;发言大大加强了这些改革者的立场。发言还起了使人感到安心的作用,它表明,在伦敦极有势力的两位人物,对于当前具有实际重要意义的一切方面,都了然于胸,因此必然会在正确方向上使用他们的力量,这一层我们是可以信得过的。麦克纳先生和古迪纳夫先生,对于上述改革者的目标都表示同情。就是那两位老处女,说他们坚决反对这些观念,也是不公道的。(他们尽有不够正确的地方,也尽有脑力欠灵活的地方,但他们天真质朴,是完全无所偏袒的。)他们所坚持的是“直截了当面对事实”,是“节约和艰苦工作”那些陈腐教条。如果能耐心地诱导他们从这个范围跨出一步,他们对于促使价格稳定、商业平静的认真努力,态度也许会缓和些,也许会不存反感的。他们主张“听其自然”,对“干预”这种自然秩序的任何建议表示厌恶,在他们看来,这样的建议,就同在小孩未出世以前要确定性别一样的多此一举;但在他们

的内心，也并不准备当真坚持到底，说这类事件就一定要使用全凭机会的某种办法来解决的。

二、1925年2月

银行行长们又一次提出了他们金融上的时新图样，供我们检阅。线条、花纹有些改动，但图案结构大体上还是一样的。第一个发言的，把金本位制度说得天花乱坠，说是与这个制度结下了朱陈之好，是最符合愿望的，最切要的，最体面的，最高洁的，最有幸福的，总之再没有比这个更如意的事了。另一个发言则对跃跃欲试的新郎下警告，说他现在是自由身体，结了婚就得增加负担；说这件事会变好，也会变歹的；说他将来对一切就得承受，就得服从；说他原来处于单身汉家庭，价格和银行利率都符合家计需要，结了婚以后，这个幸福的日子就一去不复返了，而且还要添出许多别的事要他料理；说这位金女士而且碰巧是个美国人，因此以后对他说来关系密切的，将是西柚和炒玉米花的价格，而不是咸肉和鸡蛋的价格；总之，劝他还是不要轻于失足的好。有的人，当有人问到他，他是否相信死后会到极乐世界获得无穷享受时，他会说，当然是这样，但同时还要加上一句，说这是一个不大愉快的问题，现在还是不要谈起的好——有些行长的发言，就同他一样。

就同去年一样，这里有着两个性质不同的问题——金本位制理想上的优点和恢复这个制度的日期与方式。关于第一个问题，麦克纳先生说得很有理。他说："我们现在还处于探讨阶段，还没有能获得众望所归、无可怀疑的统一意见，还没有构成一个有系统的学说,能够被公认为正统学说。”关于货币改革,我经过继续研究、思考以后,有了进一步坚固的信心,认为这是在增进经济福利方面我们能够进行的、最重要、最有意义的措施;但改革的赞助者,如果要克服旧习惯势力和普遍存在的愚昧无知,关于他们自己所持的论点,就必须作出进一步充实而又简单明了的解释。这不是在一天之内胜败可以见分晓的一场斗争。有些人认为一下子急转直下地回到金本位制,事体就可以一劳永逸地解决了,这是对情势的误解。这不过是一个开端。决定成败的,不是来年的官方决策,而是事后要发生的实际经验和对立各方论点的进一步澄清与进一步改善。读过伟大的奥弗斯顿爵士作品的人当还记得,经过了多少年头,经过了何等艰苦和损失重大的体验,才使百年以前的货币改革者,在英格兰银行坚决反对之下,得以建立以银行贴现率与银行准备为基础的战前政策,在那个时候,这个政策的确是一个重大进步。

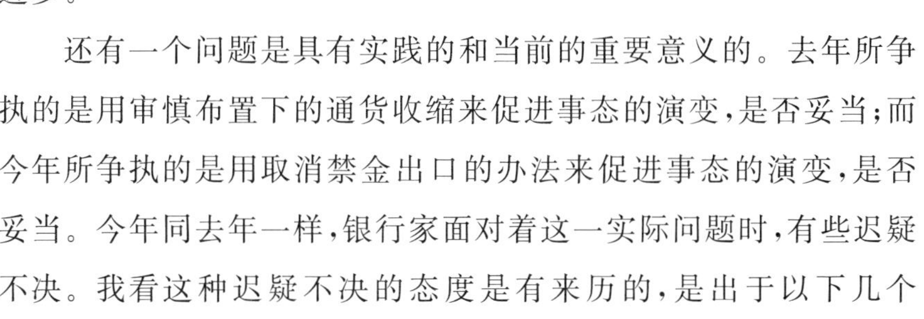

还有一个问题是具有实践的和当前的重要意义的。去年所争执的是用审慎布置下的通货收缩来促进事态的演变,是否妥当;而今年所争执的是用取消禁金出口的办法来促进事态的演变,是否妥当。今年同去年一样,银行家面对着这一实际问题时,有些迟疑不决。我看这种迟疑不决的态度是有来历的,是出于以下几个理由。

我跟许多人的意见一样,很久以来就认为,美国的货币状况迟早要引起一次价格水准的涨势和初发性的市面繁荣;同时也认为,在这样环境下我们应守的正确方针是,使用通常办法来约束住我们自己的价格水准,防止我们的信用状况跟在美国后面学样。这一政策如果能收效，英镑汇率就可以获得逐渐改进；并不需要美国发生一次很突出的繁荣，就可以使英镑汇率提高，至少可以提高到战前水平。因此过去两年来我一直认为，如果英格兰银行能采取比较稳健的货币政策而联邦准备局在这方面的稳健性较差的话，英镑汇率就迟早可以恢复到战前水平，这一后果不但值得想望，而且有实现可能。

实际的演变怎样呢？1923 年春间，美国的繁荣状态似乎在发展中；随后，主要由于联邦准备局的活动，这一倾向不久即中止。但从 1924 年 7 月起，发生了坚强的、不断的价格上涨趋势——始终是在联邦准备局政策影响之下的——预计还将继续发展下去。在美国物价前一时期的涨势下，英镑汇率跟着有了相应的改进；后来萎缩时也有了相应的萎缩。情况相类，过去六个月美国物价的上涨，助成了英镑汇率的改进，这一点引起了大家的注意。正如麦克纳先生所指出的那样，英镑物价的稳定程度略微超过了美元物价，与这一较高度物价稳定必然相对应的是，汇兑率方面比较的不稳定。

但就过去六个月的情况来说，其间还存在着反常因素，因而使情况比较复杂。英镑汇率的改进，还不仅是由于我们的货币政策。的确，英国的短期利率，曾经保持在高于纽约百分之零点五的水准上，英国的物价上涨程度也略低于美国的。但大都认为，这些都不是充分有力的因素，不能用来解释一切。商业部统计说明，属于资本项下的资金移动，去年度（大部分或许是发生在这一年的下半年）由纽约流向伦敦的，为数达一亿镑。造成这种现象是有种种原因的，部分是由于（至于在总额内占成分多少则难于估计）原存伦敦后转到国外余额的再度流回，部分是由于道威斯计划引起了较大信心，美国投资在华尔街有了高涨以后，接着在欧洲市场也有了进展；部分则由于对英镑的投机收购，预期英汇价值与美汇对照下将有所增进。这种以前所不经见的动态，在局势中带来了一个不安定因素；我们无法预计，这样的趋向此后是否会在同样规模下继续下去，而且这种趋向随时有发生部分逆转现象的可能。因此我们需要有一个休整期间，来重新调整我们的负债，调整的方法，或者是促进与进口对照下的出口，或者是提高长期贷款利率，提高到足以制止新近流入的国外投资(这在我看来是过度的)重向外流。现在我们正处于一种危险状态，借出的是长期(例如对澳洲)，而从纽约借入的却是短期。我们战前地位之所以巩固，是由于(通过证券市场)我们所大量借出的都是短期，是可以收回的。现在我们所处地位恰恰相反，虽然这也许只是一时的现象，但这个现象自身就是一个值得警惕的理由。

以后会发生些什么呢？这有两种演变的可能。联邦准备局也许会认为，这种处于初期阶段的繁荣，再让它发展下去将引起危险，因此把局势牢牢掌握在自己手里，就像两年以前的情形一样。这一点几乎是准备局所义不容辞的。在这个时候，与十八个月以前极其相类的情势又将出现，我们将同以前一样，必须就摆在我们面前的两条路择一而行，或者是保持英镑物价稳定，使之对美汇率低于平价，或者是保持汇兑平价，实行冷酷无情的通货收缩。过早地宣布撤消黄金自由输出禁令，就是事先把自己限定得走后一条道路，而这条路却是我们在两年以前曾有意避开的。这就是一般不假思索的盲从者目前所想走的路。但是我们的失业数字依然没有改变,现在走这条路不是一个聪明办法。

情势的演变还有一种可能,联邦准备局也许会听任事态在现在趋势下继续进展;假使是这样,美元物价将继续有很大的提高。1924年某一段期间,准备局对公开市场采取了断然的膨胀政策,已经体验到的价格的尖锐涨势,主要就是由这一政策所造成。目前他们在政策方面,态度比较审慎;但他们是否有任何坚定不移或考虑成熟的政策,还没有明确迹象可供探索。如果我们提高英镑汇率,而他们对我们在这方面的努力产生了错觉下的同感,那就会形成一个因素,使他们的动作推迟;如果他们在动作上迟延过久,繁荣状态将获得巩固。这个时候,我们要把英镑汇率恢复到战前水平,就不会有什么困难。我们只须守定坚定的货币政策,目的在于防止英镑物价作同情上涨,不必借助于任何积极进行的通货收缩,就可以顺利实现我们的目的。由此可见,我们并不需要取消禁金出口。美国一度发生了繁荣现象,对这次繁荣我们并没有充分分润,而美元物价由于繁荣的结果将接近最高峰;在信用循环的这一顷刻,把英镑物价与美元物价连结在一起,分明是自寻烦恼。因为美国的繁荣如果一朝崩溃而发生了萧条现象时,我们将首当其冲。只有当美元物价的中间水平略高于近一时期的水平,而且这一现象看来已趋于稳定时,只有在这样的情况下,把英镑物价与美元物价连结在一起,才不至于立即危害到我们自己的福利。

取消禁金出口就无异是一种宣告,说明英镑与美元是处于平价地位的,而且这一情况将继续存在。在我看来,正确的进行程序是,先成立事实,然后再作出声明,不要先作出声明,然后再让事实去碰运气。因此取消禁金出口,应当是关于恢复战前状态的一个最后行动,而不是一个开端行动。关于这一问题如果要作出声明,那么唯一恰当的声明是,宣布黄金输出禁令将不予撤消,直要等到英镑处于平价地位已经经过了一个相当时期,一切因此引起的基本调整已经适当完成,才会考虑到这一措施。同时,如果我们希望恢复平价,就应当着手进行,来造成上面提到的事实,进行时应当采取的手段是提高贴现率,抑制对外投资。我绝对无意于特别重视恢复平价,但认为上述这些措施对于我们自己局势的稳定,有很大帮助。我不相信,在目前价格水准倾向下,将贴现率略微提高,对商业发展与工人就业就会发生任何损害,无论如何,为了保持我们自己方面的平衡,不久将有赖于较高贴现率的支持。有几位银行家声明,假使取消禁金出口,而不涉及贴现率的提高,不冒这样的险的话,他们是赞成取消的。除非这个话实际上只是不赞成取消禁金出口的一种委婉说法,否则关于他们对目前形势的看法,我是不能同意的。

我主张长期实行管理通货制,但在这里所容许的一点篇幅,我无法详细说明我所以抱有这样愿望的理由。这里我只准备举出其中最主要的一点。我认为商业波动与就业波动是现代社会最严重的病征,同时也是最有挽救希望的病征,这些病征主要是由于我们信用与银行制度方面的欠缺造成的,如果把通货的管理抓在我们自己手里,挽救办法就比较容易进行。这类基本问题且避而不谈,这里可以提出一个实际论点,这也是同我上面所谈有关的。

所谓金本位制,它的含意在实际上没有别的,概括地说,只是要与美国有同样的价格水准,同样的利息率。整个问题是在于要把伦敦中心商业区同华尔街密切地连结起来。我要请财政大臣、英格兰银行总裁和其他不知名的人们，在暗底下左右着我们命运的，仔细想一想，这也许是一个危险行动。

美国正处于范围广阔的、一息不停的发展过程。广泛的波动，在我们这里造成了失业和贫困，在美国则消纳在一般发展动向中。美国的经济活动年年在扩大，每年进展这么百分之几，在这样一个国家，一时的失调现象是难以避免的，同时也是承当得起的。十九世纪的大部分时间，我们自己就处于这样的情况中。当时我们前进的步子跨得这样大，因此在细节方面的稳定，既不可能，也不是必不可少的。但我们现在的处境却不是这样了。现在充其量也只可以说，我们前进的步子放慢了，因此在经济结构上的瑕疵，当我们勇往直前的时候，是不妨忽视的，就现在的美国来说，也仍然是不妨忽视的，但对现在的我们却成了致命伤。1921 年一次萧条，在美国的暴烈程度甚至超过我们，但到了 1922 年终时，它在实际上已经完全康复，而我们直到现在，1925 年，还在拖着脚步走路，还有成百万的失业工人。美国在此后岁月中，在工业方面，金融方面，也许要遭到大风暴，在它总是对付得了的；但是狂风骤雨如果延到了这里，我们就受不了，就要使我们差不多遭到灭顶之祸了。

还有一层要想到。在大战以前，我们将大量的款子借给了世界各地，这种款子立呼立应，随时可以收回；我们的对美投资，使我们成了美国的债权人；我们可供作国外投资的剩余资金，数量之大，超过了任何其他国家；美国那时还没有实行联邦准备制度，它的银行业，既薄弱，也没有组织。在金本位同盟中，那时我们事实上居于主导地位。但是现在如果有人以为我们恢复金本位以后，同时也就可以恢复以前情况，那是一种梦想。我们现在已成了美国的债务人。去年美国人的国外投资,比我们的高出一倍;他们的实际净余额,可供作国外投资的,大概比我们的要高出十倍。他们所保有的黄金,六倍于我们的存量。去年联邦准备系统各银行,单是存款的增加额,就几乎达到我们存款总额的一半。伦敦与纽约间黄金或短期信用的一次移动,在他们看来只是浅流中一个微波,在我们看来,就成了大西洋里一个浪潮。美国银行家和投资者方面,对国外贷款如果在方式上有了变化,在他们影响很小,在我们经济方面也许由此会发生动摇。假使黄金、短期信用和国外证券在大西洋可以自由往返,既没有限制,也没有亏损的风险,由此而形成的某种程度的波动,对我们的影响和对他们的影响,两者是绝对不能并论的。我们如果恢复金本位制,那是适合美国的口味的,他们在初期中就可以随时把某种义务加在我们头上,使我们不得不履行。但是,如果认为他们总应当、或不得不有所安排,来迎合我们的方便,那是错误的想法。

一方面存在着这样的危险,另一方面有什么具体利益可以相抵呢?我简直一点也看不出。我们几位银行家谈到了“心理上的”利益。但是,如果“十个人里有九个”在那里盼望利益,而结果却一点没有盼望到手,那是要使人丧气的。

我们几位行长没有什么别的要求,口口声声,只是要“回到1914年”,他们认为这是最值得争取的一个目标;这样的方针是不大高妙的。凡是研究这类问题的,多数已经有了一致的看法,认为由所谓处于贫困包围中的失业这类谬论所形成的种种混乱,至少部分是由于我们信用制度上存在的缺点。“五大银行”对社会是负有重大责任的。但它们是这样的庞大,从某些方面看来又是这样的脆弱，因此存在着很大诱力，会使它们死抱着一些教条、旧习惯和常规，恋恋不舍；当它们的行长讨论到一些基本经济问题时，这些问题多数所依据的基础，对他们说来是陌生的。如果对这类问题有了过度的保守立场，过于缺乏研究精神，是不是会有助于银行的安全或巩固，是有些疑问的。个人主义的资本主义，在英国已经到了这样的紧要关头，已经不容许存在惰性，不能再单单依靠发展这个势头，必须专心致志于力求改进其经济机器的结构这一科学任务。

三、1927年2月[①]

我们的老朋友、几位银行行长的发言告诉我们，春天快到了。他们的发言，语气中都不免带些拘谨，只有哈里爵士是例外，他说，“没有要使我们垂头丧气的理由，”并且同往年一样，认为“现在国内各行各业都有一种期待事机好转的心情，再也想不起过去情况还有比现在更乐观的了”。皮斯先生作出了一个很好的贡献，将有关劳埃德银行业务分析的一些重要数字予以公布，这是主张提供情报而不是扣留情报的一项新政策的开始。最近企业有了合并的倾向，而股份的持有则有分散倾向，利夫先生在这方面作了相当全面的观察，并指出政府应负起相当责任，导使这一无可避免的演进走上正确的途径。但是除了麦克纳先生——关系到某一细节时，还有古迪纳夫先生——以外，关于货币政策前途这一点，却没有一

① 〔在恢复金本位制以后。〕

个人提到。那么就让哈里爵士自得其乐吧,我们还是同麦克纳先生一道,试把他所提到的再深入一步。

麦克纳先生提醒我们,近五年来,美国享有了不可一世的繁荣,而我们则处于萧条状态,两方面形成了一个鲜明对照。他说,"英国和美国在货币政策上有着很大分歧,双方经济现象所以不同,这一点至少是部分原因所在。"他认为双方银行存款的增长和减缩,乃是衡量这种政策分歧的标准,情况如次:(下表存款量以1922年为100)

年别	美国	英国
1922	100	100
1923	107	94
1924	115	94
1925	127	93
1926	131	93

他说,关于存款量的增减,在这一点上起决定作用的,并不是存户或五大银行,而是英格兰银行的政策;他在这方面作了相当详细的解释,认为这是问题的关键所在,而一般很少了解。他的结论是,如果英格兰银行不改变政策,生产和就业方面要想有重大发展,希望就很少。

关于麦克纳先生的论点,我并不是在每一个细节上都同意的,但可以肯定,在大体上他作出的诊断是正确的。货币政策的某些基本原则自有它不可磨灭的真理,这些真理是昭如白日的,而伦敦的商业界和金融界却一无所知，处于黑暗中。麦克纳先生指出了这些基本原则的重要意义，对公众，对他的同事们，不断努力进行教育，他在这一点上作出了很大贡献。

虽然，依我看来，这一次他没有把问题彻底说清楚，对问题的一半他避而不谈。要使英格兰银行的政策改变到什么程度，在什么样的条件下，才能与金本位制的保持相适应呢？英格兰银行已经加上了新打制的一副金镣铐，它现在是不是一个自由的动力，能自由到如麦克纳先生在政策上所要求的那样呢？

要紧的不是在于叫作一般价格水准的某种抽象，而是在于各种价格水准之间的关系，这是可以在不同目的上用来计量我们的货币价值的。繁荣必须在某种程度上受到货币因素的支配，就这一点来说，繁荣是有赖于各种价格水准彼此之间的适当调整的。一方面是国际贸易商品的英镑价格水准，还有一方面是英镑的国内价值，英国老百姓的货币收入，就是在这个价值标准下支出的；在这两者之间原来存在的平衡关系倘被打破，在英国就要发生失业和商业萧条。而且当英镑物价全面低落，我们顺利地走向这一新平衡时，国家债务负担将有相应提高，将使国家预算情况趋于恶化。假使英格兰银行和财政部，果能将在庇护下的价格水准，降低到不在庇护下的价格水准的原来平衡，那么国家债务的实际负担，与两年前比较，将增加约十亿镑。

可是麦克纳先生似乎认为，在两年前显然存在的不平衡，现在已经消失。他告诉我们，“这类问题现在只具有历史上的重要意义。”但这一见解却不能获得实际情况方面的支持。各种价格水准之间的不均等岂但没有消失，而且比两年以前，实际上更为**显著**。

那么在这个期间,我们是怎样生活下去的呢?几位行长所表示的乐观态度,其间的真正依据,我认为是由于这一事实——我们的资源并没有过度消耗,以致发生不足偿付债务的情况。这一点就当真这样能迷惑人吗?或者说,就当真有这样大的安慰作用吗?

我们为了保持安全,在资力方面一向留有相当余地;毫无疑问,我们收支差额所以能获得平衡,部分是由于对这方面资力的支取,部分是由于,煤矿罢工期间,我们在世界各地短期借款债务的增加。大战以前,我们在国际贷借关系上的顺差,除资本方面的进出外,用英镑现在价值计量,每年约达三亿镑。由于战争和定额货币支出在价值上的减退,此项每年剩额,估计已减至约二亿二千五百万镑;那就是说,我们今天的出口贸易,假使与 1913 年同样旺盛,这就是我们可以享有的剩额。让我们姑且假定,现在由于我们国内价格水准提高,出口总值减少了二亿镑,即总输出额减少了约四分之一,或者可以说,净减额是一亿五千万镑,因为有一部分输出是由输入原料而来的;我们现在有(假定说)一百万人失业,假使没有这一现象,这部分人就可以直接或间接从事于生产输出品,关于这部分的输出减额这里姑且不计。当然,这里所举出的数字,只是大致近似的极其粗略的说明,并不是根据统计资料的科学估计。

我们的国际贷借关系是怎样维持的呢?在上述情况下,我们每年还有剩额七千五百万镑。因此假使对外投资不超过这个数目,就可以保持平衡。我们在庇护下的价格处于较高水准,国外贸易减少了四分之一,有一百万工人失业,这个局面不妨长期继续下去,我们依然可以有相当剩额,可以供伦敦作对外投资,而且还有一个最高成就是,金本位制完全不受到威胁。金本位制同别一货币政策对照下，也许要使国民财富一年减少一亿五千万镑。但是，不要放在心上！利夫先生就曾有这样的表示，“我们的经济后备力量，比我们之中任何人所想象的，还要大得多。”用财政大臣的话来说是，“我们的实力，比我们所想象的要坚强得多。”总之，我们是能够承当的！

关于煤矿罢工损失，上面没有计及。这方面的损耗当不下一亿镑，这是靠了短期贷款债务的增长来弥补的；部分是由于逆差的清算，中间总有一段时间间隔，部分是由于伦敦的贴现率有相当诱力，足以吸引国外余资。

决定国家政策前途时，有三条道路可供我们选择：

(1)我们可以不惜任何代价，争取恢复战前大量出口与大量国外投资之间的平衡。但是恢复了金本位制以后，这一点就无法办到；除非对工资作全面攻击(这是首相所拒绝的)或者是静候国外金价的显著提高(这我们已等了许久，但还消息杳然)。

(2)我们可以在上述那种商业衰落和百万人失业的伪平衡状态下无期限地继续下去。这种伪平衡状态是英格兰银行直到现在所执行政策的结果，虽然它原来的打算不一定是这样。说是这一状态不久就可以转变，我还找不出可靠的理由。由于煤矿罢工的延不解决，诺曼先生未来的处境，也许是不大好受的。但即使发生了最坏情况，到那时部分地再度实行禁止国外投资，或者已经足够应付。

(3)第三条路是对于出口业的损失和国外投资的相应减退，就让它作为一个既成事实；原来使用于前者的劳力和原来被后者所吸收的储蓄则使之改弦易辙，用来改进国内生产效能，提高国内生活水平。如果回到金本位制以后,当真能发生这样的效果,则塞翁失马,焉知非福。因为走上了这条路会有许多利益,在本文结束时,不能不计算到这一点。我相信,大众生活水平的能否进一步提高,就决定于我们是否能选择这一条路。

说到这里,我们又要提到麦克纳先生。我认为他所以主张扩张信用,目的是想在国内工业的普遍的逐渐发展中吸收失业工人,一方面在全力生产下,间接也可略有助于出口行业。总之,他是赞成走第三条路的。因为如果他所希望的是,降低在庇护下的价格水准,或节约生产成本,那是不能靠扩张信用来实现的。马肯纳先生这次也同前几次一样,他表面上对恢复金本位制的功效表示有很大信心,而实际并不是这样,这对他自己的观念来说是有些辜负的。

可是在金本位的限制范围内,这是一个很不容易执行的政策,再考虑到在煤矿罢工项下,我们也许还欠着一亿镑的债,因此这也可能是一个危险的政策。假使让麦克纳先生居于英格兰银行总裁地位,可以自由行动,我相信,他一方面维持着金平价,一方面很有可能,会使失业人数大大减少。但是对诺曼先生,在他自己那点智力的限制范围内,我们能够指望他这样做吗?

第五篇　丘吉尔先生政策的经济后果(1925 年)①

一、丘吉尔先生的误解

我们实行提高英镑外汇价值的政策，使它从原来低于战前金值百分之十的水平，提高到战前金值，这一措施的含意就是，不论何时，我们对外售出不论什么事物，国外购户支出他的货币时，将增加百分之十，否则我们收入我们的货币时，将减少百分之十。这就是说，除非国外价格有了提高，否则为了要保持同等竞争地位，我们就不得不将煤、铁、运输费或不论是什么的英镑价格，降低百分之十。由此可见，提高汇兑率百分之十的政策造成的后果是，使我们出口行业的英镑收入减少百分之十。

假使这些出口行业，在工资、运输捐税以及不论哪一方面的支出，同时都降低了百分之十，那就没有什么关系，它们尽可以削低售价，经济情况一点也没有变坏。但事实当然不会是这样。因为它们所使用的，以及它们从业员们所消费的一切种类的物品，都是

① 〔在金本位制刚恢复以后写的。〕

在国内生产的,除非国内工业的工资和其他支出普遍降低百分之十,否则它们就不可能将它们出品价格削减百分之十。其间地位比较薄弱的出口行业,因此将陷于破产境地。假使黄金本身的价值不低落,那么除非国内价格与工资普遍低落,否则它们的处境就无法获得挽救。因此丘吉尔先生提高汇率百分之十的政策,迟早会转化成降低工资的政策,使每个人的每镑工资减少二先令。任何人,他有什么样的目的,就得有什么样的手段。现在政府所面临的是一个棘手的任务,是怎样来贯彻执行它自己作出的决策,这个决策是既危险而又是不必要的。

脱离平衡倾向是从去年(1924年)开始的,以后随着汇兑率的提高而逐步进展;引起这一倾向的是金本位制的恢复,而不是英镑内在价值的提高,最初是由于对前者的预期,随后是由于前者这一措施的实现。[①] 商务大臣曾向下院确切说明,金本位制的恢复对我们出口业的影响是“一切都好”。财政大臣的意思是,恢复金本位与煤业中发生的情况是风马牛不相及的,正同墨西哥湾热流与英国煤业无关的情况一样。这类说辞,可以说是属于轻率愚妄的一类。这些部长们尽可以说,恢复金本位即使有所牺牲也是值得的,而且牺牲是暂时的。他们还可以这样说,而且并不是假话,说那些处境不顺的行业,多数是有着它们自己内部的困难的。当某一共同起因在发挥作用时,脆弱的分子就会由于别的原因而一蹶

① 财政部通货委员会也有这样的见解,该会报告说明,如果我们没有恢复金本位制,在去年秋间和春间汇兑率的提高是不可能坚持的;换句话说,在金本位制恢复以前,汇兑率之所以提高,是由于对这一措施的投机性预期,是由于资本的移动,而不是由于英镑本身内在价值上的提高。

不振。但是不能因为流行性感冒只夺去了衰弱者的生命，就说它是对“一切都好”的，更不能说它与墨西哥湾热流一样，对人类死亡率同样地毫无关系。

使影响更加严重的是，在一年前我们并不是没有困难。那个时候以英镑计的工资和以英镑计的生活费，在价值上与美国相一致，可是与欧洲各国情况比起来已经过高。还有一个可能存在的情况是，我们某些出口行业，在工厂设备与劳力方面，似乎已经有了存量过剩情况，因此如果能将一部分资力与人力移转到国内工业，不但符合要求，而且最后也是无可避免的。这就是说，在恢复金本位以前，我们已经存在着一个困难问题。反对提高英镑国际价值的论点之一是基于这一事实，英镑在国内价值与国际价值之间，原来已经有了距离，英镑对外价值的提高，使这一情况不但不能减轻，而且变本加厉，使我们转入了通货收缩阶段，结果势必使国内资本扩张的积极活动推迟，影响到劳力转到国内工业时的便利。英国工资用黄金衡量时，现在比一年前已提高了百分之十五。英国以金计的生活费，同法国、德国、比利时与意大利相形之下，显得非常高昂，那些国家的工人，可以接受低于我们工人百分之三十的以金计的工资，而以实际工资量计算时，却毫无所损。这就难怪我们的出口行业要陷入困境了！

我们许多出口行业陷入了困境，因为它们必须接受工资降低百分之十这一要求，它们是首先处于这样地位的。假使不论哪个都得同时接受同样的降低工资要求，生活费将低落，较低的货币工资所体现的实际工资，将大致跟以前一样。但事实上并没有可以使各方面工资同时降低的手段。因此，蓄意提高英镑在英国的价值这一措施的意义就是,使各个集体相继地展开一种斗争,这种斗争而且并没有可以最后获得公平结果的希望,并没有保证,说是较强的集体在斗争中不会以较弱者为牺牲。

工人阶级对当前情况的了解程度,谅来也不会胜过内阁阁员。首先受到打击的工人,所面临的是生活水平的降低,由于除非所有其他分子也受到同样打击,否则生活费是不会降低的,因此这部分工人为他们自己的处境进行自卫,是有理由的。而且首先受到货币工资减低损害的这部分工人,并没有保证,说是在随后生活费的相应降低情况下,他们可以获得补偿,说是不会以他们为牺牲,使别部分工人从中得利。因此只要还有一份力量,他们是必然要抵抗的;这里必然要发生斗争,一直到那些经济上最薄弱的分子被彻底打倒为止。

所以会发生这样情况,并不是出于生产财富能力有了减退的不可避免的结果。我不明白,在适当管理下,平均实际工资为什么有降低的必要。这是错误政策下的结果。

这些论点并不是反对金本位制本身的论点。金本位制本身是另一问题,这里我不打算谈。这些论点所反对的是恢复金本位制的时机,即反对在需要对我们一切货币价值作显著重新调整的情况下来恢复金本位制。假使丘吉尔先生恢复金本位制时,所规定的平价低于战前水准,或者是等到我们的货币价值已经与战前平价相适应时再恢复这个制度,上述一些论点就失去了意义。但是他偏偏选在去年春间那个现实环境下下手,他简直是在自寻烦恼。因为他所专心致志的是要压低货币工资和一切货币价值,至于这件事怎样进行,他却一点没有打算。他为什么要干这样一件傻事?

部分也许是由于他缺乏本能判断力，因此不能防止发生错误；部分是由于，既缺乏这种本能判断力，于是他就在因袭财政的一片嘈杂呼声下，失去了听觉，尤其是由于他的那些专家们大大地误了事，使他走入歧途。

依我看来，他手下的专家们犯了两个严重错误。第一点，对于恢复英镑战前金平价将引起的币值失调程度，我疑心他们作了错误估计，因为他们所注意的物价指数，跟当前问题并没有关系，或者是不相称的。如果你要了解英镑价值是否与汇兑率的提高相适应，而观察，比方说，利物浦的粗棉价格，那是没有用的。这一价格必然与汇兑率的变动相适应，因为就输入原料的情况来说，它们势必是几乎随时随刻地保持着与国际价值的平价关系的。如果由此断定，说是码头工人或临时女工的货币工资以及邮资或旅费，也会按照外汇率随时随刻地调整，那就失去常识意义。然而，依我看来，财政部里人们的想法，恰恰就是这样。他们将这里的一般批发物价指数跟美国的比较。要晓得这类指数所包括的商品内容，其间至少有三分之二是属于国际贸易范围的原料，这类原料品价格是必然跟着汇兑率调整的。结果国内价格的真正相歧，就被冲淡到了只占真正价值的一个极小部分。这就使他们相信，要弥补的空隙只是百分之二或百分之三。但是生活费、工资水平和我们所制造的出口品这些方面的指数所表示的真正相歧数字，却是百分之十到十二。就这里的目的来说，这些都是很适用的指数，尤其是各项指数如果彼此在大体上相一致，那就比批发物价指数要适用得多。

但事体还不止是这样，依我看来，关于使国内货币价格作普遍

降低这一点在技术上的困难,丘吉尔先生的那些专家也估计过低,存有误解。当我们将英镑价值提高了百分之十时,这就是把为数达十亿镑的一笔资金,从大家的钱袋里抽出来,转放到利息生活者的钱袋里,使国家债务的实际负担,增加七亿五千万镑(这就把从战争以来我们对偿债基金的辛勤贡献,一笔勾销)。这种情况真是糟透了,却无法避免。但是如果能设法使其他一切货币支出同时减低百分之十,就不至于引起别的不良后果,当演变程序完成时,就可以使我们每个人的实际收入,差不多与以前相等。我觉得他的那些参谋们,精神还寄托在那种虚妄的、富有学究气味的世界里,在那个世界里的是一些报纸经济栏的编辑先生,是康利夫委员会、通货委员会之类,在那里看来,在英格兰银行的"稳健"政策下,一切是"自然"会获得必要调整的。

他们的理论是,认为出口行业会首先受到侵袭,发生衰退现象,同时也许会发生货币紧缩与信用限制现象,然而这类现象是会均匀地、相当迅速地散布到整个社会的。但是提出这样论调的先生们却没有能够明白地、爽快地告诉我们,这一散布过程将怎样发生。

关于这类问题,丘吉尔先生要求财政部通货委员会向他提供意见。后来他在预算报告里谈到该委员会的意见,认为它"含有一系列言之成理的论点,博得了政府的信任"。事实上这个意见只是含糊其词、言之无物的一堆空论,这是大家可以拜读的,这也能算是一种论证吗?我代这个委员会设想了一下,它应说而没有说的,可以用下面的一段话来代表:

"关于恢复金本位制您曾一再有所宣告,由此引起的预期已经使汇兑率有了提高，货币工资、生活费和价格，却没有能配合出口业的要求，没有能与这一提高了的汇兑率相适应。现在的汇兑率已经过高，过高的程度约达百分之十。因此您如果按照这一金平价规定汇率，结果将不出于两种演变，或者是国外金价提高，将诱使国外商人付出较高金价来购买我们的出口品，或者是在您的政策执行下，将不得不压低货币工资与生活费到必要的程度。

“我们必须向您忠告，后一政策所遵循的不是平坦大道。肯定说，这是要引起失业，引起劳资纠纷的。如果像有些人所想的那样，认为实际工资在一年前已经太高，那就更糟，因为必要的工资降低，以货币来计算时，数额将更大。

“把赌注放在国外金价提高这一点上，很有可能会操胜算。但这绝不是极有把握的，您不能不为事态别有变化作好准备。假使您认为金本位制的利益当真是这样重大，这样切要，因此即使为群众所极度不满，即使需要采取严厉的政治行动，也在所不惜，那么事态的演变，大致将是这样：

“首先是出口行业将显著衰落。这一点本身是有帮助的，因为它将造成一种气氛，有利于工资萎缩。生活费多少也将有所下降。这一点也是有帮助的，因为将为您提供一个很好的论据，有利于减低工资。但是生活费只会略有下降，不会充分下降，结果除非受保护的各行业工资降低，否则出口行业就无法将它出品的价格充分降低。要晓得，受保护的行业，是决不会只是由于不受保护的行业发生了失业，而削减工资的，因此您必得使受保护的行业也发生失业。这时促进这一过程的，是信用限制。凭了英格兰银行限制信用的手段，您可以故意使失业扩大到任何需要的程度，直到工资真的降低了为止。当这一演变过程完成以后,生活费也定会下降;到那个时候,我们的处境,就将与这一过程开始以前一样。

“我们还应当向您忠告——虽然这是有些越出范围的——这时如果公开承认,为了要减低工资,您是在故意扩大失业,那在政治上说来是不妥当的。因此,您得将当前演变归之于任何可以想得出的起因,却不可将真正的起因说破。我们估计,大约在两年以内,关于事实真相,您在大众面前不可吐露一字。到了两年以后,或者您已不在职了,或者是调整过程——不管它是出于什么原因——已经完成,事体已经过去了。”

二、贸易均衡与英格兰银行

汇兑率提高以后,输入品与输出品的英镑价格都将降低。结果是助长进口,妨碍出口,使国外贸易发生不利倾向。这就使英格兰银行不能袖手旁观,因为这个时候如果不采取对策,我们将用黄金来偿付这项贸易入超。于是英格兰银行使用了两种补救办法。第一个办法是对我们惯有的对外借出布置障碍,先后对国外贷款与殖民地贷款实行限制;第二个办法是使伦敦的证券利率高出纽约百分之一(这是以前从未有过的情况),从而鼓励美国贷款给我们。

这两个方法在促使贷借关系趋于平衡这方面发生的效力,是没有疑问的;我相信,它们将在相当长时期内发生效力。因为在办法开始时,我们的实力还留有相当余地。根据商业部,我们的对外出借力,在战前约为一亿八千一百万镑,按照现在价格水准来计算,约相等于二亿八千万镑;甚至在 1923 年,该部估计我们的净剩额尚达一亿零二百万镑。由于对外进行新投资，当时是不能获得收益的，因此假使在国外投资方面减少一亿镑，则在出口方面作同额的减少时，也还不致发生缺乏偿付力的危险。就维持金本位这一点来说，我们所有的，是价值一亿镑的国外投资还是价值一亿镑的失业，是没有出入的。假使从事于生产出口品的那些人失去了工作，出口减少了，而以前用那些出口品来偿付的贷款也有了同样程度的缩减，则我们的财务平衡将依旧安然无恙，英格兰银行总裁也可以高枕无忧，不会面临丧失黄金的危险。而且，作为一个借入户，我们的信誉还是挺好的。我们付出了充分高的利息，不但能弥补一切亏空，而且银行总裁如果高兴的话，还可以借入任何数量的黄金，使他每周公布的报告增加些光彩。

据商务大臣计算，迄去年五月底止一年间，我们在对外贸易方面实际上并没有输入浮于输出的现象，大体上是两抵的。这一估计若果准确，则现在必然存在着出入显然不能相抵的情况。此外，对国外投资的限制也只能部分奏效。这种办法并不能防止一切方式的国外投资，尤其难以防止的是英国投资者直接向纽约购入证券。这就使英格兰银行有了采行另一个补救办法的必要。我们在贸易方面既出入不能相抵，一方面英国投资者虽处于限制法令之下，仍然在国外市场购入证券，这就要在国际贷借关系上发生亏欠；面对这一情况，使伦敦贴现率高于纽约贴现率，使两者之间保持着相当差距，就可以诱使纽约金融市场，以相当大的数额出借给伦敦金融市场，从而使我们的贷借双方重新获得平衡。而且我们既一度将利息率提高，从纽约短期贷款市场吸收了资金以后，即使我们没有需要再增加借入款，为了使既得借款得以保留，不让它来而复去,就有继续保持高利率的必要。

法国的政策是借助于美国摩根公司的贷款来支持外汇,我们对于这一政策曾多所指责;但是我们把伦敦利率保持在一个高水准上,使之足以吸收并保留来自纽约的贷款,这种政策跟法国的上述政策,实在没有什么区别。如果说我们的政策跟法国的的确有所不同,那么唯一不同之处只是在于,我们提高利率,不仅旨在吸收美国资金,而且也是限制国内信用政策的一个组成部分。关于后一点,是我们现在必须加以探讨的一个问题。

为了应付失业使我们付出了巨大代价,使我们从借出国地位转变到借入国地位,这是一个为害极大的下策,我相信英格兰银行当局也是抱有这样见解的。他们不喜欢限制国外投资,也不喜欢向纽约吸收短期贷款资金。这类事件,为了要赢得一个喘息时间,不妨从权试一试;但是,如果让他们按照自己的方针办事,他们就必然要利用这个喘息时间来进行,说得含蓄些,所谓"基本调整"。以此为目的时,在他们权力范围以内所能进行的只有一个方法,这个方法就是限制信用。处于当前环境,这是金本位国家应有的正统政策。对外贸易的入超倾向说明,我们的物价过于高昂,要使价格降低应采取的方法是提高利率,限制信用。等药到病除以后,就没有必要再限制对外贷款或向国外借入资金。

再说得明白些,这一点的含意究竟是什么呢?我们的问题是要降低货币工资,由此再进而降低生活费,用意是在于,等到这个圈子兜完了以后,实际工资将跟以前同样地高,即有距离,也相差不远。那么信用限制是在怎样的运用方法下,来达到这个目的的呢?

方法没有别的，只是主动扩大失业。在现在这样一个情况下，限制信用就是向雇主们收回融通资金手段，使他们无法在现有价格与工资水平下雇用工人。要使政策能贯彻目的，只有让失业无限制扩大，直到工人在冷酷事实的压力之下，不得不接受货币工资的必要降低。

这就是所谓“稳健”政策，这就是要把英镑钉住在某一金值上的鲁莽行动的后果，然而英镑的这一金值，到目前止，用英国工人的购买力来衡量时，也还没有获得。任何通情达理、任何有些识见的人，对这样的政策是必然要畏缩不前的。就我所能推测的来说，英格兰银行总裁就抱着畏缩态度。但他处于万不得已的情况下，进退维谷，叫他又有什么办法呢？目前他似乎是抱着折中态度。他半推半就地奉行着这种“稳健”政策，他对种种现象，总不敢认真道破，他只是期待着，前途也许会有什么转机，这就是他所指望的最大幸运。

英格兰银行的工作，牵涉到这样多的机密事项，这样多的不能公开的重要统计资料，因此要确切说明它究竟在做些什么，决不是件容易的事。已经在实施中的信用限制，是在好几个方式下进行的，这些方式部分是互不相关的。首先是对新币发行加以限制，这一点或者足以减低货币流通的正常速度；然后在三月份提高了银行贴现率；后来市场利率也跟着有所提高，与银行贴现率比较接近；最后，也是一切进行方式中绝对最重要的一点，英格兰银行对于它的资产与负债作了这样的运用，使各会员银行作为信用基金的可利用的现款数量有了降低。最后一点是进行限制信用时的主要手段。在这一限制下的影响如何，我们还缺乏直接情报来源，现在可以获得的最可靠反映是各会员银行的存款情况。这类存款已有降低的倾向,这一点说明,限制已经达到了相当显著程度。但是由于季节性波动以及六月底结算收益的人为性质,因此最近三个月以来,限制的进行究竟已经达到了什么程度,还无法作出准确估计。就目前所能推测的来说,直接限制的后果似乎还没有达到十分严重程度。但是如果我们继续沿着现在的方针前进,限制的影响会继续扩展到什么程度,是没有人能够预料的。

虽然,即使在这样有限度的措施下,在我看来,对工人就业也已经发生了很大影响,近来失业所以扩大,这类措施当是一个重要的促成因素。信用限制是具有惊人力量的一个手段,即使略微试一试,也会发生远大影响,尤其是当情势需要采取相反措施的时候。以强制压低工资为目的的主动扩大失业政策,已经在部分实施中;就目前情况来说,最糟的一点是,在已经正式采取的错误观点下,硬把这一政策说成是在理论上有根有据的。鲍尔文先生发表了许多感情洋溢的演说,不管他说的话怎样千真万确,没有一个部门的工人,会仅仅由于来自这方面的感应而从容接受降低了的工资的。为了使降低工资得以实现,我们所依靠的是对失业、对罢工、怠工使用压力;而为了使结果能获得巩固,我们却在主动扩大失业。

英格兰银行在金本位制计划的一切规定下,不得不收缩信用。在这样做时,它的行动是正大光明的,是“稳健”的。但这一点并不能改变这样一个事实,即,把信用抓得这样紧——该银行确是在这样做,没有人会否认——在这个国家的目前环境下,必然要扩大失业。今天我们要恢复繁荣,所需要的却是信用松弛政策。我们要鼓励企业家从事于创立新企业，而不是像现在这样的来打击他们。通货收缩并不会“自动地”降低工资。它却会引起失业，由此来降低工资。高利政策的真正作用是扼杀正在开始的繁荣。有些人，由于他们的错误信念，以致利用了这类政策来助长萧条，这些人是要受到诅咒的！

在我们的货币政策下，使许多行业受到灾害，尤其是煤业。另一方面，这也是的确的，为什么大家看起来煤业的光景显得特别黯淡，这是由于它别有困难，这类困难已经削弱了它的抵抗力，因此遇到了新的灾害时，在祸不单行的局面下，就使它更无余力可以支撑。

处于这样情况，煤矿业主方面的建议是，不管生活费是否有所降低，必须降低工资以弥补亏损；这就是说，要降低矿工的生活水平。业主为了适应环境，所以提出了这个牺牲办法，而所以会造成这样的环境，他们是一点责任没有的，他们是无法控制的。

业主方面的这类建议，牵涉到了对经济事务进行管理的方式问题，对这一点我们不妨不顾一切，提出严格批评，说这样的建议似乎在任何人看来都是不合理的；虽然，如果要求业主忍受损失，似乎也同样地不合理，除非以这样一个原则为依据，即担风险的应当是资本家。假使矿工可以自由转业，当他们失了业或所得工资过少，就可以随时另谋他就，转变成砖匠、面包师傅或车站搬运工人，那就成了另一问题。但是我们都晓得，他们并不是这样自由的。他们跟过去时代经济发生变化时的牺牲者一样，摆在他们面前的只有两条路，饥饿和屈服，他们只能在这两者之中择一而行；屈服就是牺牲，而牺牲的果实将为别的阶级所得。各行业间工人的实际流动性和不同行业之间竞争的工资水平，现在都已不复存在,由于这个原因,他们现在的处境,在某些方面是否比他们祖父辈所处的更差,这一点还不能肯定。

为什么独独煤矿工人要处于较低的生活水平,同别的同道们比起来要低人一等呢?他们也许是些懒惰无用的家伙,工作做得不认真,或者是做得太少。但是有什么证据可以证明,他们跟别的人比起来,就格外懒惰,格外无用呢?

以社会公道为依据时,没有任何理由可以减低矿工们的工资。他们是贾格那特[①]式经济学的牺牲者。他们所体现的是,在财政部和英格兰银行巧妙处理下的“基本调整”;一些市参议员们急于要弥补四点四美元与四点八六美元之间“相当的差距”,这类巧妙处理就是用来满足这些参议员们迫不及待的心情的。为了保证金本位制的稳定,他们(随后还有别人)这种“相当的牺牲”,此后还有必要。这是丘吉尔先生政策的经济后果;在这个政策下沦入困境的,煤矿工人是第一个,但——除非我们运气特别好的话——不是最后一个。

实际上我们现在是处于经济社会两种理论的中途。第一种理论认为,应当在各阶级对比下,根据“公平”与“合理”的原则来规定工资。还有一个理论——是属于贾格那特式经济学的理论——认为工资应当在经济压力、又叫作“冷酷事实”下决定,认为我们庞大的经济机器应当向前直闯,在前进道路中只能顾到整体的平衡,至于各个集体偶然发生的后果,只好置之不顾。

① 印度神话中克利希那(Krishna)神象的称号,相传神象载车游行时,信徒伏于轮下,被车碾死,灵魂就可以升入天国。——译注

在金本位下，依靠的是机运，信赖的是“自动调整”，关于社会细节，一般是置之不顾的；而对高坐在经济机器最上层的那些人说来，这个制度却是一个主要象征或偶像。他们对社会细节漠不关心，对前途则漫然地抱着乐观态度，以为真正严重事态既从未发生，因此尽可以高枕无忧；在我看来，他们这样的态度是非常轻率、鲁莽的。

他们说，真正严重事态并没有发生，只是某些个人或集体有了些小小烦恼，就过去情形来看，十次倒有九次是这样的。这种经济原则所依据的是放任主义与自由竞争假设，而我们这个社会却正在很快地与这类假设相脱离，现在如果还要把这样的原则应用到我们这个社会，我们就得冒那第十次危险，这样的行径不但冒险，而且是愚不可及的。

三、有没有补救办法？

在 1925 年度预算案里所宣告的货币政策，是我们工业发生困难的真正根源，除非彻底改变方针，要推荐真正满意的补救办法是不可能的。然而可供政府采行的仍然有几个办法，其间有的比较可取些，有的差些。一个办法是继续大力推进所谓“稳健”政策，目的是在于在正统方式下完成“基本调整”，这就要进一步限制信用，如果有必要的话，在秋间将进一步提高贴现率，从而扩大失业，并将利用我们所掌握的其他一切武器，来压低货币工资，所抱的信心是，当这一程序最后完成时，生活费也将降低，从而使平均实际工资仍然恢复到以前水平。假使这一政策得以贯彻执行，在某种意义上说是可以获得些成就的,虽然由于它引起的变化不能均匀,比较强有力的集体将以弱者为牺牲而获得利益,因此将遗留下许多不公平现象。在使用经济压力的方式下,受到打击最大的是那些比较脆弱的行业,它们的工资原来就比较低,结果将使不同行业集体间工资的已有差距扩大。

问题是舆论对于这样一个政策,将容许它进行到什么程度。尽管货币委员会的成员,对于扩大失业这一点,自有一套论证来加以支持,然而要由政府公开承认实行这一政策,在政治上是不可能的。另一方面,由通货收缩所发生的影响将不被察觉,这一点却是有可能的。通货收缩一旦开始以后,即使起端甚微,但在进展中是有累积性的。如果在企业界普遍发生了悲观心理,货币流通速度将降低,这时银行不必提高贴现率,银行存款也不一定降低,而通货收缩仍然会大踏步前进。由于公众所接触的,所了解的,总是某些个别起因而不是共同起因,因此会把萧条现象归因于形形色色的具体因素,如劳资纠纷(这是往往要与通货收缩同时发生的),如道威斯计划,如中国,如大战不可避免的后果,如关税,如高税率,以及当前发生的无数事故;公众所看不到的只是总的货币政策,而这一点却是整个演变的真正起因。

还有一层,这个政策并不一定要在轮廓鲜明的方式下进行。英格兰银行尽可以在暗底下鬼鬼祟祟地限制信用;而在鲍尔文先生(他已经在我们的爱戴下,继承了维多利亚女皇原来所占有的地位)方面则不妨随时相机进行,看一看社会的慈善心理,是不是需要他对信用限制所发生的影响加以缓和,提出一系列不合理的补助办法。当严重的勾当在幕后继续进行时,这位鲍尔文女皇的一片好心肠却可以使我们把火性忍住。但由于预算的限制，这类补助在数额上是决不会巨大到任何重要程度的。结果除非社会发生了剧变，“基本调整”将如期实现。

有些人看到这样的演变趋向，也许会处之泰然。我却不是这样。这个政策当它在进行时，会使社会收入发生巨大损失，当它完成以后，会遗留下显著的不公道现象。但世事是难以逆料的，意外的变化也许会出现，这就是最好的打算，实际上也是我们唯一的希望——这就使我想到了另一补救办法。某些变化，我们既希望它出现，那么能不能促使它实现呢？

在当前局势下，有两个可以变成对我们有利的因素。第一个是金融方面的——假使国外的黄金价值低落，那就可以使我们这里的工资水平，无须有任何重大变动。第二个是工业方面的——假使生活费首先低落，那么我们要求工人接受较低的货币工资，就可以问心无愧，因为在那个时候情况将很明显，降低工资并非部分是出于要降低实际工资的阴谋。

当最初宣布恢复金本位时，当局中有许多人认为我们的希望是在于美国价格的提高。直到现在，这一涨势并没有发生。[①] 实际上英格兰银行的政策是足以促使美国价格稳定，而不是促使它上涨的。伦敦的利率既较高，美国资金既可以按较高利率在伦敦出借，这就足以使纽约的利率比不存在这一情况时为高，就足以使世界市场上残余的黄金剩额，不流向纽约而流向伦敦。由此可见，

① 依我看来，在这方面我们还不必绝望。美国价格的趋势现在是向上的而不是向下的，只消一根火柴，就可以使美国在潜伏中的膨胀火焰复燃起来。这一可能情况是使我们不必过于悲观的一个真正根据。

出于我们政策的结果,使纽约得以解除低利贷款与黄金存量增加的压力,假使没有这一情况,在这类压力下,将迫使那里的价格趋涨。这种在伦敦利率与纽约利率两者之间存在的不正常差异,甚至使金本位制不能按照它自己的规律发挥作用。根据正常原则,当 A 地价格与 B 地比较,高于 B 地时,黄金将由 A 流向 B,从而使 A 地的价格降低,使 B 地的价格提高,结果 B 地的价格涨势与 A 地的价格跌势,两者将在中途会合。

目前的英格兰银行政策,阻止了这一现象的发生。因此我建议,该行应采取相反的政策。它不妨降低贴现率,停止限制信用。假使由于这一措施的结果,使现在正威胁着伦敦金融市场的"恶劣的"美国货币,又开始流返美国,我们不妨用黄金来偿还,或者,如果有必要的话,可以用财政部与英格兰银行在纽约准备下的美元借款来偿还。我看比较可取的办法是使用黄金,因为不但费用较低,而且黄金现货的流动,对美国价格水准也可以发生较大影响。我们对黄金库存的现有规定,使金存量的四分之三沦于无用之地,假使把这个制度改订一下,我们就可以减少六千万镑到七千万镑的金存量,而不感到任何不安,这样就会使别的国家的情况发生重大的变化。我们在美国有一笔随时可以动用的透支余额,但我们为了用它来买进把它呆搁着不动的黄金而付出四厘半的利息,这又有什么意义呢。

除非英格兰银行放弃限制信用政策,并用别的资产,例如国库券,来代替黄金库存,否则像这样大规模的黄金移动是不会发生的。这就是说,该行将改变方针,不再使用经济压力与主动扩大失业的方法,来努力实现基本调整。因此,就这一政策本身来说,或将引起批评，认为在这一政策下过于偏重的是，把前途寄托在对美国价格上涨的预期这一点上。

为了应付这一点，我认为鲍尔文先生应当本如下的方针，与工会领导人合作，开诚布公地面对事实。

内阁阁员们总是在那里作欺人之谈，说现在的工资降低动向，与货币价值并无丝毫关系；只要他们始终抱着这样的态度，就难怪工人阶级要把他们的政策看作是对实际工资的蓄意攻击了。如果财政大臣的说法是正确的，他的货币政策与工资情况无关，就同墨西哥湾热流与工资情况无关的情形一样，那么由此可以推定，现在的降低工资运动，实际上就是对工人阶级生活水平的一次攻击。政府对这一点要进行解释，是难以自圆其说的。在这几篇文章里我们指出了当前情势的病源所在，只有当政府当局承认了这一点的真实性时，然后他们才能在公平合理的基础上，获得工会领导人的合作。

政府当局承认了当前问题根本是一个货币问题以后，他们就可以对工人这样说："这并不是对实际工资的攻击。我们把英镑价值提高了百分之十。这一点的含意就是货币工资必须降低百分之十。但是它还有一个含意，当调整过程完成时，生活费将降低百分之十。在这样情况下，实际工资将不会有多大的低落。要降低货币工资，有两个不同方式。一个方式是使用经济压力，用信用限制的手段来扩大失业，直到工资被迫降低为止。这是一个可憎的，也是一个有害的方式，因为它会使各个集体之间，强者占到弱者的便宜，而且在进行中是不免要牵涉到经济方面和社会方面的损耗的。还有一个方式是，在使对方了解到平均实际工资与本年第一季度比照下,不会有任何降低这一点之后,通过协定,实行同一标准的工资降低。实际困难在于,货币工资与生活费两者是互相关联的。必须货币工资低落了,生活费才会低落。为了让生活费低落,货币工资必须首先低落。因此我们不妨从整个就业范围、包括中央及地方政府的工作开始,一律降低货币工资(比方说)百分之五;如果隔了一个时期,生活费并没有降低,因此使工资的降低得不到补偿,则工资降低的办法就宣布无效——我们能否就这一点取得协议呢?”

假使鲍尔文先生提出这样的建议,工会领导人也许会立即向他质问,除工资外,关于其他货币支出,如租金、利润和利息,他准备怎么办。关于租金和利润,他可以这样回答,这些并不是用货币数额规定的,因此以货币计量时,将随着价格逐步降低。不过事实上并没有这样简单,租金与利润,跟工资一样,是富有粘着性的,降低时也许不会十分迅速,也许不能充分有助于整个演变的完成。至于债券利息,特别是公债利息,他却实在没有什么可以答复。因为有关降低价格的任何政策,在实质上总是有利于利息收入者,而以社会中其他分子为牺牲的;通货收缩的这一后果,是我们货币契约制度所造成,是无法避免的。总之,我实在想不出,工人方面的反对应当怎样应付,这里只有一个粗率的从权办法,那就是对就业以外的一切收入征收附加所得税,每镑收税一先令,直到实际工资恢复原来水平以后为止。[①]

① 假使结果价格不再上涨,债券持有人最后将占到便宜,这个办法也并不能扭转这一现象。债券持有人这类有得有失的情况,是不稳定货币本位下一个难以避免的特征。由于在长期下价格总是趋于上涨的,因此债券持有人在长期下,并不是从制度中有所得的,而是有所失的。

上述那种自觉自愿的全面的降低工资办法，在道理上似乎很说得通，但在实践中存在着莫大困难，因此我的看法是，我宁愿将一切希望寄托在国外价格的提高这一点上，那就是说，英格兰银行的现有政策应当有所改变。我从米德兰银行七月份月报了解到，该行当局也提出了相类建议。

所有这些建议实行时都会有很大困难，这是难免的。政府采行有关主动改变货币价值的任何计划时，在现代经济情况下，总不免要牵涉到公平与各方的有得有失的问题。这些建议只能减轻由错误政策产生的不良后果，但无法取消错误。有些悲观论者，认为真正受到攻击的还不仅是货币工资，而是实际工资水平；对这些人来说，这些建议是不会合他们口胃的。我们现在进行的政策是主动扩大失业，为了便于使用经济压力，对某部分个人和某部分集体进行强制调整，所使用的手段是收缩信用，但由于别的一些原因这时所需要的却正是放松信用；我所以提到上面一些建议，只是因为这样一个政策的内幕真相如果为国民所周知，是决不允许执行的。

第六篇　通过关税政策来求得事态的缓和①

一、建议实行财政关税(1931年3月7日)

我们的国外投资，国内设备，都在增进，我们的资本财富在继续增高中，我们中的多数，生活仍然如常，或者还比以前过得好些，同时还对为数众多、闲着没事做的人们进行失业津贴，对每个失业者津贴的数目，比世界上多数地区全力工作者的收入还要大；然而另一方面却存在着这样的情况，我们有四分之一的工厂在停工中，有四分之一的工人在失业中。在你看来，这是不是一个不可思议的矛盾状态？假使我们创造财富的潜在力量比我们一向所具有的要大得多的话，这就不仅是一个矛盾状态，而且是一个不可能有的状态。这一比前更大的潜在力量的确是存在的。这一力量的构

① 〔在金本位制垮台以前的几个月，情形已经很明显，除非采取特殊措施，使当前问题的严重程度有所缓和，否则这一制度的崩溃已经无可避免。我在带些不顾一切的态度下，提出了种种建议，其中之一是有关关税制度的，并主张，如果可能的话，可与对出口的奖励结合进行。然而斯诺登先生的愚昧和顽固，竟超出了常情以外，他一意孤行，对于与他意向相左的任何替代办法一概反对，直到最后，自然力量终于发挥了作用，使我们脱离了困境。〕

成，主要是出于三个因素——我们工业技术效率的不断提高（我相信，按人口计算的生产量，即使同这样近的1924年比较，也提高了百分之十），女性经济产量的增长和处于一生中生产时期的人口所占比率的扩大。进口品价格与出口品对照下有所降低，也是一个促成因素。结果是利用了工业力量的四分之三，我们却能生产与数年前利用全部力量时同样多的财富。但是，如果我们能想出办法，利用现在的四分之四的力量，那我们将多么富裕！

因此，我们的问题并不是在于缺乏物质手段来支持我们的高度生活水平，而是在于我们相互间进行买卖时的组织和结构方面，是由于在这方面出了毛病。

面对着这样的情况，可以发生两种反应。随着我们性情的不同，我们可以发生这样的反应，也可以发生那样的反应。一种是下定决心，要利用一切弃而不用的力量，保持我们的生活水平，这就是说，要力求发展，把恐怖、甚至把谨慎小心的心理，都置之脑后。还有一种是处于但求收缩的本能支配之下，这是以恐怖心理为依据的。究竟有什么理由要畏缩不前呢？

我们所寄居的社会是这样组织起来的，在这个社会里，生产活动决定于各个企业家，他进行生产活动时所希望的是获得相当利润，或者至少是要能避免遭受实际损失。当他进行生产时，作为他的必要诱因的那部分赚头，占生产总值也许是一个极小部分。但是如果从他手里将这个部分夺去，生产程序即将停顿。不幸的是，现在所发生的却正是这个情况。价格与成本对照下的低落，加上高税率下所产生的心理影响，毁灭了进行生产时的必要诱因。这就是我们所以处于分崩离析状态的根本原因。因此我们对待企业家，如果更进一步加以恫吓或折磨，似乎不是一个高明办法。采取了前进政策，就不免要陷于这样情况。因为一个个人，当他感到有入不敷出的危险时，态度就更加偏于谨慎小心，神经往往会受到摧折，从这一点出发，在似是而非的比论下，往往会使他成为收缩论调的支持者，虽然这个论调对他自己是不利的。

还有一个足以促成神经过敏的原因。我们正在受到国际不稳定的打击。我们出口贸易的竞争力量，已经受到国内高生活水平的影响而有了减退。一方面由于国内企业无利可图，投资者宁可把资金放在国外，而高的税率，也在同一方向下发挥着有害的影响作用。还有最重要的一点是，其他债权国家不愿意借出资金（这一点是这次萧条的根本原因），这就使伦敦有了过重的财政负担。这些又都是对前进政策不利的显明论据；因为在国内就业增加、活动力扩大以后，入超额将增长，而政府的大规模借贷将吓倒投资者（在他们目前心情下）。

因此实行扩张政策以后所发生的直接影响，必然是引起政府借贷，加重预算负担，并使入超扩大。这一政策的反对者指出，目前困难的根本原因是缺乏信心、租税负担沉重和国际情况不稳定，而这一政策则处处足以使这些方面更加恶化。

反对扩张者在这一点上分成了两派——一派认为，我们不但应将一切扩张的念头搁开，而且应当断然进行收缩，这就是说，要降低工资，大量节约现在的预算支出；还有一派，如斯诺登先生，则抱着否认一切的态度，他们不喜欢收缩（用上面的意思来解释）这一主意，几乎同他们不喜欢扩张的主意一样。

消极政策实在是一切计划中最危险的。因为随着时间的进展，我们的生活水平是否能够支持下去，疑问将越来越大。失业的是一百万人，我们当然能够支持下去；失业的有了二百万人，或者还能勉强挣扎；失业的如果有了三百万人，那就要有些棘手了。因此，在消极政策下，听任失业逐步增长，最后必然要达到无法应付需求、不得不降低生活水平的地步。如果我们不能未雨绸缪，作出长远打算，到事态演进到最后地步时，我们将一筹莫展。

这里必须重复一遍，所以会发生失业，是由于雇主无利可图。所以会无利可图，造成的原因是多种多样的。不管它怎样，除了投入共产主义这一条路以外，要纠正失业，就得让雇主能获得相当利润，再没有别的可能实行的办法。要做到这一点，有两条路可走，一个是提高产品需求，这是扩张主义者的治疗方法，一个是降低生产成本，这是收缩主义者的治疗方法。两者都想使病家一药而愈。比起来究竟是哪个好些呢？

削减工资从而降低成本，并节省预算支出，使用这样的方法，也许的确可以提高国外对我们商品的需求（除非由此引起了国外方面的效尤，它们也实行相类的收缩政策，这是很有可能的），但国内需求或将降低。因此普遍降低工资，对雇主方面的利益，实际上是并不像表面那样显著的。每一个雇主，对于降低他自己所支出的工资，只看到对他自己的利益；但是他顾客的收入降低了，他的竞争者也会同样享受到降低工资的利益，关于这些方面的后果，他却视若无睹。无论如何，由此将必然造成社会不公道现象，引起猛烈抵抗，因为由此将使某些收入阶级获得极大利益，而以别的阶级为牺牲。由于这些原因，实行充分激烈的收缩政策时，要想获得真正成就，事实上是做不到的。

然而对扩张主义者的补救办法也有反对意见，这方面的问题，并不能因为收缩政策有缺点，就可以解决。这些反对意见是：国际情势不稳定、预算负担加重和缺乏信心。两年以前，对这几点可以无须介意。但今天的情况不同。无端地惊动了一群企鹅，它们拍拍翅膀走了，连肚里宝贵的蛋也带走了，这不是一个聪明办法。要实行扩张政策，要实行时具有足够猛烈的程度，使之发生效力，结果也许会迫使我们脱离金本位制。还有一层，两年以前，这个问题主要只是一个英国问题，而今天却主要是一个国际问题。就国内范围来讲求补救，总不会十分奏效的。就今天的情势来说，国际范围的补救是主要的；而依我看来，要救治国际萧条，最大希望，还是在于由英国来领导进行。但是，英国如果要重新取得领导地位，它就必须坚强起来，而且要能使别人相信它是坚强的。因此最重要的一点是，在伦敦要能充分恢复信心。我不相信这是一个特别困难的问题，国外对伦敦的实力作了过低估计，现在是时候了，可以使这方面的观感来一个突然转变了。我是不赞成恢复金本位的，在这个问题上曾经提出了我的看法，所说的有些已经不幸而言中；我认为基于上述的一些理由，应当不惜任何代价保卫我们的外汇阵地，使我们重新占有现在虚悬中的世界金融领导地位；从公认力量而不是从存在着弱点的方面来说，是再没有别一个国家能够具有这样的经验，这样的仗义精神，来占有这个地位的。

为了国内就业问题而主张扩张政策的人们，因此应当仔细考虑一下。我是作了仔细考虑的，以下是经考虑后得出的结论。

我认为扩张政策虽然值得采行，但就今天的情况说来，这个政策并不一定安全可靠，也不一定切实可行，除非同时采取些别的措施来抵消它的危险性。让我提醒读者一下，它的危险性所在是：在贸易平衡方面有困难，在预算方面有困难，在信心方面也有影响。即使说，在扩张政策下，由于能积极提高利润水平和就业量，对预算、对信心的最后真正影响是有利的，而且也许是非常有利的，因此这一政策的可取，最后可以不辩而自明；但这也只是最后结果，最初的影响也许不是这样的。

可以有些什么措施来防止危险呢？失业津贴有很多使用失当的地方，应坚决纠正，预算案内关于社会服务一切新支出，应即从缓执行，把这项资源保留下来，借此来应付关于扩大就业计划方面的需要，这些都是很适当的配合措施。但是还有一个主要措施，在我看来，似乎是任何贤明的财政大臣所必须考虑采行的——不管他对保护贸易政策的看法怎样，他必须切实施行财政关税制度。由此产生的直接后果，既对各方有利，也没有什么流弊；毫无疑问，更没有别的措施可以比得上它的。在我意想中的财政关税，其间并不包括差别保护税，但所包含的范围应尽量求其广泛，可规定一种齐一的税率，或者也可以规定两种齐一税率，各自适用于范围广大的商品类目。进口材料与出口有关的，税额自应予以折减，至于构成出口价额内重要成分的原料，如羊毛与棉花，则应免税。在预计中的税收总额应相当巨大，应当不少于五千万镑，假使可能的话，应争取达到七千五百万镑。在这样的目标下，假定说，对一切制成品与半制品，没有例外，可一律征税百分之十五。对一切食品和某些原料可征税百分之五，还有一些原料则免税。[①] 我是打算

① 〔在随后一篇文章里我谈到，根据这样规定的税率，恐怕未必能获得如上述那样巨大的收入，看来四千万镑是一个比较可靠的估计。〕

了一番的，我认为这样规定的税率对生活费影响当不会过大——当不会大于现在价格逐月间的波动程度。况且任何可以设想得到的对失业的补救办法，将发生提高价格的影响，且实际上这也是我们意图所在。至于对出口品成本（指扣除了按概括简单方法计算的折扣之后的成本）所发生的影响也同样是极其微细的。还有一点，假使世界价格再度达到了 1929 年水平，这一税率应即取消。根据自由贸易主义者的公开意旨，他们对这一措施是应当可以同意的。

可供我们采取的办法很多，但这一建议跟任何别的办法比较，其独到之处，在于它可以解决预算方面的迫切问题，而同时又可以恢复企业信心。我不相信现在可以不借助于财政关税，而拟出一个开明而又审慎的预算方案。但这还不是这一措施的唯一优点。它能促使国内产品代替原来由国外输入的商品，因此能够增进国内的就业机会。一方面，它解除了贸易差额方面的压力以后，就可以腾出一项需要甚切的资金，用来偿付在扩张政策下必要的进口增量，并且使伦敦对贫困的债务国家可以进行贷款。我们提高了进口税率，限制了某些商品的进口，从而攘夺了世界上某些地区的购买力；通过上述增加进口、进行贷款的方式，就可以在另一方面来恢复那些地区的购买力。有些狂热的自由贸易主义者也许会认为，进口税对出口发生的不利影响，将使所有这些想法尽成泡影；但事实并不是这样。

自由贸易主义者在他们一贯的信条下，会把财政关税看作是一种应急口粮，只有在紧急事态下才能一度试用。现在已经到了紧急关头。现在我们还有一点喘息时间，还有一点剩下的财政力量，乘这个时候，还可以拟出一个国内的与国际的政策或计划，从而对收缩精神和畏缩心理痛下针砭，进行扫荡。

否则，如果自由贸易主义者拒绝这类权宜手段，则必然的结果是现政府将倒台，代之而起的新内阁，在缺乏信心的混乱状态下，势将全力进行十足的保护贸易政策。

二、在取消金本位制前夕
（1931年9月10日）

国民的精神力量现在被导入了歧途，我们应当比前更进一步地集中心力于当前问题实质的分析；除非是这样，否则严重的困难还方兴未艾。

目前从全国、从地方或从个人来说，心力都完全集中于“节约”这个观念上。节约的含意就是消极行为，对于一切足以使生产力量化为实际行动的开支，一概抓着不放。假使把这一点误作应尽的职责而尽力推行，也许会产生那样可惊的社会影响，以致使我们国民生活整个系统发生动摇。

五月间提出的节约方案，在一般原则上是否适当且不去管它，就所列举的各项看来，简直没有一项不是准定要增加失业，要降低企业利润，并且要减少国家岁入的。我匡计了一下，名义上说节约一亿镑，实际上预算赤字的净减数当不会超过五千万镑。假使认为在这样的节约计划下，对于要加以援助的失业者人数或对于现行租税收入不会发生影响，那是自欺欺人——除非我们的真正目标并不在此，而是在于为国外金融家设想而伪装预算平衡。

如果我们把一切方式的节约执行到底，到那个时候预算将确然获得平衡，因为收支双方都将等于零；我们由于节约的关系，将互相拒绝购入彼此的劳务，我们大家都将仰翻在地上，成为饿莩。

我们的首相曾说，现在就像又来了一次战争一样，有许多人都很信从他的话。但事实恰恰相反。当战争时期，制止一切可以暂缓的支出是有道理的，这样就可以把资源节省出来，用来应付无止境的军事需求。可是现在我们要节省资源作什么用？由此，只是可以让一些人袖着双手，站在街道角落里，靠着失业津贴度日。

我们已经有了大批的失业工人，我们拥有各式各样置而不用的资源，这个时候如果厉行节约，从国家立场上来看，只在一个方面是有用的，即，**它能减低我们对输出品的消费**。至于其他方面，则它的效果将完全消耗在失业、企业亏损与储蓄降低中。就是以减少输入这一点来说，这也是一个非常间接的、浪费的方式。

如果我们剥夺一部分人的工作机会，降低政府从业员的收入，因此使直接或间接受到影响的那些人，买不起如以前那样多的进口食品，就这一点来说，政府财政情况是可以获得缓和的。但这不会占到总节约的百分之二十以上。其余的百分之八十都将被浪费掉，或者成为亏损的单纯的转移，或者由于英国国民互相拒绝购入彼此的劳务而造成失业。

我所说的一些都是千真万确的。但是现在有许多人在大喊大叫，说是要厉行节约，他们提出这样的口号时，所要想获得的真正结果是什么，我不晓得百万人中可有一个有一点点含糊笼统的概念。

这并不是说这里不存在预算问题。事实恰恰相反。不过问题在于，预算的现在情况，主要是其他起因的一个征象和结果，而节约，就它本身来说，是要恶化而不是消除这些其他起因的，因此关于预算问题，要单纯从节约方针着手，是无法解决的。

我们困难的根本原因究竟在哪里呢？很大部分是由于世界经济萧条，直接是由于我们财政当局在决策中使人难以置信的轻率和鲁莽，最初是由于恢复金本位政策，关于将由此引起的困难的本质，一点了解都没有。如果把德国问题说成是预算问题而忘记了战后赔偿，是可笑的；同样的情况，把我们的问题说成是预算问题，也是不对头的。

谈到世界经济萧条，目前是我们一点办法都没有，去年五月间，我们似乎恢复了在国际方面的主导力量，现在这个力量又丧失了。我们关于国际银行业务的处理有欠妥贴，由此造成的结果是一时无法挽回的。现在可以容我们自由选择的只是一点，对于外汇的现在金平价，我们是否准备继续坚持下去。

结果是决定坚持不变，所以要这样，其中的原因我懂得，但我不赞成。决策是在歇斯底里精神状态下作出的，对于摆在我们面前的另一条道路，没有能加以沉着考虑。当局对于采取另一途径时会发生些什么后果，曾有所分析，但这类论调，在理性讨论中，就是十分钟也不能支持。

构成现内阁的阁员们，近十年来为了应付环境变化，作出了许多决定，对这些决定，大部分现在都已经感到后悔；我相信，这一次的决定，情形也不会例外的。

但这一点不是目前的问题所在。不计一切、维持金本位的决策已经确定。问题是在于，内阁和公众似乎还没有一个明确观念，作出了这一决定以后，除显然需要募集一笔外债以应付眼前急需外，究竟还应当做些什么，使这一决定得以贯彻执行。借债的结果，只是将原来以英镑计的借款，用以法郎计和美元计的借款来代替。但是我们决不能永远依靠外债。必须注意的，主要是跟改进当前贸易差额从而改进借贷关系有关的。这就是内阁应当考虑的问题。

关于这一问题，可以进行的路线只有两条。一个是比较温和的，是采取直接措施来限制输入（假使可能的话，同时可以实行输出补助）；还有一个是在国内全面降低货币工资。如果我们拒绝降低币值，两个办法最后我们也许不得不都试一试。

但眼前问题是，应当先试行哪个办法。要晓得，后一办法如果要它能充分生效，工资就得作猛烈降低，从社会公道和实际执行两个方面着想，都将引起莫大困难，都将引起也许是无法解决的问题；而前一限制输入的办法则温和得多，因此如果不先考虑前一办法，那就简直是愚不可及了。

事体很凑巧，这个前一办法，还有些别的重大优点。它还不仅是可以缓和外汇方面的紧张状态。作为一个使预算可以获得平衡的措施，它也比任何别一单独措施为有效。要想使企业利润有实际增长，要改进就业状态，要恢复企业界的精神和信心，这是可供我们采取的唯一征税方式。

最后，这也是能获得舆论广泛支持的唯一措施。据可靠报道，前任内阁赞成这一征税办法的，在人数比率上是三对一，现任内阁赞成这一办法的是四对一。剩下来还有一个可能上台的内阁，对这一办法是一致赞成的。现在是讲求牺牲的，我们在自我牺牲精神下有了一个漂亮的设计，这就是超党派的所谓“举国一致”内阁，这一组织的基本精神是，只要是在组阁期间，关于何者为解决当前困难最妥善办法这一点，每个成员同意放弃他自己的成见。

我个人认为贬低币值是一个正确的挽救办法，但国内还没有一个有组织的政党以此为政纲；如果把这个办法除去，我们还有三条路可走。

第一条路是冒险发展国内事业，认为总比被迫失业好些。

第二条路是进行普遍削减工资，为了顾到公道原则，对于其他的货币收入者，也尽可能列入处理范围以内。

第三条路是严格限制输入。

就我所了解的是，我们的“举国一致”内阁阁员们，对上述三个办法都不准备采取。他们的政策是，对于他们力量所能达到的那部分人，尽可能普遍地降低生活水平，希望降低的结果，将部分地对进口发生影响，使进口减少。不想直接限制进口，而宁可采用这样一个愚蠢方式，简直是荒谬绝伦的举动。

三、取消金本位制以后(1931 年 9 月 28 日给《泰晤士报》的一封信)

直到最近，我曾向自由党员①和别的一些人士竭力劝告，告诉他们，现在国内的与国外的货币成本发生了显著差别，实行财政关税是减轻由此发生的影响的一个主要手段，财政关税的重要意

① 〔主张自由贸易的我的一些朋友们，并不都是像我原来所想像那样地成见很深的。当财政关税已经不再需要的时候，他们之中却有很多人赞成这个措施。〕

义就在这里。但是上星期发生的事件，使情势有了重大变化。在英镑的现有价值下，从许多方面来看，英国生产者大概是居于世界上成本最低者的行列中的。处于这样情况，我们再不能若无其事地听任事态发展下去。在通货问题完全没有解决以前，要对关税问题作有理性的讨论是不可能的。因为，除非我们对英镑将来对黄金大体上的关系有进一步了解，除非我们晓得究竟有多少国家准备学我们的样，否则关于我们将处于什么样的竞争地位这一点，就无从说起。

请容我说明，当前应注意的已不是关税问题，而是通货问题。有着重要意义而迫切要求解决的是后者。它现在还是一个没有党派色彩的问题，对这一问题还没有一个政党提出它的明确主张。因此这一问题宜于作党外处理。可以肯定地说，这一问题是不宜与大选发生关系的。它提供了绝大机会，使我国有可能在金融方面居于领导地位。我们或者可以使全国以及世界其他各国半数以上跟着我们走，从而使伦敦在稳固的基础上重新建立金融主导地位。一方面关于高额保护关税建议，已经不再是一个迫切问题。目前如果使全国为了这个问题陷于纷争扰攘，却把另一个更加迫切、更加重要的问题撇开，那是错误的、也是愚蠢的行动。让我们全心全意，在共同努力下，为我们自己，也为世界其余各国，来拟出一个健全的国际通货政策。说是我们不必有这样一个政策，也仍然可以恢复以前的繁荣状态，说是可以用关税政策来代替这样一个政策，都是无济于事的空谈。等到通货问题解决以后，我们就可以重新回到保护关税以及其他国内问题，到那个时候我们就可以在确实的基础上进行讨论；那才是大选的适当时机。

第七篇　金本位制的结束
（1931 年 9 月 27 日）[1]

我们终于解脱了黄金枷锁的束缚，英国人听到这个消息，很少不欢欣鼓舞的。我们松了一口气，感到终于可以自由自在地干些有理性的事了。凭虚弄巧的局面已经过去，现在我们可以脚踏实地地研究一下了，怎样的政策才算是最上策。

现在回想起来似乎觉得有些奇怪，当初决定实行金本位制时，分明是大难临头，却会受到那样热烈的欢迎。现在我们不再使用人为手段，硬使我们的通货高出实际价值，这一决定对英国工商业的巨大利益，也很快地获得了广泛领会。

对这一决定，内部意见过去之所以不能统一，主要是基于另一观点。难以决定的是有关道义立场的一个问题。伦敦当局认为按照已有的货币价值，已经从国外接受了大量存款，因此负有道义上的责任，应当竭尽一切力量来维持这一价值，即使由此使英国工业处于难堪的紧张状态，也在所不计。我们把自己的利益搁在一边。这样的方针，究竟要演进到什么程度，才算是超出了合理范围呢？这就是难以决定的一点。

---

① 〔英国于 1931 年 9 月 21 日取消金本位。〕

现在事势的演变已经定局，我们早日解除痛苦的希望已经实现；至于如何满足道义上的要求，根据整个世界的判断，可以说我们已经做到了尽头，可以问心无愧。因为我们是到了万不得已的时候，才采取这一步骤的。在过去几个星期之间，英格兰银行用黄金或其等值物付出了两亿镑，大约相等于国外投资者在伦敦所有债权的半数，而在这个时期，伦敦出借国外的资金则大部分被冻结。我们已经做到了仁至义尽，相信再没有一个银行家能比我们所做的更进一步了。伦敦将收拾残局，卷土重来，这个时候，它的信誉丝毫也没有损伤。因为它为维持信誉，甚至冒了那样的险，使英国商业几乎处于停顿状态，它的努力，已经近于唐·吉诃德式的愚蠢的侠义行为。

这就难怪，在金本位制解除以后，我们就有了复苏感觉，证券交易所的价格扶摇直上，奄奄一息的工业又活跃了起来。因为，假使英镑汇率降低了，比方说，百分之二十五，这就等于是用这样一个税率来限制输入；但是用关税来限制进口，并不能有助于我们的出口，也许还会不利于出口，而英镑贬值百分之二十五，却等于使出口获得了等量的补助，从而促使国内生产者抵制进口。

在许多行业中，现在英国制造商的生产成本，以金来衡量时，必然是世界上最低的。我们没有削减工资，也没有劳资纠纷，却获得了这样的利益。我们获得这些利益时，就社会的各个部门来说，其间也是绝对公平的，同时对生活费也没有任何严重影响。由于我们总消费额内约四分之一弱是进口品，因此英镑汇率的降低要远远在百分之二十五以上，才会使生活费有提高百分之十的可能。这对任何人不会引起严重困难，因为这只是恢复两年以前的情况。

同时这一情况对就业却会发生极大的促进作用。

在此后几天里，英镑汇率会降低多少，我不愿有所预测；我所要说的只是，在一时之间也许会有过甚的低落，低落到在冷静的观察者核算下所默认的平衡价值以下。到那个时候，自会有投机渔利者的有利于英汇的举动，与出于另一方面的恐慌心理下的抛售英汇，相抵于平。我们的当局，当初让英镑汇率达到这样高度，是一个重大错误，因为此后英汇必然要逐步降落，趋向于比较真确的水平，而在这一过程中势将削弱信心，对无知者引起一种印象，以为英汇的跌势将无所底止。那些对前途过度乐观的人，很有可能，会被过度的悲观心理所屈服。但悲观心理与乐观心理同样地缺乏依据。英镑的平衡值跟一个月以前并没有什么两样。当英镑有了过度的低落时，自然会有惊人的伟大力量来加以支持。在我看来，这里并没有什么危险因素，会造成灾害性镑价低落。

简单地说，这是在英国方面的影响情况。那么在世界其他各国将受到怎样的影响呢？受到影响的情况并不是各地一致的。让我们先谈一谈债务国家；英国对这些国家，如澳洲、阿根廷与印度，过去曾贷出了以英镑计的巨额债款，这些债款的到期利息也是以英镑计的。对这些国家来说，英镑贬值等于对它们的欠额作了一次巨大减让。此后用它们的商品来偿还英金负债时，等量的债额，可以用数量比前减少的商品来偿还。各国欠英国以英镑计的利息，为数每年约一亿镑。就这一项来说，英国现在所表现的是个非常圆通、讲情讲理的债权人；近来商品价格惨跌，情况发生了巨大变化，因此它酌量减低了权利要求。

再谈一谈对另一些工业国家的影响。在与这些国家的竞争中，我们现在处于比较优越的地位。对这些国家所发生的影响，比较复杂。我预料，世界上有很大一个部分，将学英国的样，降低它们货币的原有金值。现在已经有迹象表明，有许多国家不准备再用巨大力量来维持金平价。最近几天，加拿大、意大利和斯堪的纳维亚，已经按照我们的方向行事。印度、英国各直辖殖民地，包括海峡殖民地，已经自动地在跟着英镑走。澳洲和整个南美洲，已经不再努力保持金平价。德国也会学我们的样，如果在这一点上它行动迟迟，将使我感到惊奇。荷兰能听任荷属东印度群岛束缚在金平价上，坐视那里的橡皮业和糖业受到毁灭性打击吗？世界上有很大一个部分，将不得不步我们的后尘。由于价格收缩的结果，英国所遇到的困难毕竟还不是很大的，有许多国家的困难情况还要严重得多。

就这一方面的情况来说，我们和学我们样的一切国家，将得到价格提高的好处。但我们之间，却并没有一个会以别的国家为牺牲，而从中猎取竞争利益。因此不利的竞争处境，将集中于那些依然保持着金本位制的少数国家。这时米达斯的惨运将临到它们头上。由于它们输出商品时除黄金外不愿意接受别的代价，它们的出口业将逐渐萎缩以至于零，直到最后，它们既不能享有对外贸易的顺差，也不能有国外存款可以收回本国。这里指的主要是法国和美国。它们出口贸易的丧失，是出于它们自己行动的结果，这是无可避免的，是可以预先断定的。这些国家，主要是由于战争和战争协定的结果，使世界其他国家对它们欠下了为数很大的债务。它们则筑起了关税壁垒，阻止别的国家用商品来偿付债务。它们已经吸收了几乎全世界所有的黄金剩额。结果，对世界上其他国家来说，要保持资力和自尊观念，根据逻辑，只剩下一条路可走，这就是停止购入这些国家的出口品。只要还保存着金本位制——这意味着，国际商品价格不论在哪一处必须大体上相等——就必定会有通货收缩的竞争性活动，我们每个国家都得设法使自己的物价落得比其他国家快，结果使失业扩大、企业亏损到了难以忍受的程度。

但是一等到金汇兑关系破裂，问题就解决了。因为法国与美国的货币跟其他国家的货币相形之下，价值高低悬殊，这就使法国与美国的出口商不可能向国外售出商品。这两个国家近来所施行的政策，如果坚持下去，不会产生任何别的结果。它们有意要毁灭自己的出口业，解铃还是系铃人，也只有由它们自己采取必要步骤，才能有恢复希望。它们通货价值的提高，也必然为它们自己的银行系统造成严重困难。美国事实上是出了个题目给世界各国，要各国想出办法来，不靠它的小麦、它的铜产、它的棉花和它的汽车而过日子。它出的题目只有一个解答。我们已经被迫找到了这个答案。

然而上面带些悻悻然的语调，与我的本意却是完全相反的。我们所不得不采取的解决办法，虽然立即使我们松了口气，把紧张局面移转到了别的国家，实际上这个办法对不论哪一个国家说来，都是不能令人满意的。美国商业如果不能复兴，世界就决没有繁荣的希望。世界上各个国家相互之间是密切关联的，共有的和平与信心以及和谐一致的经济平衡，是唯一值得争取的目标。

我相信，上周发生的重大事件，在世界经济史上将展开新的一页。我希望由此可以冲破国际间存在的似乎难以逾越的森严壁垒。我们现在需要的是,共同进行亲切、坦率的协商,为我们事业前途作出更好的安排。从去年六月起,美国总统似乎转入了睡眠状态。世界上正有许多重大问题值得他留意。然而美国一直保持沉默,无所举动,这种神秘气氛笼罩着白宫,到现在似乎还没有消散。有人说,解决办法的实现总不够及时,总是来得太迟;情形是不是这样呢?我们不妨邀集全世界四分之三地区、包括我们整个帝国的代表们,请他们在英国跟我们一道,来设计一个与商品对照下是稳定的新通货制度;这个办法好不好呢?否则,我们也不妨考虑再度施行金本位制,当然,新制的内容必须彻底改革,新订的条款必须精确、严密;这些条款应当怎样考虑、订立,金本位制各国在这方面有没有研究兴趣呢?

第四部分

政　　治

第一篇　放任主义的终局(1926 年)

让我们把那些时常作为放任主义根据的抽象或一般原则,彻底澄清一下。认为个人在经济活动中一向拥有"天赋自由",这个说法是不确的。世间并没有"合约",对于有所占有或有所取得的那些人,曾给以永恒权利。说是私人利益与社会利益一定互相一致,这一点并无根据,上天并不是这样来统治世界的。说是两种利益实际上互相一致,这个说法也不确,在下界并不是这样来管理社会的。说是开明的利己主义总是为公共利益努力的,这也不是根据经济学原理得出的正确推论。况且利己主义一般也并不是开明的;当个人各自从事于争取实现他自己的目的时,往往会过于愚昧,或过于脆弱,甚至连这方面的目的也难以实现。经验没有能证明,说是当许多个人组成一个社会单位时,比他们单独进行活动时,其精明干练的程度就一定会差些。

因此哪些应归政府管理,哪些应由个人自决,不能在抽象基础上决定,必须根据具体情况处理。伯克谈到这个问题时这样说:"哪些是政府应当通过群众智慧来负责管理的,哪些是政府应当尽可能地避免干涉,让个人自己来努力的;如何确定这一点,是立法中最微妙问题之一。"边沁曾使用了现已被人忘记但很切用的两个名词,"任务"与"非任务",来说明哪些是需要政府过问的,哪些是政府不必过问的；我们对这两者应加以区别。他还有一个假定的前提，认为政府干涉，一般总是“不需要的”，并且是“有害的”；[①]关于这一点，我们不必跟他抱同样态度。看来经济学家目前的主要使命是，把政府的“任务”与“非任务”重新辨别一下；还有一个使命是在民主政体下设计出能够完成“任务”的管理方式。在我意想中的是怎样的一些管理方式，可用下面两个例子来说明。

(1)我认为，在许多情况下，管理单位和组织单位的规模大小最合理想的是处于个人与现代国家之间的那种规模。因此我认为国内的某些半自治团体，应当予以发展与鼓励，这是能否前进的关键所在。这些团体，在它们自己的范围内，其行动准则是纯粹为它们所了解的公共利益服务，而为个人谋利益的动机是不属于它们的考虑范围以内的；虽然，在人们利他主义的胸襟还没有获得进一步扩大以前，对于各个集体、阶级或派别的各别的利益，也许仍有必要加以相当照顾，在这方面留下相当的余地。这类团体，在一般事件的处理中，在它们的规定限度内，主要是自治性质的，但最后须服从民主制度的统制，统制应当是通过议会实现的。

可以说，我所主张的是要回到独立自治的中世纪概念。不管怎样，在英国的一些法人组织是一种管理方式，这种方式一直占有重要地位，并且与我们的制度相协调。这类组织跟我所说的独立自治方式，有的已经相吻合，有的已经相接近，要就已有实际情况举例说明是很容易的，如各综合大学，如英格兰银行，如伦敦港务局，甚至一些铁路公司，都是例子。

---

① 边沁：《政治经济学手册》，包林出版社 1843 年版（著者死后出版）。

但还有比这类例子更加值得注意的是，股份组织，经过相当时期，发展到一定规模时所表现出来的那种在地位上更接近于公共团体，而不接近于利己主义的私营企业的趋势。近几十年来，有一个极其有意义而没有受到注意的演变趋势，是大企业使自己社会化的趋势。有些大公司，特别是大的铁路公司或公用事业公司，还有些大银行或大保险公司，在发展过程中已经达到了这样一个地步，公司资本的所有人，即股东，已经差不多与公司管理完全脱离关系，结果股东个人在猎取厚利这一方面的直接利益已逐渐退处于次要地位。当机构发展达到了这一阶段时，管理方面所格外注意的是整个组织的稳定和信用，而不是股东的最高利润。在股东方面，将不得不以能获得惯有的适度股利为满足；在管理方面，办到了这一点以后，它所直接注意的往往是，怎样可以避免来自社会方面或来自它的顾客方面的批评。当组织达到了足够巨大的规模，或已居于半垄断地位，特别容易引起社会的注意，容易受到社会的责难时，就更加会有这样的倾向。关于这一倾向，可以举英格兰银行作为一个极端的例子，这个银行，在理论上仍然是属于私人所有、不受限制的财产。几乎可以这样说，当英格兰银行总裁决定他的政策时，不免要考虑到国内各方面的利益，这时对各类人物中他考虑得最少的，恐怕就是他的股东。这些股东所享有的只是惯常的股利，在此限度以外的权利，已经几乎减至于零。还有许多别的大规模机构，情况也是这样。随着时间的推移，这类机构正在走上社会化道路。

这并不是一个有利无弊的演进。由此也促进了保守倾向，并且使企业趋于衰落。事实上，根据这类情况，已经发现了国家社会

主义的许多优点和缺点。然而我认为，从这里我们可以看到演进的自然趋向。社会主义对无限制个人利益的斗争，正在各个情况下逐步地获得胜利。这种斗争，在别的场合依然是尖锐的，在这里所说的范围内，却已经不再是一个迫切问题。例如铁路的国有化，实际上已经没有比它更不重要的所谓重要政治问题了，与英国经济生活改革发生的关系，也没有比它更少的了。

不错，有许多大企业，特别是公用事业以及其他需要大量固定资本的事业，仍然需要在半社会化形式下进行。我们对于这种半社会主义形式，必须具有随机应变的态度；对于当前的自然趋势，必须加以充分利用；半自治组织，比起由部长们直接负责的中央政府机关，也许要高明些，我们抱着这样的态度也许是必要的。

我批评了空想的国家社会主义。这并不是由于它企图将人们的利他主义动机导向社会事业，不是由于它违反了放任主义，不是由于它剥夺了孜孜求利的天赋自由，也不是由于它具有向前闯进的勇气。这些都是我所赞美的。我批评了它，是因为它没有能抓住实际发生的事态的重要意义，因为它实际上只是应付旧时代问题的一个计划的黯淡的残余，充其量比这个也好不了许多——这些问题还是五十年前的事，而且还是出于对某人在一百年前说的一番话的误解。十九世纪的国家社会主义发源于边沁，发源于自由竞争，等等，是对于作为十九世纪个人主义基础的个人主义哲学的反映，在某些方面反映得比较清楚些，在某些方面则反映得比较模糊些。两者都竭力强调自由这一点，一个消极地主张不要限制现有的自由，另一个则积极主张消除自然存在的或以人力取得的垄断。两者是对同一种精神气氛的不同反应。

(2)其次要谈到的是，关于政府"任务"，尤其是那些迫切的、希望在不久将来执行的任务的准据问题。事业的性质不一，有些在技术上是属于社会性的，有些在技术上是宜于个人经营的，对两者必须加以区别。有些事业个人已经在进行，已经有了成就，而有些事业则在个人活动范围以外，关于后一类，政府如果不作出决定，就再没有人来过问；政府最重要的任务是与后者而不是与前者有关的。在政府方面，主要不是在于去做那些个人已经在那里做的事体，不是在于比个人会做得好些或坏些，而是在于去做那些现在还没有人在那里做的事体。

至于在这方面的实际政策如何进行，当不在本篇讨论范围之内。因此这里只是限于举示几个例子，只是就我所偶然注意到的、比较考虑得最多的几个问题，加以阐述。

我们这个时代最显著的经济病征，有许多是起源于冒险、不确定与愚昧无知这几个因素。病征的发生，是由于某些个人，凭着他们所处的地位或所具有的才干，对于不确定与愚昧无知这类现象，能够从中加以利用，是由于在同样的原因下，使大企业往往成了侥幸的产物，造成财富分配高度的不平等；工人的失业，合理的企业预期的遭到挫折，以及生产效能的削弱，原因也就在这里。然而要使这些现象获得纠正，却不是个人活动所能办得到的；不但如此，甚至由于个人的利害关系，而会使病态恶化。我认为补救办法部分是在于中央机构对通货与信用的审慎管理，部分是在于将企业情况的有关资料大规模加以收集与传布，必要时可以法律规定，将一切企业实际情况，凡是公开后对社会有利的，应尽量公开。凭了这类措施，就可以使社会通过某种适当的行动机构，对私营企业的内部错杂情况，发挥监督作用。即使借助于这类措施，不能充分发生效果，也可以使我们拥有比较丰富的情报，便于采取进一步行动。

我还要举一个例子，那是有关储蓄和投资的。就整个社会来说，储蓄应该达到怎样的规模最为相宜，储蓄中多大的成分应该在对外投资形式下流出国境，现在的投资市场组织，对储蓄是不是沿着最有利于国内生产的路线进行分配的；我认为，在这些方面都需要某种能配合理性的判断的行动。关于这类问题，我认为不应当像现在这样完全在个人判断与个人利益的引导下，凭机运来决定。

我还想到一点是有关人口问题的。现在已经是时候了，各个国家关于人口的多少，需要有一个审慎的国家政策，按照目前人口来计量，是应当有所扩大还是有所缩减，还是不增不减，应当有一个仔细打算。这方面的政策决定以后，必须进一步采取实际行动。不久也许还要有进一步要求，整个社会对于它的未来成员需要注意的，也许不仅是数量问题，还有先天质量问题。

这里所谈的，目的是在于，凭着集体动作的力量，对现代资本主义在技术上有所改进。资本主义的主要特征是，依靠个人图利与个人嗜利本能的强度引力，以此作为经济机器的主要动力；上面所谈的，在我看来，跟资本主义这一主要特征，似乎并没有什么严重矛盾。本篇已将结束，我的谈锋不准备再扯到别的方面。虽然，在结束时我还愿意向你提醒一下，此后将展开的最猛烈的斗争和意见上最深刻的分歧，大概不是在技术问题的方面——当这类问题，不论在斗争的哪一方，主要属于经济性质时——而是在于另一方面，关于这个方面，还没有比较恰当的词来表达，可以姑且把它叫作心理的或者也许可以说是精神的方面。

我们这个社会,是以对个人金钱动机进行鼓励、助长和保护这一事实为基础的。在欧洲,或者至少在欧洲的某些部分——依我看来,美国似乎不在内——对于我们在这方面所做到的,相当普遍地存在着一种隐藏的反感。有些人认为,在我们事务的安排中,借助于金钱动机应当越少越好,而不是越多越好;这样的见解,也许不一定完全是出于推论的结果,而是以经验对照为依据的。不同的个人,由于所选择的职业不同,金钱动机在他们日常生活中会起着较大的作用,也会起着较小的作用。历史家会告诉我们,在社会组织的别的状态下,这一动机所起的作用,比现在所起的会小得多。多数宗教和多数哲学,至少可以说,对于以个人图利思想为主导的生活方式是反对的。但今天多数的人们,都不愿意接受禁欲主义观念,都毫不怀疑财富的真正利益。在他们看来似乎极其明显,人们没有金钱动机是不行的,而且除了某些无可否认的流弊以外,这一动机也极能尽职,表现得很好。结果一般人们就不再注意这个问题,在这方面他们究竟是怎样想的,有着怎样的感觉,根本就没有一个清晰的观念。

思想上和感觉上的混乱,造成了语言上的混乱。有许多人,实际上是反对资本主义作为一种生活方式的,但在他们言论中,好像反对的理由是在于资本主义实现它自己的目的时效能不足。相反地,资本主义的热烈拥护者却往往抱着过分的保守态度,不愿意接受技术上的改革,惟恐由此会成为脱离资本主义的开端,他们不晓得这是在实际上有助于资本主义的,会使它获得巩固,使它得以长期存在的。有些谈的是资本主义在技术上效能高低的问题,有些谈的是这一主义本身是否可取、应当加以拥护还是反对的问题；目前我们往往把这两方面的论调混同起来，相信将来在这一点上会有比较清楚的识别。在我看来，资本主义在高度有效的管理下，与我们目前为止所看到的任何别一制度比较，的确能够更加有效地实现经济目的；不过就这一制度本身看来，有许多方面是极端要不得的，是应当反对的。我们的问题是，如何努力设计出一个社会组织，与我们所满意的生活方式的观念既不致发生抵触，而效能则可以尽可能地提高。

促成下一步行动的，决不应当是政治煽动或不成熟的实验，而应当是思想。我们所需要的是在精神上作一番努力，来澄清我们自己的思想。目前我们的同情心和判断力往往没有定向，很容易落到不同的方向，这是一种痛苦的、陷于麻痹状态的心境。主张改革者除非有明确的目标，能够坚决地去追求这一目标，能使他的理知与感情调和一致，否则在实际行动中是不会有成就的。依我看来，现在世界上还没有一个政党，能够使用正确的方法，追求正确的目标。由于物质上的贫困，造成了一种动机，想变换局面，而关于所想换成的那个局面，实际上能供作实验的余地却是极少的。而正当时机凑巧，可以试一试革新计划而不致发生危险时，却由于物质上的富饶，打消了这种动机。要采取行动，欧洲所缺乏的是手段，美国所缺乏的是意志。我们内心对于外在事物的感应，如能加以正直坦率的检查，就可以由此自然地产生一套新的信心；我们所缺乏的就是这一套新信心。

第二篇　我是不是一个自由党员？(1925年)[①]

一

如果人生来是一个政治动物，而不加入任何政治党派，那就会感到非常不愉快——沉闷、孤寂，一切都觉得无从着力。如果你加入了一个政党，这个政党是坚强有力的，它的一些政纲和理论原则是值得同情的，能够同时满足你合群的、实践的和理知方面的本能要求，那是多么适意的一件事！值得大量捐助，值得以所有的空闲时间使用在这件事上——那是说，假定你是一个政治动物的话。

作为一个政治动物，如果他不甘心让自己说出这样一句丧气的话，说“我是一个无党无派的人”，那他就会加入任何党派，而不会成为无党无派的人。如果他不能根据“引力”的原则，他就得退而根据“斥力”的原则找到一个安身之所，拣一个比较起来最不嫌恶的政党加入，这总比孤零零地站在圈子外面好些。

现在讲到我自己。在这个消极标准下，我究竟处于什么立场

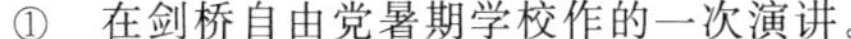

① 在剑桥自由党暑期学校作的一次演讲。

呢？让我自己成为一个保守党员吗？那怎么成！他们既不能给我什么吃的，也不能给我什么喝的——既不能在智能上使我有所增益，也不能在精神上使我得到安慰。他们既不能使我感到高兴，感到兴奋，也不能使我获得任何启发。他们——罢了，名字且不必提了——所共有的那种心理倾向，那种人生观，既不能促进我的个人利益，也不能促进公共利益。他们的政治纲领，不晓得究竟目的何在，它没有要实现的理想，它与任何理知标准都格格不入，甚至就我们所已经达到的文化程度来说，它也不能或不打算去防止它退化。

那么我应不应当加入工党呢？表面上看起来，它有着较大的吸引力。但仔细考虑一下，这里边也存在着很大困难。首先这是一个阶级党派，而这个阶级并不是我所属的阶级。如果我当真要追求阶级利益，那我就得追求属于我自己那个阶级的利益。谈到这样的阶级斗争时，我跟任何别人——除了某些热情的捣乱分子以外——一样，我阶级性的、个人的爱国心，是跟我自己的环境分不开的。我会受到在我看来似乎是公道的、良好的观念的影响；但在阶级斗争中会发现，我是站在有教育的资产阶级一边的。

但最主要的一点是，我不相信工党内有理知的分子会一直握有适当的支配权。有些人简直全然不晓得他们自己在说些什么；而决定党内许多问题的就是这些人。假使党的支配权一旦为独裁的内部集团所攫取——这是很有可能的——这个政党就将为极左派的利益说话；而工党的这一派别是要不得的，我把它叫作“破坏派”。

在消极标准下，我认为还是自由党，比较起来是前途发展的最好工具——只要有坚强领导和正确政纲。

但是当我们从积极的方面来考虑政党问题时，就是说从引力的方面而不是从斥力的方面来看政党时，不论把我们的希望寄托在党的策略上或人选上，那就会感到这个政党与任何别的政党一样，光景是黯淡的。所以会这样，拿各个政党来说，彼此都是出于同一理由。十九世纪历史上的政党问题，已经成为陈迹，而关于未来的问题正方兴未艾，这些现在都还没有成为政党问题，但已越过了旧的政党路线。

公民自由和宗教自由、选举权、爱尔兰问题、自治领自治、上院权限、所得税与财产税扩大差率、国库岁入在“社会改革”方面（如疾病保险、失业与老年退休、教育、住宅、公共卫生，等等）的费用——所有这些自由党曾为之努力奋斗的问题，或者是已获得了成就，或者是已经过去，或者是一切政党意见相一致的。此外还有些什么问题呢？有些人会提出土地问题。我却没有这样的想法。我认为这个问题，在它的传统方式下，由于事实的隐然变化，现在在政治上已经没有什么重大意义。就自由党的传统政纲来说，我只看到还有两个值得注意的问题——禁毒问题和自由贸易问题。两者之中，自由贸易，出于偶然的原因，仍然是一个当前重大的政治争点。关于自由贸易，一直存在着两种论调：一种是放任主义论调，这种论调过去是，现在仍然是投合自由党员个人的心意的；还有一种是经济论调，它的依据是，各国使用资源的情况不同，各有相对优点，听任自由流通，可以交受其利。关于自由贸易原则，还有一套政治上的理由，我对这一点已经不再有信心。我相信自由贸易，因为归根到底，一般说来，这是唯一的在技术上正确、理智上

无懈可击的政策。

但是从最好的方面来说，自由党在土地、禁毒和自由贸易三个问题上，即使对前两者获得了一致的、明确的政纲，它就能够靠了这三个问题而长期生存吗？作为一个自由党员，目前在积极论证方面是极其贫弱的。那么别的政党在积极论证方面的情况怎样呢？

保守党始终是极端顽固派的发祥地。但就积极的意义上来讲，它所处的情况也不见得比自由党高明些。保守党内比较年轻的进步分子跟一般的自由党员比起来，在政策上或观念上并没有什么真正区别，党派之所以不同，往往只是由于偶然的气质上或过去结合上的关系。过去的那些战斗口号现在已经喊不响了，或者是已经沉寂了。教会、贵族、地主利益、财产权利、帝国荣誉、功勋夸耀，甚至啤酒和威士忌酒问题——所有这些，都决不能再构成英国政治上的主导力量。

个人主义的资本主义此后将如何与环境的演变相适应，这是一个当前重大问题；我代保守党设想，对这一点如何贡献意见，进行解释，应多加注意。困难的一点是，在伦敦商业中心以及在议会里的一些资本家巨头，对于何者是保卫资本主义的新措施，何者是布尔什维主义，根本不能辨别清楚。如果旧式的资本主义，在智力上能够保护自己，那就可以长治久安，经过许多年代也不会被击倒。但对社会主义者说来有幸的一点是，这样的希望还很少。

我认为使个人主义的资本主义在精神上趋于腐朽的种子，是来源于一种制度，这个制度绝对不是它本身的特征，而是从它的前身、封建制度继承得来的——这就是资本主义下的世袭原则。居于主导地位者，其中有过多部分是创业者的后代，是第三代人。要使一种社会制度趋于衰退，再没有比坚持世袭原则这个办法更有效的了。要说明这一点，可以举教会为例，这是在我们一切制度中具有最悠久历史的，它始终没有沾染上世袭的气味，避之惟恐不远，所以这个制度得以长期存在。

正如保守党总有它的极端顽固派一样，作为工党羽翼的，也总有这么一个“破坏派”——可以叫它作过激革命者，或是共产主义者，或是布尔什维克，不管你喜欢叫它什么。这一派所仇视或轻视的是现有制度，认为只要推翻这些制度，就会获得大好效果；或者至少认为，推翻现有制度是获得任何大好效果的必要前提。只有当社会受到压迫，在苦恼、忧郁的气氛下，或者是对顽固派的统治发生反感时，像这样的派别才会有发荣滋长的余地。在英国，这一个极端派，从数量上来看，是极其微弱的。尽管这样，它的理论，在冲淡了的形态下，依我看来，已渗入整个工党。这一破坏派，普遍存在着极端的愤激和猜忌心情；工党的领导们，不管他们内心是怎样的和平中正，为了获得选举的胜利，总不能不有赖于对这种心情表示轻微的同情。工党行使它的政策时，譬如是在张帆前进，而腐蚀着船身，降低了它的适航性的蛆虫，我认为就是对破坏派这种暗藏的同情态度。对社会上有财有势的那些人抱着仇恨、嫉忌的激动心情，这样的态度，与建立一个真正共和国家的理想，是不相称合的。然而作为一个成功的工党领导，却不能不带些粗犷、凶残的气味，或者至少在表面上必须显得是这样。他单单表示对他同胞的热爱是不够的，他还得显出对他同胞的仇恨情绪。

那么我对自由主义所要求的是什么呢？一方面保守主义有它

明确的立场；作为它的右翼的是极端顽固派，使它有了力量和热情；作为它的左翼的是有教养的、通情达理的、保守的自由贸易主义者，可以说是这类人中“最好的典范”，他们使保守主义在精神上、道义上提高了威望。另一方面，工党的立场也是明确的；作为它的左翼的是那些破坏者，使它有了力量和热情；作为它的右翼的是有教养的、通情达理的社会主义改革者，可以说是这类人中“最好的典范”，他们使工党在精神上、道义上提高了威望。那么在这两者之间还有没有余地，可以容纳些别的什么呢？是不是我们这里每个人只须自己考虑一下，是要让自己成为保守的自由贸易主义者“最好的典范”呢，还是要让自己成为社会主义改革者“最好的典范”；是不是这样就算完结了呢？

也许这就是我们怎样找到归宿的一个办法。然而我仍然认为，其间是有着可容另一党派回旋的余地的。我们有极端的顽固派，也有另一极端的破坏派，两者会互相损害对方的建设。这个另一党派对阶级间的利益将不感兴趣，为前途谋发展时，将不受到上述两个极端派的影响。像这样一个政党的理论和实际，大致应该是怎样的呢？现在试就我所想到的，略加诠释。

首先，它必须从过去的僵局中把自己解放出来。有些人是全神贯注在那种旧式的个人主义和放任主义的，十九世纪之所以能获得成就，这两者是有伟大作用的；但现在情况不同了，在我看来，这些人除了作为保守党的左翼以外，已经没有位置。我所以这样说，并不是由于我认为这些理论当初处于产生时的环境下就是错误的（如果我早生一百年，我也希望当时能加入这样一个政党），而是由于它们与现代情况已经不相适应。我们的政纲所针对的，决不应当是自由主义下的历史争点，而应当是那些当前的利害关系和当前的重大迫切问题——不管现在是不是已经成了政党问题。我们这样做时，即使不受欢迎或受到讥嘲，也在所不惜。抱着这个宗旨锲而不舍，然后我们这些成员就可以逐渐吸收群众，我们这个团体就可以获得新生力量。

二

我把当前问题分成了五个类别：

1. 和平问题。
2. 政府职责问题。
3. 性的问题。
4. 禁毒问题。
5. 经济问题。

首先，让我们抱着极端和平主义者的态度来谈谈和平问题。关于大英帝国，除了在印度以外，我看没有什么重大问题。就有关政权的问题来说，在别的地区，友好分裂程序已经差不多完成，对各方都有很大好处。至于和平问题与军备问题，则现在还刚刚开始。为和平着想，我是愿意冒些险的，就像过去我们为战争冒险一样。但是关于冒险行动所采取的方式，我所指的并不是在种种假设情况下发动战争。我是反对订立盟约的。用我们全部武装力量来保卫解除了武装的德国，使它不致受到兵力达到最高峰的法国的攻击，这样的态度是愚蠢的；而且说是在西欧此后的任何战争中，我们都不会置身事外，这样的假定也是不必要的。我却赞成在国际公断和裁减军备方面有所努力，即使冒着使自己地位被削弱的危险也在所不惜，希望在这方面能作出一个很好的榜样。

其次要谈到的是关于政府职责的问题，这是很沉闷的但很重要的一个问题。有许多任务，政府在过去是避不过问的，我认为今后将不得不担当起来。在这些方面，部长们和议会是无能为力的。我们的方针是必须尽可能地使政府职责分散、转让，尤其要注意的是要从事建立半独立性质的团体和机构，将新兴的和原有的一部分任务托付给它们；但是不可损及民主政体原则或议会的根本主权。这些问题在将来的重要程度和困难程度，将不亚于过去的选举权问题与两院关系问题。

我把一部分问题总起来，称之为性的问题，这在过去并不是政党问题。这是因为这类问题过去从来没有、或者是很难得成为公众讨论题材的。但是现在这方面的一切都有了变化。现在广大民众感到最大兴趣的就是这类题材，很少别的题材被讨论得更广泛的。这类题材是具有极度的社会重要意义的，势必引起见解上真正的、出于内心的不相苟同。有些是与某些经济问题的解决有着深切关系的。性的问题不久将登上政治舞台，我认为这一点是没有疑问的。参政权运动所体现的只是一个粗浅的开端，这只是一个征象，说明在事态的表面下还酝酿着进一步深切、进一步重要的争点。

诸如节制生育、避孕剂的使用、婚姻法、性的罪恶与变态、妇女的经济地位、家族的经济地位这类问题，法律与传统见解的现在情况还是中古式的，跟文明的见解与文明的实践，跟不论是有教育或没有教育的私人相互之间所谈论的，已经完全脱节。有些人以为这类见解上的变化，只限于少数有教育的分子，只限于上流社会的一小部分，这是自欺欺人之谈。有些人以为关于节制生育或离婚法修正这类意见，女工们听了会大吃一惊；希望不要再存这样的误解。事实上在她们看来，这类事物所体现的是新自由，是从最难堪的虐政下获得了解放。作为一个政党，如果能在集会中公开地、开明地讨论这类问题，就会使选民发生新鲜活泼的兴趣；这是因为在这样情况下，政治又与某一类问题有了接触，而这类问题是每个人都想了解，与每个人自己的生活都有深切关系的。

这些问题也与经济问题联结在一起，而这类经济问题是无法规避的。节制生育，一方面关系到妇女的自由，另一方面也关系到国家的职责，国家对于国内人口的多少，跟对于军队编制的增减或预算数额的大小，正应同样地关心。妇女工资劳动者的境遇和家庭工资收入的计划，不但影响到妇女的地位（首先影响到有工资劳动的完成，其次影响到无工资劳动的完成），而且也牵涉到有关工资的整个问题——问题是工资应当依照放任主义传统理论下的供求力来规定呢，还是应当照顾到“公平”与“合理”原则，照顾到一切环境，对供求力的自由活动逐步加以限制。

这个国家的禁毒问题，实际上只是限于禁酒的问题；虽然我还想把赌博也包括在这个项目内。我希望禁售酒精饮料、禁止以赌博为业会成为一件好事。但问题并不就此解决。多烦恼、多痛苦的人生，也应当不时地有点安慰，有点刺激，变换一下空气。在这方面究竟可以容许放纵到什么程度呢？这是一个重要问题。适度地放纵一下，狂欢一下，来一次节日庆祝或嘉年华会，既不致碍及健康，也不致耗费过度，同时并严格防止堕入在美国叫作“瘾君子”

那一流人物的恶习；这样的情况能不能容许存在呢？

这类问题究竟应当如何处理，我不能静候解答，这里必须赶紧转到一切政治问题中最大的问题，也就是我最有资格讨论的，这就是经济问题。

有一位杰出的美国经济学家，康芒斯教授，对于我们现在所处的经济初期转变阶段的性质，他是最先认识到的一个；他把经济进展分为三个时期，即三个经济阶段，我们正在进入的是第三个阶段。

第一个是经济不足时代。造成这种现象的原因是“效能不足，这是由于暴力、战争、风俗、习惯的关系，或者是由于迷信”。中间除短暂间隔、属于特殊情况外，这就是到（假定说）十五世纪或十六世纪止，世界的正常经济状态。

其次是经济充裕时代。“在极端充裕时期，个人自由达到最高度，政权机构的高压统制降到最低度，个人之间的买卖代替了定量配给。”当十七世纪与十八世纪时，我们从经济不足的束缚中打开了一条生路，进入了经济充裕的自由环境，到了十九世纪，在放任主义与历史的自由主义的胜利下，这一时代兴会淋漓地达到了最高峰。自由党的前辈们，对于这个比较畅遂的时代还余情未断，往往要回过头去顾盼一下，这是不足为奇的，也并不是什么丢脸的事。

但是现在我们正在进入第三时代，康芒斯教授把它叫作经济稳定时代；把它看作“马克思共产主义以外真正可以采择的东西”，这的确是道出了这一时代的特征的。在这一时期，他说，“个人自由又降到了最低度，所以会这样，部分是出于政府制裁，但主要是出于经济制裁；这种经济制裁是出于各公会、劳资协会、工会的一致行动，这种行动有些是隐秘的，有些是半公开或公开的，也有些是出于公断的；这种经济制裁还出于工商业者、工人、农民和银行业者的其他集体动作。”

在政治领域内对于这一时代的歪曲，表现在两个方面，一方面是法西斯主义，另一方面是布尔什维主义。社会主义是没有中间路线的，因为它正同放任主义的个人主义与经济力量的自由活动一样，也是导源于充裕时代下的那些前提的；而报纸经济栏的编辑先生们，几乎是人类中唯一无二的分子，他们完全残忍而不究事理，对上述的后两点，依然现出一副可怜相，低头屈服。

要从经济的无政府状态转变到一种社会组织，组织的目的是在于为了社会公道与社会稳定、对经济力量加以控制与指导，这一点在技术上与政治上将引起莫大困难。虽然是这样，但我仍然认为新的自由主义的真正使命，就是为这一困难问题寻求解决途径。

事体很凑巧，我们现在正面临着煤业纠纷，思想上的混乱会造成什么结果，正可以煤业作为一个实例，从中吸取教训。一方面是财政部和英格兰银行，它们所执行的还是传统的十九世纪政策，所依据的假设是，供求力的自由演变能够完成、并且也应该由这方面的演变来完成经济调整。财政部和英格兰银行仍然认为，或者无论如何直到一两个星期以前还认为，存在着自由竞争与资本及劳动力的流动性的条件下所发生的那些事物，在今天的经济生活中的确会发生。

但在另一方面，不仅事实，而且舆论也已照着康芒斯教授所说的经济稳定时代的方向，迈进了一大步。工会具有充分力量，可以干扰供求力的自由活动；至于舆论方面，对工会虽然满怀不平，怨言不绝，深恐它将逐渐发展到危险地步，然而对它的主要争点仍然表示支持，认为煤矿工人不应成为在残酷的经济力量下的牺牲者，认为这类力量决不是他们发动的。

旧世界政党中还存在着这样的观点，认为我们可以变更货币价值，然后听任供求力来完成相因而至的经济调整；这是五十年前或一百年前的想法。那个时候工会还没有势力，贾格那特式的经济学尽可以在前进的道路上横冲直撞，不会受到阻挡，甚至还会博得采声。

我们的政治家们所奉为金科玉律的那些陈腐浅薄的教条，其中半数所依据的假设，在有一个时期是正确的，或者是部分正确的，但现在却变得一天一天地越来越欠正确了。时代不同了，在新时代我们必须创造新的教条，新的智慧。我们是在旧教条下培育出来的，但是今天如果我们打算获得任何成就，在那些旧教条面前，我们的态度就必须显得是非正统的、找麻烦的、凶险的、强头强脑的。

这就是说，在经济领域内，首先我们必须寻求新的政策，新的工具，使我们可以与经济力量的演变相适应，并加以控制，使这些力量，对于与求得社会稳定、社会公道的宗旨相适应的时代思潮，不致横加阻挠。

这一政治斗争还处于初期，这个时期会拖得很长，斗争会在种种不同形态下展开，但是将集中在货币政策方面，这个现象并不是偶然的。因为对稳定、对公道最猛烈的干扰，恰恰就是由价格水准的变动引起的；对于这种干扰，十九世纪由于经济充裕原则的影响曾以相当满意的心情表示屈从，而现在的情况不同了。对现代思潮和现代制度说来，这类变动的结果是难以忍受的；尤其是当官方硬要我们接受这类变动结果，以此作为一剂良药，而药性的猛烈，比十九世纪所吞服的更难下咽时，这就要使我们更加感到难堪了。

逐渐地，不知不觉地，我们改变了经济生活的人生观，改变了关于何者为合理的、何者为可以忍受的等等的看法；可是在这一改变过程中，我们的技巧，或我们陈腐浅薄的教条，却没有改变。这就使我们感到了痛苦，感到了烦恼。

一个政党的政纲，它的具体细节，必须在实际事变的压力与刺激下，逐渐地制订出来；要事前加以确定，除非用极其笼统的词句，是没有用的。但是自由党如果要恢复它的力量，那就必须有一个态度，一个原则，一个方向。我已经尽力说明了我自己对政治的态度；至于我在开头时提出的那个问题，我是不是一个自由党员，还是让别人根据我所说的这些，替我来答复吧。

第三篇　自由主义与工党(1926年)[1]

我不希望以后二十年间在保守党政府下生活。国内进步力量在自由党与工党之间，毫无转圜余地地分成了两派。无论在什么可能有的或可以预见得到的环境下，我不相信自由党在议院里的席位会占到三分之一。除非保守党的错误政策，经过相当时间，造成了经济上的灾害——这一点并不是没有可能的——否则我也不相信，工党在议院里的席位会占到二分之一。然而工党要靠了国家发生不幸事故来争得权位，这件事是不值得想望的；因为这只会助长破坏派的势力，而这一派在他们那个阶级里已经是一个重要因素。情势既然是这样，我们别无指望，只有让保守党政府继续下去。如果保守党在政策上发生了不是过于严重的错误，在过去也许足以影响到政党的盛衰，在现在则仍然是不会发生决定性影响的；除非一再发生错误，累积起来，造成了严重祸殃，局面才会改换。我不愿这样地在这两者之间进行选择。

有些人希望看到进步原则能够及时实行，认为这方面的行动如果耽延过久，会使国家碰到极度困难；对这些人说来，不管他们所属的是哪一政党，上面所提到的是一个实际政治问题。

---

① 1926年2月9日在曼彻斯特革新俱乐部致词摘要。

工党代表们惯于采取这样的反攻态度，他们要求自由党员结束自己的党，投奔到他们那里去。情况很明显，自由党的彻底消灭，在事实上是有可能的。将来也许会有这样的情况，任何人要想加入政党斗争，只能在两者之间而不是三者之间进行选择。但是我认为要想实现这样的目的，从政治上来看，从个人行动上来看，都是不足取的，从这两方面来看，我们都应当反对这样的想法。

我说从政治方面来看应当反对这个想法；因为自由党如果不复存在，在选民中的进步动机，由此不是加强而是削弱了。在国内有许多部门，在选民中有许多流派，在此后许多年间，决不会有足够多的人数或是抱着充分的热情来投工党的票，使工党获得胜利；但一等到情势有了变化，这些人就会毫不犹豫地投自由党的票。工党领导者们如果看不到这一点，那就只能说，他们没有能用清晰的眼光来看政治的真相。

我说从个人行动方面来看，也应当反对上述的这个想法；因为多数现在活跃的自由党员，虽然遇到必要的时候也会投工党的票，会跟着工党一道行动，但跟正式工党党员比起来，毕竟有些不同，不会有着同样的愉快心情、诚恳态度，也不会同样地感到心安理得。拿我自己来说。我自信我在性格上的保守倾向，低于工党一般选举人所具有的程度；我认为，关于社会改革可能有的变化，在我心头所想像的，较之，比方说，悉尼·韦伯、托马斯或惠特来几位先生现在观念中所接触到的，在范围上要广泛些。我想像中的这一领域，是处于天体的极端左方的。尽管是这样，我感到，我仍然是与自由党员处于同一个屋檐之下的；只要他们所提供的居处，有一椽一瓦，那就是我真正的家。

自由主义传统，虽然处于这样失意的时代，还具有这样的魅力，这是什么缘故？工党含有三个要素。这里有**工会主义者**，他们一度受到压制，现在是压制者，他们自私的、偏颇的主张，必须大胆地加以反对。这里还有主张使用激烈手段、造成突然变动的人们，由于名词上的误用，被称为**共产主义者**，他们牢守着一种信念，认为必须先破坏然后可以进行建设，由于他们不敢公开制造祸殃，因此不得不掉弄玄虚，使用阴谋诡计。最后还有**社会主义者**，他们认为现代社会的经济基础是不好的，然而可以改善。

许多自由党员在与上述第三个要素、即我称为社会主义者的那些人们交往或交谈时并不感到他们之间有什么意气不相投的情况。但是这些社会主义者所要走的道路，所要达到的目标，究竟是什么，除非在这方面有所了解；否则我们是不能跟着他们一道走的。他们的历史信条是国家社会主义和较新的口号、基尔特社会主义；我不相信，他们对这些方面的兴趣会比我们对这些方面的兴趣更大些。这些主义，对不论什么人说来，已经不再具有鼓动力量。工党中有前进思想的人和自由党中有前进思想的人，正在想另辟途径，想找到些较好的、较合用的来替换它们。两方面在观念上都还有些模糊不清，但彼此之间具有很大同感，具有相类的思想倾向。我相信，随着时间的进展，这两类人物在建设中将成为越来越亲密的朋友和同志。但是作为一个进步的自由党员，有一个很大优点。他可以拟定他的政策，而不必借助于工会主义者的横暴、阶级斗争的煽动或国家资本主义的空论，他尽可不必与这些方面相周旋，他对这些是全无信心的。

在实际政治领域内，有两件事必须发生，两者也都很有发生的

可能。第一件是必须再来一次大选,使工党中的乐观分子,对于他们在独立情况下所具有的政治力量,究竟达到什么程度,可以有一个清楚的认识。还有一件是,在我们方面必须来一次某种程度上的变化。自由党现在分成了两派,如果处于不得已情况下,一派将投保守党的票,还有一派,在同样情况下将投工党的票。从历史上以及从过去的贡献上来看,两派具有同样的资格,可以自称为自由党。有些自由党员,跟丘吉尔先生和艾尔弗雷德·蒙德爵士的态度一样,认为此后的政治斗争,最好把它看成是资本主义与社会主义之间的斗争,认为应当在这样的依据下,为资本主义尽力奋斗到最后一息;我认为,为了保持党的健全,所有抱着这样见解的成员,最好让他们退出党去。保守党员们的头脑和他们的特征,总是靠了自由党获得补充的,我们应当以绝好的材料供给他们,不可有所吝惜,使他们不至于在精神上陷于饥饿状态,这是我们的历史任务。上述那部分忠实的、有才智的而与保守党有同感的自由党员,对我们说来,已经显得过于衰老,过于顽固了;而保守党如果添了这部分生力军,让这部分人来主持,较之由那个党里原来的顽固派来主持,就要好得多。自由党可以对保守党政府供应阁员,可以对工党政府供应思想;自由党为国家作出贡献的方式,或者没有比这个更好的了。

保守党成员内,在前些日子还有丘吉尔先生和蒙德爵士,直到现在也还有几位性格相类的人;工党不愿意跟这样一个党派合作,无论如何,我对这个见解是同情的。但这一困难,很快就会自行解决。等这一点解决以后,自由主义与工党之间的关系,不论在议会,在选区,也不必借助于任何盟约或具体形式,就可以密切得多,比我们之中有些人所愿意看到的密切程度还要进一步。

保守党应当从老一辈的自由党员中获得补充；这个办法是适当的，正确的。但是当全局只被一些过了时的或软弱无能的工党分子所把持时，自由党将没有它的位置。自由党的进取性、对新思想的敏感，不应当次于工党，在新世界建设中不应当落后。我不相信，自由主义将来还会成为一个大政党机构，与保守党及工党媲美。虽然这样，但在前途命运的决定中，它也许会发生主导作用。重大变化是不会实现的，除非获得工党方面的积极协助。情况固然是这样，但是如果不首先经过自由党方面的仔细考虑和审定，这类改革就会是不健全的，且难以持久。像奥斯福爵士所具有的那种冷静沉着的气质，在我看来是自由党员特有的情调，与感情用事的狂热分子不同，比他们勇敢，比他们具有更加值得赞许的、更加宝贵的政治资质和天才。

人类的政治问题是要把三件事物结合起来，这三件是经济效能、社会公道和个人自由。第一件所需要的是鉴别力、谨慎小心的态度和技术知识；第二件所需要的是大公无私的精神、热烈的情绪和热爱群众；第三件所需要的是休休有容的宽大精神，对于不同方面所表现的各式各样的优点要能够重视，对于有特殊表现的，有雄心大志的，要不加阻挠，给以进展机会。第二个要素是无产阶级政党所具有的最大优点。但是第一和第三要素所要求的品质是这样一个政党所具有的，这个政党由于传统关系和由来已久的声气相投，是经济的个人主义与社会自由的发祥地。

第五部分

前途展望

第一篇 《克力索尔德》读后感（1927年）

威尔斯先生和他的发行人这次别出心裁，让大家对他最近的作品，[1]反复评论了三次，现在为时已经很晚，对这部书再要说些什么，或者要嫌说得太多了。但我先读了书评，然后又读了作品之后，对这些职业批评家所说的话，深感不满。现代批评家的弱点是缺乏辨别力，对不同的事物，无法加以区别。甚至威尔斯先生对写作形式的选择，也使他的评介者们感到迷惑。他们看不出他所追求的，他心目中所向往的，究竟是什么。他们所看到的只是一些糟粕，认为这些是决不能舍弃的，这就把作者贡献给英国读者的一些精粹部分丢掉了。或者可以说，他们的感觉力过于脆弱，因此无法体会作者的浩大气魄；而后者是用了他的如椽大笔，写出了大块文章，要抓住千百万读者的心灵，推动他们的思想前进。

威尔斯先生在这里所提出的，并不完全是他自己的观点，这个观点并不是在他个人经历或生活方式的基础上发展起来的。他掉换了一个角度，在这个角度下的观点所由依据的经验，跟他自己的经验大体上是不同的；这是一个成功的、自由自主的、在学术上半

① 《威廉·克力索尔德看到的世界》，共三卷。

精通的，而不是那种特别以博学自炫的英国企业家的经验。结果，这部书主要并不是一件艺术作品。其内容只是观念，而不是形式。这是一件有教育意义的作品，如果你喜欢的话，也可以把它叫作宣传品，它所企图的是要把一小部分人已经部分熟悉的那种心情，传达给广大群众。

这部书的内容是一个大杂拌，五花八门，什么都有。我想拣两个突出的、半经济性的主题来谈一谈。除这些以外，这部书所注意的是妇女问题，是在现代社会，妇女跟她们自己以及跟像克力索尔德类型的男性可能有的关系情况。关于这一点，是在高度率直与同情的态度下，在高度敏感的观察力下，来讨论的。读后的回味是辛酸的，这也就是作者的意图所在。

上述两个主题的第一个是对保守主义的猛烈抨击，着重说明的是迅速革新的必要、依恋过去的愚蠢和缺乏适应性的危险。威尔斯先生引起了我们一种奇妙的感觉，几乎像他以前的某些文艺作品所引起的感觉一样，他沉思默察着过去的和未来的无穷的岁月，这使我们得到一个印象，似乎进度是缓慢的（在无始无终的时间过程中，我们尽可以不慌不忙），然而到了今天，时间机器的运转却在加速，已经不能再有成百万年的时间来供我们回旋，因此我们现在必须在非常的高速度下前进。我们生活中的保守力量，被看成是古代的恐龙，彻底被消灭的命运正在它们前面等着。我们的思想、习惯和成见，没有能与物质变化齐步前进，两者形成了对立状态。我们的环境变化太快了，比我们自身的变化要快得多。我们的车子在前进，车厢正在撞着我们的头，逼着我们前进；除非赶紧挤上去，否则我们就要被摔下车来。看来保守主义比自杀实在高明不了许多。我们的恐龙将要遭殃了!

这是一个方面。我们呆呆地站在危险境地上。时间在飞逝。但是还有属于同一事物的另一方面——克力索尔德就在这里出现了。作为一个现代人,如果在现实生活中,他的思想是与时代并进的,但是在习惯上,在生活方式上,他的思想却仍然停留在老地方;这会造成何等的苦闷!那些宴会,那些庆祝典礼,是伦敦对成功者的褒奖;这一切对他又显得何等地可厌!作为一个深通世故的人,要经过社会上许多矫揉造作,这些都已经失去了意义,失去了惯有的快感,已经不能使人满足;会使他感到多大的烦恼!作为一个现代商业中的巨头,一方面是精神充沛的、建设性的活动,一方面在办公时间以外却缺乏适当环境,这两者之间的对立是尖锐的。况且就孜孜求利这一活动来说,在其间很大一部分,对社会是全无利益的,不是建设性的。在这部书的第一卷里,对于一般资本家那种无可奈何的苦闷心情,有一段很精采的叙述。克力索尔德的父亲,是公司发起人,也是投机商人,由于心情苦闷,起先流入了自命不凡的夸大狂一途,然后又发生了欺诈行为。因此,我们要用两只手来把社会生活这块塑料塑成我们自己的现代塑像。

我们这些人不仅是属于现代的,跟前一代有所不同,而且当我们成熟和掌握事权的时候,我们的年纪实在比我们祖先的要大一些。威尔斯先生突出地指出了现代生活中一向被忽视的一个特征,说明我们这一代的生命比以前要长得多,尤其重要的是,我们健康与活跃的时期获得了延长,在这个延长的时期中,改变了过去的衰弱状态,因此作为一个普通人,现在可望获得的持续活动期间,以前只有少数个别的可以作这样的指望。我还可以补充一点,

（我认为）这是威尔斯先生所忽略的，即，以迅速增长中的人口与不增不减的人口比较，前者的平均年龄比后者要低得多；在此后五十年间，我们的人口比之最近的五十年将较少变动，因此这一现象将使上面指出的事实达到更进一步的显著程度。举个例，在今后两代，人口也许将处于比较稳定的情况，这就会比较迅速地接近于一种状态，在那个状态下，与最近过去的情况比较，在全人口中所占的比例，年长者（比方说，年龄在六十五岁或六十五岁以上者），将提高百分之一百，中年者（比方说，年龄在四十五岁或四十五岁以上者），将提高百分之五十。十九世纪时，掌握着实际事权的人们，他们的年龄，与十六世纪这类人的年龄比较，平均计算，大致要高出不下十五年。克力索尔德对于这一现象的看法（注意，当时他的年龄是六十），跟我的看法有所不同，他在这一点上看到了较多的优点，较少的缺点。人情大都是这样，年纪越大，对金钱与生活安定这两者就越加重视，创造与建设的心情就越加淡薄；在他们对具体问题有理性的判断力显著减退以前，这一过程早就开始了。威尔斯先生认为，以年长者为主的世界，比之年轻的、性的色彩浓厚的世界要好些，这个看法也许是对的。但是这个年长者世界与中年人金钱色彩浓厚的世界，其间的分界实在是很狭窄的。就是从最好的方面打算，我们也总不免要受到所谓体魄健全的"退休者"，这一骇人的问题的威胁；威尔斯先生自己对里维埃勒地区①外来居民的详尽描写，就在这方面提供了一个显著事例。

因此，我们所处的，正是一个变化极其迅速而不能使我们称心

① 在法国与意大利之间滨海的风景地带，供休养与游乐的。——译注

如意的时代，在这个时代里，多数人，尤其是站在时代前列的那些人，感到他们自身跟他们的环境，彼此之间，格格不入，不相称合；在天真已凿、世故精通的程度上，他们的前辈比他们要差一些，他们的后一辈还要更进一步，由于上述原因，他们的日子过得远不及前者快乐，也不会比后者快乐些。威尔斯先生对于在实际活动中讨生活的那些人的情况所下的诊断，跟埃德温·缪尔先生在他非常有趣的批评著作《转变》里，对于在艺术与冥想中讨生活的那些人的情况所下的诊断，根本是相同的。按照缪尔先生的说法，我们的第一流作家，在这个世界上，心情是不舒畅的；他们对任何事物也不能满怀信心地加以支持或加以反对，结果他们的作品，根据他们的才能来衡量，跟在比较快乐的时代所产生的作品来比较，是有减色的——就跟他们自己对天地间万事万物的感觉一样，空虚、憔悴、干燥无味、残缺不全。

总之，我们不能呆在原处，我们得不停地动着，不一定走向上坡，也不一定走向下坡，只是走向平衡。可是为什么不走上坡路呢？为什么不从物质的丰收中，动手收割精神的果实呢？假使要这样做的话，采取这一值得想望的行动的动力，从哪里来呢？这就使我们接触到了威尔斯先生的第二个主题。

威尔斯先生在《克力索尔德》第一卷里，描写了书中主人公对社会主义感到幻灭的情况。在第三卷里他提出了问题，他问，这里究竟还有没有别的出路。我们"要变更世上的法律、习惯、规章和制度"，就得有力量；从哪里去取得这些力量呢？"革命者将从什么阶级、什么类型中产生呢？怎样使他们合作呢？他们要使用的是些什么方法呢？"工人运动则被看成是一个巨大的、危险的毁灭力量，其领导者是一些“以感情代替思想的”感情用事者和伪知识分子。在这些人手里是不可能产生建设性革命的。人类中有创造性的智者，是不可能从这些方面找到的，要到科学家和现代大企业家里边去找。除非能使具有这一类型的思想、性格和气质的人来担当这件工作，否则决不能获得成就；因为这是一项在实践上有高度复杂性，在智力上极为艰难的任务。因此我们必须从右翼而不是从左翼，去寻求革命者。有这样一类人物，这类人现在是以创造大企业为人生乐事的，我们必须说服他们，告诉他们，还有更伟大的事业在等着他们，这种事业将使他们获得更大的乐趣。这就是克力索尔德的“公开的阴谋”。克力索尔德的方向是左的，是左得无可再左的；但是他要在右翼中寻求创造力量和建设意志，从而把他带到他所要到的那个地方。他把自己描写成在气质上基本上是一个自由党员。但是政治的自由主义必须脱胎换骨，“要再生得具有更坚定的外貌和更明确的意志。”

克力索尔德对社会党表示一种反感。这种反感是许多人包括社会党人所感觉到的。要改造世界，需要的是有创造力的梵天[①]的妙手一触。但是这位开发之神现在正为科学与企业尽力，却不为政治或政府尽力。用克力索尔德的话来说，现在绝大的危机是，“在富有创造力的梵天还没有来得及动手以前，湿婆（Siva），[②]换句话说就是工人阶级，由于觉悟到它现在所受的不必要的限制与贫困而进行的热情破坏，可能使梵天不能完成任务。”在我看来，大家

---

① 由婆罗门教转化的印度教所崇拜的开发之神。——译注

② 印度教所崇拜的破坏之神。——译注

都有着这样的感觉。我们都懂得,现在迫切需要创造出一个环境,使梵天得以及时开始工作,不至于为时过晚。因此可以说,在不论哪一个政治集团里,多数积极的、建设性的分子,在某种程度上,都是准备参加这个“公开阴谋”的。

那么究竟什么东西在拖着他们的后腿呢?我认为就在这一点上,《克力索尔德》是有些美中不足的,显然缺少敏锐的识力。那些实行家,为什么对图利这一工作孜孜不倦,觉得比参加公开阴谋这件事要有趣得多呢?他们在星期天玩玩桥牌,总觉得比到礼拜堂要有趣些;我想其中的道理是一样的。他们根本没有这样的动机,如果有了这样的动机,那就可以说,他们是信仰着一种主义的。他们没有主义,这些潜在的公开阴谋者,根本没有任何主义。因此,这些人除非运道好,成了科学家或艺术家,否则就不得不把全部身心寄托在另一个伟大动机、一个十全十美的代用品上,在这个动机下要找到安慰,再没有别的,只是——金钱。克力索尔德说工人阶级中的热情者是“以感情代替思想的”。他不否认他们是有感情的。可怜的科克先生,不是有一点东西是克力索尔德所没有的吗?克力索尔德和他的兄弟狄根,一个广告商,到处奔走,要想找到点东西,可以满足他们的欲望。但是没有能找到。他们很想成为某种主义的倡导者。但是没有办到。他们依然是企业家。

这部书里所谈到的主题不下一打,我只挑选了两个。对于这些主题,在书里并不是讨论得同样精采的。关于大学的情况,我自问懂得比威尔斯先生要多些,我认为在他的故事里所含有的真理成分,并不见得比一幅漫画所应当含有的多一些。他完全低估了大学方面可能有的希望,这些机构未尝没有可能成为梵天的庙宇,到那个时候，即使是湿婆也会对它表示尊敬。但总起来看，《克力索尔德》是获得了伟大成就的，是出于大手笔的一件光辉作品，一种真挚、阔达而又机警的精神，洋溢于字里行间。

虽然我们以前从来没有这样地谈论纯艺术，但对纯艺术家说来，这并不是一个理想时代，要在文艺方面达到尽善尽美，这个时代对这一点也不相配合。今天即使最有才能的作家，作品也不免充满缺点，这些作品很容易受到批评，看上去并不像是会永垂不朽的。正是由于这些原因，我们，作为这些作家同时代的人，看来对他们是负了债的，对待他们是有欠公平的。每个有理解力的人，对萧伯纳是欠下了多大的债！我们对威尔斯先生也是这样，他的智慧，似乎是在他读者身旁不断地增长，因此使我们从童年到成人，在各个相继的阶段中，从他的读物中不断获得享受，同时也使我们的想像有了方向。

第二篇　经济前途展望(1930年)

一

我们正处于经济悲观论调的阴暗的袭击中。常常听到说，作为十九世纪特征的经济高度发展时期已经过去，生活水平提高的速度目前正在降低，无论如何，在英国的情形总是这样，认为在今后数十年内，繁荣程度多半将减退而不是增长。

在我看来，这是对我们当前所遭遇的情况的一个粗暴的误解。我们的病征，并不是老年人不可救药的风湿症，而是由发育过速而起的四肢神经痛，是由一个经济阶段过渡到另一经济阶段时，在重新调整中的痛苦。技术效能在增长中，增长的速度超过了我们对劳工吸收问题所能应付的程度；生活水平的提高，也嫌略微快了一些；世界的银行与货币制度，已对利息率的降低发生阻止作用，使它在降低时不能如平衡所要求的那样迅速。即使是这样，由此发生的浪费与混乱，也不过牵涉到国民收入的百分之七点五；这就是说，我们在每一镑里浪费了一先令六便士，假使我们能聪明些的话，就可以得到完完整整的一镑；然而，尽管这样，现在的十八先令六便士，也抵得上五六年前的一镑。我们忘记了，1929年英国工业的实际产量，高出以前任何一个时期。去年我们在国际收支方面，除了偿付一切输入，可以供作国外新投资的净余额，大于任何别一国家的同类余额，与美国相比，还超过它的同类余额百分之五十。还有一说，为便于跟别的国家进行对照，假定我们将工资削减一半，将国家负债削去五分之四，停止清偿，将剩余财富用不能生利的黄金贮藏起来，而不按照六厘或六厘以上的利率出借；那时我们跟现在被人不胜艳羡的法国，情况就很相类。但这就能算是改进吗？

世界正处于普遍萧条状态，充满贫困现象的社会里发生了大规模的失业，我们在政策上又发生了严重错误，所有这些，使我们失去了识别力，看不到在事物内里进行着的究竟是什么。现在有两种不同观点的悲观论调：一种是革命论者的，认为一切已经恶化到这样地步，除了采取激烈手段，别无挽救方法；还有一种是保守分子的，认为我们经济生活与社会生活之间的平衡，已经这样岌岌可危，难以保持，再不能行险侥幸，冒昧进行改革。世人对于这两种互相对立的论调，正在纷纷议论；在我看来，两者都是错误的，这一点，在我们自己这一代里就会获得证实。

本篇的主旨并不是在于探讨现在或最近将来的情况，而是使我自己摆脱近视的看法，把眼光放到比较遥远的将来。对于百年以后我们经济生活的水平，可以作出些什么样的合理预期呢？在我们孙子一辈，经济上会有些什么可能的发展呢？

从我们有历史记录的最初时代起，比方说，从公元前二千年起，直到十八世纪开始，寄居在世界文明中心的、一个平常人的生活水平，并没有发生多大的变化。中间的起伏当然是有的。瘟疫、饥馑、战争,种种天灾人祸,以及货币方面的横生枝节,都在不断地发生影响。但总的说来,并没有累进性的或猛烈的变动。直到(比方说)耶稣纪元一千七百年的四千年间,以某些时期跟别的时期比较,在生活上也许要提高百分之五十,但至多也不过提高百分之一百。

在这一段长时期中,生活提高的进度很慢,或者可以说很少进展,这是由于两个原因——一则技术上的重大革新非常少见,再则资本还没有能进行累积。

从史前时代到较近的近代这一漫长期间,始终缺乏重大技术发明,这一现象的确是有些奇特的。凡是真正紧要的,在现代初期为世人所有的几乎任一事物,当历史开始时人们就已经知道。语言,火,跟我们现在所有根本相同的家畜,小麦、大麦、葡萄和橄榄,耕犁、轮轴、帆、桨、皮革、麻布和毛织物,砖瓦和瓶罐,金和银,铜、锡和铅——铁是在公元前一千年以前加上这张单子的——银行、政治、数学、天文和宗教。所有这些,我们究竟是在什么时候开始有的,没有记录。

在史前某一个时期,也许还在最后冰河时代以前某一个比较安乐的间隔期间,必然曾经有过一个充满着进步和创造的时代,可以与我们今天所处的时代媲美。但是在有历史记录以来的大部分时期中,却没有出现过与那个时代相类的情况。

现代时期,我认为是从资本的积累开始的,而资本的积累是在十六世纪开始的。我认为——其间的原因本篇内不及详述——这最初是由于西班牙人将金银财宝从新世界带到了旧世界,从而引起物价高涨,利润增长。从那时起直到现在,按复利计的资本累积，就像经过了好几代的长眠以后又醒了过来似的，获得了新生力量。而两百年来，复利这一力量的伟大，简直是难以想像的。

为了说明这一点，将我计算出的一个数字举示如次。英国现在的国外投资总额，估计约为四十亿镑，这一数额每年可以为我们滋生一笔约六厘半利息的收入。收入的半数，我们把它带回来享用；还有半数，即三点二五厘，则在复利计算下，把它在国外累积起来。像这样的事，我们大约已经进行了二百五十年。

我认为英国对外投资的端绪导源于德雷克[①] 1580 年由西班牙盗窃来的大批财物。他在那一年回到英国时满载而归，都是从富饶的印度掠夺得来的战利品。伊丽莎白女皇，是为这次远征筹措资金的辛迪加的一个大股东。结果她大有所获，就把所得的一份，用来偿清英国全部外债，弥补预算亏欠；这样做了以后，她手边还剩下四万镑。她就把这笔款子投入东方公司，这个公司又大发利市。东印度公司就是靠了这个公司名下的利润组成的；而东印度公司的利润，又为英国此后的对外投资打下了基础。现在算一算，以四万镑按三厘二五复利计算，得出的结数，跟各时期英国对外投资的实际总额，刚巧大致相符，算到今天，总额应计为四十亿镑，这就是上面提到的，我们现在对外投资的实际总额。结果，德雷克当初于 1580 年带回的每一镑，现在已经变成了十万镑。这就是复息的威力！

从十六世纪起，科学与技术发明的大时代开始了，十八世纪后日益加强，从十九世纪初叶起，更处于鼎盛时期——煤、电、蒸汽、

① 德雷克（1540—1596），英国航海家，海军上将。——译注

汽油、钢、棉、橡皮、化学工业、自动机械、大生产的方法、无线电、印刷术、牛顿、达尔文、爱因斯坦,还有千千万万的人物和事物,都是众所周知的,真是名目繁多,述不胜述。

结果怎么样呢?虽然世界人口有了巨大增长,增出的部分必须有房屋与机器装备与之配合,但是欧美的平均生活水平还是有所提高,我看,大约提高了四倍。至于资本的增长,与以前任何时代所曾见到的情况比较,高出的程度当远在百倍以上。而且人口的增长,今后未必会像过去那样显著。

假使资本的增长每年达百分之二,则在二十年间,世上的资本设备将增加一半,在一百年间将增加七倍半。对于这一发展情况,可以在物质,如房屋、运输之类的根据下来设想一下。

同时在工业与运输方面的技术改进,像近十年来的那种进度,是历史上以前任何时期所没有的。在美国,按人口计的工业品产量,1925 年比 1919 年提高了百分之四十。在欧洲由于一时的障碍而有了退缩,但尽管这样,我们仍然可以肯定地说,技术效能的总增进率,每年当在百分之一以上。现在情况很明显,关于革命性的技术变化,它的矛头向来是正对工业的,不久或将转向农业。在矿业、工业制造和运输方面,已经有了巨大改进,关于粮食生产的效能,我们也许正处于巨大改进的前夕。在几年以内——就是说,在我们自己这一生中——也许就可以看到这样的情况:农业、矿业和工业方面的一切工作,只须使用我们一向使用的人力的四分之一,就可以完成。

目前,高速度变化这一现象本身,正在使我们局促不安,为我们带来了困难问题,需要解决。那些不是站在进步最前列的国家,则在相应程度上感到烦恼。我们染上了一种新的病征，正被它折磨着，有些读者或者还没有听到它的名称，但是在此后几个年头里会使他们听得不耐烦——这个病叫作技术的失业。它的含意是：由于我们发现节约使用劳力的方法的速度远远超过了我们能为劳力开辟新用途的速度，因此造成了失业。

但这只是经济失调的一时现象。这一切只是说明，归根到底，人类正在解决他的经济问题。我敢断言，一百年以后，进步国家的生活水平，比现在将提高四倍到八倍。即使根据我们目前的一点知识看来，这一点也是不足为奇的。即使对前途作更为乐观的看法，认为可能有的进展程度还远不止此，也不能说是一无依据的幻想。

二

为了便于讨论，我们可以这样假定，在百年以后，所有我们这些人，在经济方面，比现在一般要好上八倍。毫无疑问，我们不必因此就感到惊奇。

现在看来的确是这样，人类的需求是永远不会满足的。但是需求可以分成两类：一类是绝对的，意思是说，不管与我们同处的别人的情况怎样，这种需求总是存在的；还有一类是相对的，意思是说，只有当这种需求的满足，会使我们感到凌驾于同处的别人之上的一种优越感时，我们才会感到这种需求。上述第二类属于满足优越感的那种需求，也许的确是无止境、的确是永远不会满足的，因为一般的水准有了提高时，这方面的需求也会跟着进一步提高。但关于绝对的需求,情况却不是这样,某一程度也许不久就可以达到,实现的时期也许比我们大家所预计的还要早些,当达到了这一点,需求有了在这一程度上的满足时,我们将改变意图,将以更多的活动力专门用于非经济的目的上。

现在来谈谈我的结论,我想,你对这个结论越是深入思考,你就越会感到惊奇。

我得出的结论是,假定此后没有大规模战争,人口没有大规模的增长,经济问题在一百年以内可能获得解决,或者至少在百年以内可以有解决的希望。这就是说,如果我们把眼光注到比较遥远的将来,就可以看到,经济问题并不是在人类中永远存在的问题。

你也许要问,这一点为什么就这样值得惊奇?这一点的确是值得惊奇的。因为,我们且不要看将来,且回头看看过去,就会发现,经济问题,生存竞争,到现在一直是人类中首要的、最迫切的问题——不仅是人类,而且整个生物界,从最原始的生命开始,情况都是这样。

因此,我们是明明白白地天生来要靠我们最深刻的直觉和全副精力来解决经济问题的。一旦经济问题解决了,人类就失去了他的传统目的。

这一点对人类说来有没有好处呢?假使我们完全相信人生的真正价值,这一远景至少显示了可以从中获得利益的可能性。但是一个平常人,经过了许多世代的培育,已经养成了牢不可破的习惯和本能,要他在数十年内脱胎换骨,在习惯上、本能上来一次重新调整,果能全无窒碍吗?想到这一点,我是有些栗栗危惧的。

用现代的话来说,这会不会引起普遍的"神经衰弱"现象呢?

在这一点上我们已经有了一点经验，我们已经看到了一种神经衰弱现象，这种现象，在英国和美国富有阶级的家庭妇女中，已经极其寻常。这类不幸的妇人，其间有很大一个部分，她们传统的任务和工作，已经被财富所剥夺，"经济上的需要"这一推动力量已经消失，所以她们从烹调、洒扫和缝缝补补这类活动中已不能得到消遣，然而要别寻消遣来代替这类活动，又感到全然无从下手。

终日为了面包而辛勤劳动的人，只是想有片刻的偷闲，想到有闲的光阴是何等甜蜜；等到这一梦想果真实现时，滋味又全然不同了。

传说中有这样一段墓铭，是一位打杂女工为她自己写的：

朋友们，
不要为我悲伤，
也不要为我掩泣；
因为此后我什么都不干了，
将永永获得休息。

永永获得休息——这就是她的天堂。她的心情，跟以获得闲暇为最大享受的那些人的想法一样，认为让别人来歌唱而让她在一旁倾听，这样来消磨时间是何等的适意，因为在她的诗篇里还有这样一段：

宛妙的歌声，和谐的曲调，是天国之仙音；
可是我一无所为，只是在一旁倾听。

然而,只有自己加入了大合唱的那些人,才会体会到人生的意义——可是我们之中真会唱的,能有几个呢!

到了那个时候,人类自入世以来第一次,将碰到他的真正的、永久性的问题。问题是:从迫切的经济顾虑中获得解放以后,怎样来利用他的自由?借助于科学与复利的力量,使他获得了闲暇以后,怎样来消磨他的有闲光阴,怎样使他贤明而又惬意地生活下去?

那些不屈不挠、用全副精神求财求利的人,也许会带领我们大家走向经济富裕的境地。但是当富裕境地一旦果真实现,那就只有能懂得生活的艺术,能保持这种艺术精神,并且能加以发扬光大,而不是为了生活把他们自己出卖的那些人,才会在富裕中获得享受。

在我看来,没有一个国家,也没有一个民族,悬想到这种有闲和富裕的时代时,会不怀着畏惧心情。因为我们长期以来受到的训练是怎样奋斗,而不是怎样享受。对一个平凡人说来,他既没有特殊才能,要使他在富裕多闲的环境下,身心有所寄托,却是一个可怕的问题;尤其是当他栖身在他根生土长的社会里,而对于这个社会里他所珍视的那些风俗习惯已经失去了渊源时,问题就更加严重。从今天世界任何一处的富有阶级的行动和成就看来,要指望他们在这个问题上能得到圆满解决,前途是非常黯淡的!照说这些阶级是我们的先锋,是要为我们探求尘世的乐园,从而在那里安家落户的。他们对于这一使命,多数既已完全失败,在我看来,似乎就只有让那些有足以自立的收入而没有社团关系或责任或束缚的人们,来代他们解决这个问题。

富裕而多闲的环境，将是我们新发现的自然的惠赐；我深信，等我们再增加一些经验以后，对于这一自然的惠赐将懂得如何利用，利用的方式，跟今天那些财主们的将完全不同，到那个时候，将为我们自己制定完全属于另一形态的生活计划。

预计在此后一个漫长期间，在我们之间存在的那种劣根性还会那样巩固，因此对任何人说来，要使他能安心度日，就得让他做些工作。比起现在的财主们来，到那个时候我们将为自己多做些事，如果有些什么细小的任务要担当，或者有些日常琐事要料理，我们将感到非常高兴。但超过这一限度时，我们将尽力使每个人的工作减少，对于到那个时候还得完成的一些工作，将作尽可能广泛的分配。每天三小时或每周十五小时的轮值工作，也许可以使问题拖延一个很长时期而不致真正尖锐化。因为对我们多数存在的劣根性说来，一天三小时的工作，已经足够使它获得满足。

此外还有些在别的方面要发生的变化，我们也不能不加以考虑。当经济富裕的境地已经达到，财富的累积已经失去了高度的社会重要性时，社会的风尚也将发生重大变化。有许多伪道德原则已经使我们受累了二百年，在这些原则下，我们把人类性格中某些最可厌的成分抬举了起来，看作是最高品质；到那个时候，就可以把它们推翻。对金钱的动机，那时我们就可以有胆量按照它的真值来评价。同样是对金钱的爱好，有的由此造成了占有欲，有的则以此作为享受与维持现实生活的手段，两者是大有区别的；那时对前者的真相就可以有所认识，那是一种可憎的病态，是一种半属罪恶、半属病理的性格倾向，是人们要在怀着恐惧的心情下交托给精神病专家处理的。凡是要影响到财富分配、经济报酬以及经济处分的那些社会习惯和经济设施，不管它们本身是如何地使人憎恶、如何地有欠公道，只是由于它们对资本积累的推进极端有利，我们即不惜以任何代价来加以支持；到那个时候我们将无所顾虑，把它们完全摈弃。

当然，即使在那个时候，也仍然会有许多固执不化的人，怀着炽烈的、贪得无厌的意图，盲目地追求财富；除非他们能另辟途径，来代替这种意图。但是其余的人们，那时将不再有任何义务，要对这类行动从旁加以赞许或鼓励。谈到这种“意图”，出于造化的安排，我们大家几乎都在不同程度上有所沾染；但它的真正性质究竟是什么，那时就可以怀着比现在更进一步的好奇心，在比现在更加自如的情况下，进行探究。所谓“意图”的含意就是，我们所比较关怀的，是由我们行动所产生的遥远将来的结果，而不是行动本身的性质或行动对我们自己环境所产生的直接结果。有着这种“意图”的人，总是要想使他的动作获得一种假想的或虚拟的永久性，总是要想永远保持他对这些行动的兴趣。他所喜欢的不是他的猫，而是他的猫将来会生出的小猫，实际上也不是小猫，而是小猫的小猫，这样无穷无尽地类推下去，说到最后，他所追求的，只是抽象的“猫的概念”。对他说来，果酱不算是果酱，在他意中的决不是今天的现实的一听果酱，而是明天的在想像中的那听果酱。由于他总是要把他的果酱推入将来的领域，于是他所努力的只是在于要使他的动作升华，从而使他的动作获得永久性。

我们可以回想一下《息尔维和布鲁诺》里所提到的那位教授：

门外边低声下气地：“只是一个裁缝，先生，是来收账的。”

“哦，他的事马上就可以料理好的，你们只消等一等，”教授对他的孩子们说。“喂！今年的账款是多少啊？”他说着，裁缝已经走了进来。

“您老是晓得的，这笔账成倍地滚上去，已经好几年了，”裁缝回答，有些粗声粗气的，“再说，我现在也希望拿到现款。算一算，数目已经是二千镑了。二千镑啊！”

“喔，这不算什么！”教授满不在乎地说，一面摸索着衣袋，就像他袋里老是存着至少像那样大的一个数目似的。“可是如果你喜欢的话，不会再等上一年，让它滚成四千镑吗？想想看，到那时你会变得多么富裕！当然了，那时你就简直像封了王一样，如果你愿意的话！”

“封王不封王我倒不一定在乎，”这个人若有所思地说着。“不过这笔款子听上来的确数目不小！好吧，我看我还是等一等吧……”

“当然你应当这样办！”教授说。“我知道，你是很会打算的。再会吧，我的朋友！”

“你当真打算付给他四千镑吗？”息尔维等那个债权人走开，门带上了以后，问她的父亲。

“哪有这回事，我的孩子！”教授一本正经地回答。“这笔款子将成倍地滚上去，直到他离开世界。你要晓得，等上一年，财源就可以增广一倍，这件事总是值得做的啊！”

一个民族，凡曾以最大的努力，使对“永久性”或“永远存在”这一点的指望，构成信仰的中心和本质的，对于复利原则的应用所尽的力量也最大，对于人类制度中这一“最有意图性”的制度，也就特别爱好；这一现象也许并不是偶然的。

因此当我们达到了那个经济富裕的境地时，在我看来，在宗教中和传统品质中某些最确切不移的原则，就可以重新获得真正重视——认为贪婪是不道德的，盘剥重利是一种罪行，爱好金钱是一种陋习，在德行上、智慧上真正走着正道的人，对将来是顾虑得最少的。那时将不再有本末倒置的现象，将重视目的，甚于手段，所争的将不在于是否有用，而在于是否善良。那时我们所尊崇的将是这样一些人，他们能抓住当前的倾刻，作尽善尽美的利用，他们心情愉快，对事物能从中获得直接享受，他们既不是辛苦如马牛，也不虚度岁月，那才是神仙中人。

但是要注意！所有这一些，实现的时间现在还没有到。至少还有这么一百年，在这段时期中我们还得欺骗自己，欺骗每个人，把好的说成是歹的，把歹的说成是好的；因为歹的是有用的，而好的却无当于实际。还有这么一段时间，在这段时间里，我们还得把贪得无餍、重利盘剥和小心防备这几点奉为神明。因为只有这几位神明，才能把我们从经济需求的漫漫长夜中，引向昭昭的白日。

我们整个人类生活的物质环境，将发生前所未有的最大变化，瞻望前途，我认为这个日子的到来已经不十分遥远。但是当然，这是要逐步实现的，不是突然来一个大变动。实际上变动已经在开始。事态的变化过程只是这样，某些阶级或某些集体的人们，经济需求的问题实际上已经不复存在，像这样的人为数会越来越多。当情况发展到了那样普遍程度，以致博爱的义务在性质上已经发生了变化时，我们就会体会到一种临界的差别。因为当你在经济上的问题已经解决，这时在经济上再存有意图，对你自己说来已经不合情理时，别人的情况却不同，他们在经济上存有意图，也许仍然是合理的。

我们要达到这个在经济上高度满足的目标，前进时步子的快慢，决定于以下四个因素：控制人口的力量，避免战争与内部倾轧的决心，把理应属于科学范围的事项交托给科学来支配的自觉自愿，由生产与消费之差决定的积累的进度；只要前三者没有问题，最后一点是容易顺流而进的。

一方面我们对于生活的艺术与经济意图上的活动，不妨同时促进，同时进行试验，从而为我们的远大目标，进行不疾不徐的准备，这样做应当是没有流弊的。

但主要的一点是，我们除了经济问题以外，还有在意义上更加重大、在性质上更加持久的别的问题，不可把前者的重要性估计过高，或者过于偏重前者在想像上的重要性，而以别的问题为牺牲。经济问题应当由经济专家来处理，而作为一个经济专家，他的地位就像一个专科医生——比方说，牙医生——一样。如果经济学家能够这样来处理问题，使社会对他们能产生这样一种印象，觉得他们只是一些平凡的而对自己的事业又能胜任的专门人才，就像牙医生所处的地位一样，那就再好没有了！

译名对照表

四画

戈申，哈里　Goschen，Harry
韦伯，悉尼　Webb，Sidney
比撒罗　Pizaro
贝耳法斯特　Belfast

五画

古迪纳夫　Goodenough
弗罗伊德　Freud
卡塞尔　Cassel
皮斯，波蒙特　Pease，Beaumont

六画

米锡涅　Mycenae
托马斯　Thomas
约翰孙　Johnson

七画

克力索尔德　Clissold
利夫，华尔特　Leaf，Walter
伯克　Burke
麦克纳　Mckenna
狄根　Dickon
里维埃勒　Riviera
阿肯米涅　Achaemenid
阿提拉　Attila

九画

威尔斯　Wells
科克　Cook
科林斯　Corinth
费希尔，欧文　Fisher，Irving

十画

格林威治　Greenwich
诺曼　Norman
贾格那特　Juggernaut

十一画

康芒斯　Commons
康利夫委员会　Cunliffe Committee
康威，马丁　Conway，Martin

十二画

惠特来　Wheatley

十三画

十四画

十六画

图书在版编目(CIP)数据

劝说集/(英)约翰·梅纳德·凯恩斯著;蔡受百译.—北京:商务印书馆,2024
(汉译世界学术名著丛书:120年纪念版:珍藏本:增订本)
ISBN 978-7-100-23831-1

Ⅰ.①劝… Ⅱ.①约…②蔡… Ⅲ.①凯恩斯主义 Ⅳ.①F091.348

中国国家版本馆CIP数据核字(2024)第080167号

汉译世界学术名著丛书
(120年纪念版·珍藏本·增订本)
劝说集
〔英〕约翰·梅纳德·凯恩斯 著
蔡受百 译

商 务 印 书 馆 出 版
(北京王府井大街36号 邮政编码100710)
商 务 印 书 馆 发 行
北京新华印刷有限公司印刷
ISBN 978-7-100-23831-1

2024年5月第1版 开本710×1000 1/16
2024年5月北京第1次印刷 印张19
定价:105.00元